KB200482

영혼의 양식

BREAD FOR THE JOURNEY
A Daybook of Wisdom and Faith
by HENRI J. M. NOUWEN

Copyright © 1997 by Henri J. M. Nouwen
Published by HarperCollins, San francisco, CA

Korean translation Copyright © 1997, 2009 by Duranno Press,
95 Seobinggo–Dong, Yongsan–Gu, Seoul, Korea.

The Korean edition is published by arrangement with
HarperCollins Through KCC, Seoul

영혼의 양식

지은이 | 헨리 나우웬
옮긴이 | 박동순
초판 발행 | 1997. 12. 1
개정 9쇄 발행 | 2022. 1. 24
등록번호 | 제3-203호
등록된 곳 | 서울시 용산구 서빙고동 95번지
발행처 | 사단법인 두란노서원
영업부 | 2078-3333 FAX | 080-749-3705
출판부 | 2078-3444

▌책값은 뒤표지에 있습니다.
 ISBN 978-89-531-1112-7 03230

▌독자의 의견을 기다립니다.
 tpress@duranno.com http://www. duranno.com

두란노서원은 바울 사도가 3차 전도 여행 때 에베소에서 성령 받은 제자들을 따로 세워 하나님의
말씀으로 양육하던 장소입니다. 사도행전 19장 8-20절의 정신에 따라 첫째 목회자를 돕는 사역
과 평신도를 훈련시키는 사역, 둘째 세계선교(TIM)와 문서선교(단행본·잡지) 사역, 셋째 예수문화 및 경
배와 찬양 사역 그리고 가정·상담 사역 등을 감당하고 있습니다. 1980년 12월 22일에 창립된
두란노서원은 주님 오실 때까지 이 사역들을 계속할 것입니다.

헨리 나우웬과 함께하는 365일

영혼의 양식

헨리 나우웬 | 박동순

BREAD FOR THE JOURNEY

차례

저자 서문

이 책을 쓴다는 것은 나에게는 참으로 하나의 영적인 도전이었습니다. 내가 여행을 떠나는데 그 여행이 얼마나 오래 걸릴 것인지, 얼마나 멀리 가게 될 것인지, 또는 어디서 끝나게 될 것인지를 알지 못하는 것처럼 느껴졌습니다.

하퍼 샌프란시스코 출판사에 근무하는 친구들이 이미 발간된 나의 저서에서 365개의 인용문을 도출하여 책을 만들 수 있겠느냐고 나에게 물어 왔을 때, 내용이 함축하고 있는 뜻을 완전히 깨닫지 못한 채 이렇게 대답했습니다. "나는 오래된 텍스트를 다시 사용하는 것을 원치 않습니다! 새 책을 쓰지요." 출판사 친구들은 웃으면서 이렇게 대꾸했습니다. "그러세요. 그것은 좀 야심적인 생각일지도 모르겠습니다. 왜 좀 새로운 생각들을 쓰지 않으려고 하십니까! 그렇게 하시면 우리가 당신이 이미 저술한 것과 합쳐서 완성시키겠습니다." 그러나 필자는 고집대로 "아니, 아닙니다. 모든 것이 새로운 것이라야만 합니다"라고 주장했습니다.

1995년 9월에 필자는 첫 번째 생각을 썼습니다. 그 전에 예쁘게 제본된 작은 노트를 하나 구입했습니다. 흰색 중성지로 만들어진 160쪽, 80매짜리 노트였으며 표지에는 뉴욕 소재 메트로폴리탄 박물관에 소장된 한 예술품의 그림이 인쇄되어 있었습니다. 그 노트의 오른쪽 면마다 하나의 완전한 생각을 쓰기로 마음을 먹었습니다. 그래서 하나의 생각을 다른 생각과 독립적으로 읽을 수 있도록 했으며, 각 생각마다 시작 부분과 중간 부분 그리고 끝 부분이 같은 페이지에 있도록 했습니다. 왼쪽 면들은 나중에 수정하고 바꾸기 위하여 비어 있는 그대로 남겨 두었습니다.

처음에 쓰기 시작했을 때는 모든 것이 그저 재미있는 일로 생각되었습니다! 기도, 고독, 침묵 그리고 다른 친숙한 문제들에 관하여 썼습니다. 앞뒤의 연관성이나 순서 또는 전반적인 집필 계획에 대하여 걱정하지 않고 마음에 자연스럽게 떠오르는 것들을 써 내려갔습니다. 어디를 가나 들고 다닌 노트는 필자가 친밀한 대화를 함께 나누는 동반자가 되었습니다. 적어도 하루에 세 번 이러한 대화를 가지려고 노력했습니다. 9월 말경에 노트 한 권을 가득 채울 수 있었으며, 그래서 자신을 자랑스럽게 느끼기도 했습니다. 그런데 1년 전체를 위한 텍스트를 준비하기 위해서는 거의 다섯 권 정도의 노트를 메우지 않으면 안될 것이라는 생각이 떠오르기 시작했습니다.

갑자기 365일에 걸친 여행은 두려울 정도로 긴 여행이라는 생각이 들었습니다. 물론 다수의 생각들을 더 가지고 있었지만

285개의 생각을 더 쓴다는 것은 확실히 도전이었습니다. 내가 그렇게 많은 생각들을 가지고 있는 것일까요?

더 많은 박물관의 백지 노트를 사서, 이 백지장들이 나의 집필을 도와 주기를 희망하면서 걱정을 극복해 보려고 했습니다! 그리고는 생각이 떠오르든, 떠오르지 않든 매일 아침 책상 앞에 앉아서 펜이 움직이기 시작하여 가슴과 마음에서 말을 끄집어 낼 때까지 기다렸습니다.

나는 예수님에 관하여 쓸 계획이 없었습니다. 이 책을 예수님의 영 안에서 써야 하지만 이 책이 예수님의 이름을 장애물로 생각하고 있는 사람들을 소외시켜서는 안된다고 느꼈습니다. 나는 모든 사람들을 위해 쓰고 싶었습니다. 그러나 나의 펜이 그렇게 하지 않았습니다. 일반적인 주제에 관하여 노트 한 권을 모두 쓰고 난 후, 믿음의 중심인 예수님에 관하여 쓰고 있는 자신을 발견했습니다. 그리고 놀랍게도 나는 자신에게 어떻게 예수님과 관계를 가지게 되었는가라는 질문을 하고 있었습니다. 이어 하나님의 말씀과 성례전에 관하여 쓰고 있는 자신을 발견했습니다. 그러나 말씀과 성례전은 어디에 간직되어 있는 것일까요? 그것은 교회에 있습니다.

나는 전에는 교회에 관하여 쓴 일이 없습니다! 교회는 얘기하기에는 불안한 주제인 것으로 생각했습니다. 그러나 이때 나의 걱정과 두려움을 벗었습니다. 우리를 인도하는 것으로 생각되는 교회는 어디에 있는 것일까요? 죽음, 부활, 성도들의 교제, 천국, 지옥, 예수님의 재림, 그리고 종말이란 또 어떤 것일까요?

나는 이러한 것들을 생각하면서 몸을 떨었습니다. 그러나 펜은 이렇게 말했습니다. "두려워하지 마십시오. 당신의 일기장은 당신이 생각하는 모든 것을 기꺼이 받아들일 것입니다." 그래서 필자는 더 빨리 써 나갔습니다. 12월이 되었을 무렵, 필자는 387개의 생각을 집필 완료했습니다. 물론 1년은 365일 또는 366일이지만 말입니다. 이 모든 것을 다시 읽어 내려가기 시작하자, 일기장을 통하여 믿음을 표현하고 자신의 신조를 기록하고 있는 나를 발견했습니다!

이렇게 빨리 나의 생각을 쏟아 낸 다음에는 더욱 많은 일들을 천천히 해야 할 필요가 있었으며, 이 일을 위하여 네 사람이 나를 도와 주었습니다. 비서인 캐시 크리스티는 내가 집필한 것을 모두 워드 프로세서로 입력하는 데 많은 날을 보냈으며, 또 이것을 수백 번 고치고 또 수정하는 데 더 많은 날을 보냈습니다. 수잔 브라운은 책을 편집하면서 반복적으로 나오는 말, 관계가 없는 말과 표현이 좋지 않은 텍스트를 잘라내고, 자연스럽게 순서를 매겼습니다. 기니 홀은 매일의 생각에 제목 붙이는 일로 나를 도왔으며 목차를 만들었습니다. 웬디 그리어는 원고의 마지막 손질을 하는 데 많은 시간을 보냈습니다. 이 사람들의 도움이 없었더라면 이 책이 결코 완성되지 못하였을 것입니다. 이들의 관대한 도움에 대하여 깊이 감사드립니다.

「영혼의 양식」을 쓰는 것은 참으로 모험이었습니다. 그러나 그것은 고독 속의 모험이었습니다. 엄청난 자유로운 시간이 필요했으며, 조용하고 평화스러운 장소가 또한 필요했습니다. 한스와 마가레트 쿠루이트바겐 부부, 로버트 요나스 · 마가레트 분리트 요나스 부부, 사라 도링과 페기 맥도넬 등 여러분이 내가 이러한 장소에서 집필할 수 있도록 온타리오 주 오크빌, 메사추세츠 주 워터타운 그리고 뉴저지 주 피패크에 있는 그들의 집을 내 주었습니다. 이분들의 우정과 관대함 그리고 대부분의 시간을 혼자 보낼 수 있게 내버려둔 배려가 나에게는 더 없는 선물이 되었습니다.

이 책을 읽는 여러분이 자신들이 가는 여행과 필자가 가는 여행에는 많은 연관이 존재한다는 것을 발견할 수 있기를 희망합니다. 또한 여러분이 믿음과 희망을 가지고, 특히 항상 보다 깊은 사랑을 가지고 삶을 살아갈 수 있는 새로운 용기와 자극을 발견하게 되기를 희망합니다.

헨리 나우웬

역자 서문

1996년 4월 어느 날, 저는 텔 아비브 소재 한국 대사관 사무실에서 미국에서 걸려 온 한 통의 전화를 받았습니다. "나는 헨리 나우웬인데요, 박동순 대사이십니까?" 헨리 나우웬이라는 이름이 선뜻 머리에 떠오르지 않아 "누구시라구요?" 하고 물었습니다. "나는 나우웬 신부입니다." 비록 전화를 통한 만남이었지만 나우웬 신부와의 교제는 이렇게 시작되었습니다. 그것은 하나의 놀라움이었습니다. 전혀 기대를 하지 않았던 사람, 그것도 대학 교수, 신부, 저술가 그리고 무엇보다도 사랑의 실천가이신 나우웬 신부가 직접 전화를 해오리라고는 전혀 기대하지 않았기 때문에 놀라움은 더 컸습니다. 저는 나우웬 신부의 다른 저서 「여기 지금 우리와 함께 하시는 하나님」에 감명을 받아 이 책을 번역하려고 출판사에 편지를 보냈었는데, 의외로 저자인 나우웬 신부의 전화를 받은 것입니다.

신부님은 「여기 지금 우리와 함께 하시는 하나님」은 이미 한국어로 번역되어 출판되었으므로 지금 막 초고 집필이 끝난 「영혼의 양식」을 한국 독자를 위하여 번역해 볼 것을 권고했습니다. 신부님은 이 책의 두터운 원고본 상·하 두 권을 엽서와 함께 보내왔습니다. 신부님은 엽서에서 본인이 보낸 편지와 본인의 번역서 「빈의자」에 대하여 사의를 표하고 특히 「빈의자」는 매우 영감적인 훌륭한 책이라는 찬사를 보냈습니다.

1997년 3월 이스라엘에서 3년 임기를 마치고 귀국하여 도서출판 두란노의 피현희 부장과 통화 중에 나우웬 신부께서 1996년 9월에 서거하셨다는 소식을 접했을 때, 그것은 저에게는 신부님과 관련된 또 하나의 놀라움이었습니다. 나우웬 신부님은 이 책의 처음을 "매일 매일에는 놀라움이 있습니다"라는 말로 시작했습니다. 나우웬 신부님이 살아 계셨더라면, 물론 번역을 하면서 많은 것을 직접 물어 보고 싶었지만, 특히 왜 366개나 되는 많은 생각들 중에서 이 말을 제일 먼저 쓰게 되었는지를 묻고 싶었습니다. 나우웬 신부님의 서거 소식을 듣고 이 말이 내포하고 있는 뜻을 조금은 이해하게 되는 듯했습니다. 우리의 일상 생활 중에서 좋은 것이든, 좋지 않은 것이든 놀라움이 없는 날이 어디 있습니까?

제가 이 책에 대하여 말할 수 있는 것은 많지 않습니다. 이미 신부님께서 서문에서 이 책에 관하여 말씀하셨기 때문입니다. 신부님께서 말씀하시고자 했던 것은 하나님, 예수님, 교회, 말씀, 기도, 고독, 영혼, 나약함, 기쁨과 슬픔, 죽음과 부활, 우정, 공동체, 화해, 자비, 돌봄, 친절, 온유, 고통, 인내, 생명, 자연, 우주 그리고 무엇보다도 '사랑'이었습니다. 신부님은 결국 크리스천이든, 아니든 우리 모든 인간들이 세상을 살아가는 데 필요한 양식을 우리들에게 주신 것입니다. 처음에 신부님은 이 책에서 하나님을 믿지 않는 사람들에게 최대의 장애물인 예수님에 대하여 쓰려고 하지는 않았던 것 같습니다. 그러나 신부님에게서 하나님과 예수님을 빼면 남는 것이 하나도 없을 것입니다. 온누리 교회의 하용조 목사님은 한번은 저에게 "왜 박 대사는 영적인 책만 번역하느냐?"고 물으신 적이 있습니다. 물론 「빈 의자」를 염두에 두고 하신 말씀입니다. 요즘 미국에서는 "영혼"이라는 말만 들어가면 책이 잘 팔린다고 합니다. 이 책은 그런 취지에서 번역된 것은 아닙니다. 극도로 혼탁한 이 세상을 살아가기 위해서는 크리스천이든 아니든, 우리 모두가 영혼의 안식처를 찾아야 할 충분한 이유가 있기 때문입니다.

이 책의 번역본 원고를 보신 분 중에는 이 책이 좀 어렵다는 생각을 가진 분들이 있는 것 같습니다. 그러나 이것은 신부님이 말씀하신 대로 단순히 이 책을 통하여 "지식만을 얻고자" 했기 때문일 것입니다. 그러나 이 책을 '영적으로 읽으면, 즉 여러분이 이 책을 읽을 뿐 아니라 이 책에 의하여 읽혀지고 정복당하면' 커다란 희열을 느끼고 세상을 희망과 사랑, 그리고 축복 가운데 살아갈 수 있을 것입니다.

이 책이 나올 수 있게 도와 주신 분들, 특히 이제는 볼 수 없는 헨리 나우웬 신부님, 하용조 목사님께 감사드리고, 근 1년에 걸친 번역 기간 중 끈기로 참을성을 보여 준 아내 이은주에게도 고마운 뜻을 표합니다. 그러나 나우웬 신부님의 한국어판에 대한 축하의 글을 싣지 못하여 못내 아쉬운 생각입니다. 대신 신부님이 돌아가시기 전에 보내셨던 친필 편지를 싣습니다.

11-4-'96

Dear Ambassador Park

Many thanks for your very kind letter and your kindness when we spoke by phone —

By separate mail I am sending you a manuscript that Harper S. Francisco will publish in 1997. I will tell them about your interest. Maybe you can select some of these texts for a Korean translation.

For permission please write:
John London.
    Harper S. Francisco:
    1160 Battery Street
    S. Francisco. CA 94111-1213
Phone 1-415-477-4400 —

Many thanks for the <u>Empty Chair</u>.

A splendid and very inspiring Book!

Peace

Henri J. Nouwen

JANUARY

1월

놀라움을 기대하기

Expecting a Surprise

매일매일 찾아오는 놀라움을
두려워하지 마십시오
놀라움을 기대하고 있을 때에만
느낄 수 있습니다

Expecting a Surprise

놀라움을 기대하기

매일 매일에는 놀라움이 있습니다. 그러나 우리가 놀라움을 기대하고 있을 때에만, 그 놀라움이 우리에게 닥쳐왔을 때 그것을 볼 수 있거나, 들을 수 있거나, 또는 느낄 수 있습니다.

매일 매일 우리에게 찾아오는 놀라움이 슬픔으로 오든, 기쁨으로 오든, 그것을 받아들이는 것을 두려워하지 마십시오. 그 놀라움은 우리의 가슴에 새 자리를 열게 할 것입니다. 이 새 자리에서 우리는 새 친구를 환영할 수 있으며, 그리고 우리가 공유하는 인간애를 더욱 완전히 기뻐할 수 있습니다.

매일매일 찾아오는 놀라움을 두려워하지 마십시오
놀라움을 기대하고 있을 때에만 느낄 수 있습니다

우리들의 영혼의 부모

기쁨과 슬픔은 결코 떨어져 있는 것이 아닙니다. 매우 아름다운 경치를 보고 우리의 심장이 기뻐 용솟음칠 때, 우리는 그것을 보지 못하는 친구를 아쉬워하게 됩니다. 그리고 우리가 슬픔으로 가득 차 있을 때, 진정한 우정이 무엇인가를 발견할 수 있습니다. 기쁨은 슬픔 속에, 그리고 슬픔은 기쁨 속에 숨겨져 있습니다.

우리가 온갖 노력을 기울여 슬픔을 피하려고만 한다면, 결코 우리는 기쁨을 맛볼 수 없습니다. 우리가 희열을 의심하면, 고통 또한 우리에게 미치지 못합니다. 기쁨과 슬픔은 우리의 영적 성장을 도와 주는 부모입니다.

기쁨과 슬픔은 영혼을 성장시키는 부모와 같습니다
기쁨과 슬픔은 영적 성장을 돕는 부모와 같습니다

Vulnerable, Like a Bird
새처럼 연약한 것

생명은 귀한 것입니다. 다이아몬드처럼 변하지 않기 때문이 아니고, 작은 새처럼 연약하기 때문입니다. 생명을 사랑한다는 것은 생명의 연약함을 사랑하는 것을 뜻합니다. 그 생명은 돌보아 주기를 원하고, 주의를 기울여 줄 것을 바라며, 지도해 주며, 그리고 지지해 주길 바랍니다. 삶과 죽음은 연약함에 의해 서로 연결되어 있습니다. 새로 태어난 아기와 죽음이 임박한 노인 모두 우리에게 생명의 존귀함을 상기시킵니다. 우리들이 강하고, 성공과 인기를 누리고 있을 때 생명의 소중함과 그 연약함을 잊지 않도록 하십시오!

성공과 인기를 누리고 있을 때
생명의 연약함을 잊지 마십시오

연약함 속에서 자라는 열매

　성공적인 삶과 열매가 풍성한 삶 사이에는 크게 다른 점이 있습니다. 성공은 힘과 통제력과 존경할 만한 태도에서 오는 것입니다. 성공적인 사람은 무엇인가를 창조하고, 그것이 발전되어 가도록 계속 통제력을 가지며, 그것을 양적으로 풍부하게 할 수 있는 힘을 가지고 있습니다. 성공에는 많은 보상과 때로는 명성이 뒤따릅니다. 그러나 열매는 약함과 취약성으로부터 맺습니다.

　모든 열매는 독특합니다. 어린 아기는 상처받기 쉬운 연약함 속에서 잉태된 열매이고, 공동체는 서로의 상처를 나누는 가운데 태어난 열매이며, 친밀함은 서로 다른 사람의 상처를 어루만짐을 통하여 자란 열매입니다. 우리에게 참된 기쁨을 주는 것은 성공적인 삶이 아니라 열매 맺는 삶임을 서로서로에게 상기시켜 주십시오.

참된 기쁨을 주는 것은 열매 맺는 삶이라고
서로 말해 주십시오

Living the Moment to the Fullest
순간을 충만하게 사는 것

인내란 힘든 훈련입니다. 그것은 우리가 마음대로 할 수 없는 어떤 일들, 즉 버스가 도착하거나 비온 후 날이 갤 때까지, 또는 친구의 귀환이나 분쟁의 해결 등과 같은 일들이 일어날 때까지 단순히 기다리는 것이 아닙니다. 인내는 다른 사람이 해줄 때까지 피동적으로 기다리는 것이 아닙니다. 순간 순간을 최대한 충만하게 살고, 지금 이 순간에 온전히 존재하며, 지금 여기, 이 순간을 맛보며, 그리고 우리가 지금 있는 곳에 주의를 기울이는 것이 진정 참는 것입니다.

참을성이 없으면 우리는 현실에서 도피하려고만 하게 됩니다. 우리는 참된 일들이 내일, 여기가 아닌 다른 곳에서 일어날 것처럼 행동합니다. 참으십시오! 그리고 우리가 찾고 있는 보물은 우리가 서 있는 땅 바로 밑에 감추어져 있다는 것을 믿으십시오.

지금 여기 이 순간을 맛보며
주의를 기울이는 것이 참는 것입니다

영적인 선택

  선택. 선택은 차이를 낳습니다. 두 사람이 같은 사고로 심하게 다쳤습니다. 이 사람들이 사고를 선택한 것은 아닙니다. 사고가 그들에게 일어났을 뿐입니다. 그러나 두 사람 중 한 사람은 사고의 경험을 고통으로, 또 다른 사람은 감사함으로 받아들여 살기로 선택했습니다. 이 두 사람의 선택은 그들 자신의 생활과 그리고 그들의 가족과 친구들의 생활에 크게 영향을 미쳤습니다.

  우리가 우리의 생활에서 일어나는 일들을 통제하기는 힘듭니다. 그러나 일어난 일들을 어떻게 통합하고 기억할 것인가는 충분히 통제할 수 있습니다. 우리가 우리의 인생에 존엄성을 부여하는 것은 바로 이 영적인 선택입니다.

영적인 선택이 인생에 존엄성을 부여합니다

The Gift of Friendship

우정의 선물

우정은 인간이 받을 수 있는 가장 큰 선물 중의 하나입니다. 그것은 같은 목적과 같은 이해 관계, 같은 역사를 뛰어넘는 하나의 초월적 결합입니다. 그것은 성적 결합보다 더 강하고, 공동의 운명이 결속시킬 수 있는 것보다 더 깊으며, 심지어 결혼이나 공동체의 결속보다 더 친숙한 결합입니다. 우정은, 비록 우리가 기쁨을 더하거나 슬픔을 덜하게 할 수 없는 때에라도, 그 기쁨이나 슬픔 가운데에 다른 사람과 함께 있는 것입니다.

우정은 사랑에 고귀함과 성실함을 더해 주는 영혼의 결합입니다. 우정은 모든 생명을 밝게 빛나게 합니다. 친구를 위하여 자기 생명을 버리는 이는 축복받은 사람입니다.

우정은 사랑에 고귀함과 성실함을 더해 주는
영혼의 결합입니다

다음 단계를 위한 충분한 빛

흔히 우리는 미래를 내다볼 수 있기를 원합니다. "나는 내년에 어떻게 될까? 지금부터 5년이나 10년 후에 나는 어디에 있을까?"라고 우리는 물어 봅니다. 이런 질문에 대한 답은 없습니다. 우리는 앞으로 한두 시간 동안 혹은 내일 무엇을 해야 하는지와 같은 바로 다음 단계를 볼 수 있을 충분한 빛만을 가지고 있을 뿐입니다.

삶의 묘는 우리가 지금 볼 수 있는 것을 즐기고 어둠 속에 있는 것에 대하여는 불평을 하지 않는 것입니다. 우리가 곧 다가올 다음 단계를 비출 충분한 빛을 갖게 될 것이라는 믿음을 가지고 나아간다면, 우리는 전생애를 기쁨 가운데 살 수 있으며, 또 우리가 얼마나 멀리까지 가고 있는가를 보고 놀라게 될 것입니다. 우리들이 가지고 있는 작은 빛 속에서 기뻐하십시오. 모든 그림자를 빼앗아 가는 강한 빛을 요구하지 마십시오.

우리가 가지고 있는 작은 빛 속에서 기뻐하십시오

Stepping over Our Wounds

상처를 딛고서

때때로 우리는 분노와 질투와 거절감을 '딛고서' 앞으로 나아가야 합니다. 우리에게는 부정적인 감정에 사로잡히려고 하는 유혹이 있습니다. 그래서 마치 그런 감정들이 자신의 것인 양 우리는 그 주위를 서성댑니다. 그 결과 우리는 '상처받은 사람' '잊혀진 사람' 또는 '버려진 사람'이 됩니다. 그렇습니다. 우리는 이러한 부정적인 감정에 집착하기도 하고 그것으로부터 병적인 즐거움을 느끼기도 합니다.

이러한 어두운 감정들을 관찰하여 이것들이 어디서 비롯되는지를 찾아내는 것도 좋을 것입니다. 그러나 이러한 감정들을 딛고 일어나 이것들을 뒤로한 채, 여행을 계속해 나가야 할 때가 옵니다.

분노와 질투와 거절감과 상처를 딛고서
여행을 계속해 나가야 합니다

자기 거부를 극복하고 성장하기

영적인 생활에 있어서 가장 위험한 것 중 하나는 자기거부입니다. "만일 사람들이 정말 내가 누구인지 안다면, 나를 사랑하지 않을 거야"라고 말할 때, 우리는 어두움으로 향하는 길을 택하는 것입니다. 흔히 우리는 자기를 경시하는 것이 겸손의 미덕이라고 믿는 경향이 있습니다. 그러나 겸손의 참된 으미는 자기 경시와 반대되는 것입니다. 겸손은 하나님 보시기에 우리 모두 귀한 사람들이며 또한 하나님의 순수한 선물이라는 사실을 기쁘게 인정하는 것을 뜻합니다. 자기 거부를 극복하고 성장하기 위해서는 우리를 하나님의 사랑받는 자녀라고 부르는 소리를 들을 용기가 있어야 하며, 우리가 하나님의 자녀라는 진리를 따라 인생을 살아가겠다는 결의 가 있어야 합니다.

자기 경시는 어두움으로 향하는 길입니다

Trusting the Catcher

잡아 주는 이를 신뢰하기

신뢰는 삶의 기초입니다. 신뢰 없이는 그 누구도 살아갈 수 없습니다. 그네를 타는 곡예사가 이 이미지를 아름답게 묘사하고 있습니다. 공중을 나는 사람은 자기를 잡아 주는 사람을 신뢰하지 않으면 안됩니다. 곡예사들은 멋지게 공중에서 몸을 두 번, 세 번 그리고 네 번까지도 회전시킵니다. 그러나 그들의 곡예를 장관으로 만드는 것은 정확한 시간과 지점에서 그들을 붙잡으려고 기다리고 있는 동료 곡예사들입니다.

우리의 삶은 대부분 공중을 나는 것과 같습니다. 새들처럼 공중을 자유롭게 나는 것은 기분 좋은 일입니다. 그러나 하나님이 우리들을 잡아 주기 위하여 그 곳에 계시지 않으면, 우리의 비행은 모두 허사가 되고 맙니다. 붙잡아 주시는 위대한 그분을 신뢰하십시오.

붙잡아 주시는 위대한 그분을 신뢰하십시오

감사하기 위한 영적인 노력

우리의 생애에 일어나는 일들 중에서 좋은 일에 대하여 감사하는 것은 쉬운 일입니다. 그러나 그것이 좋은 일이든 나쁜 일이든, 기쁜 순간이든 슬픈 순간이든, 성공하든 실패하든, 보상을 받든 거부를 당하든, 우리의 인생 전반에 대하여 감사할 수 있기 위해서는 굉장한 영적인 노력이 필요합니다. 지금 이 순간까지 우리를 있게 한 모든 것에 대하여 우리가 감사할 수 있을 때, 우리는 진정으로 감사할 줄 아는 사람입니다. 우리의 생애를 우리가 기억하고 싶어하는 사건과 사람으로, 그리고 차라리 잊기를 원하는 사건과 사람으로 분류하는 한, 우리는 하나님의 선물로서의 우리 존재의 충만함에 대하여 고마움을 주장할 수 없습니다.

오늘날의 우리를 있게 한 모든 일들을 똑바로 쳐다보는 것을 두려워하지 말며, 머잖아 그 속에서 사랑하는 하나님의 인도의 손길을 보게 될 것을 믿으십시오.

성공하든 실패하든 지금 우리를 있게 한
모든 것에 대하여 감사하십시오

The Still, Small Voice of Love

작고 세미한 사랑의 소리

많은 소리들이 우리가 주의를 기울여 줄 것을 요구하고 있습니다. "당신이 좋은 사람이라는 것을 증명해 봐" 하고 말하는 소리가 있습니다. "자기 스스로 부끄러운 줄 알아야지"라고 다른 소리가 말합니다. 어떤 소리는 또한 "너를 진정으로 걱정해 줄 사람은 아무도 없어"라고 말하기도 하고, 또 어떤 소리는 "성공도 하고, 인기도 끌고, 권력도 잡아야만 해" 하고 이야기합니다.

그러나 이러한 시끄러운 소리들 밑에는, "너는 내가 사랑하는 사람이야. 나의 은총이 네게 있어"라고 말하는 작고 세미한 소리가 있습니다. 이 소리야말로 무엇보다도 우리가 귀기울여 들어야 할 소리입니다. 그러나 이 소리를 듣기 위해서는 특별한 노력, 즉 고독과 침묵 그리고 듣고자 하는 강한 의지가 필요합니다. 이것이 바로 기도입니다. 기도는 우리들을 "나의 사랑하는 자여" 하고 부르시는 소리를 듣는 것입니다.

기도는 우리들을 "나의 사랑하는 자여" 하고
부르시는 소리를 듣는 것입니다

From Unceasing Thinking to Unceasing Prayer
그치지 않는 생각에서 끊임없는 기도로

　우리의 마음은 언제나 활동적입니다. 우리는 분석하고, 깊이 생각하며, 공상하고, 또 꿈을 꾸기도 합니다. 낮이나 밤이나 우리가 생각하지 않는 순간은 한 순간도 없습니다. 우리의 생각은 '그치지 않는다' 고 할 수 있습니다. 때때로 우리는 잠깐만이라도 생각을 멈출 수 있어서, 많은 걱정과 죄의식 그리고 두려움에서 벗어날 수 있기를 원합니다. 생각할 수 있는 능력은 우리의 가장 큰 선물입니다. 그러나 그것은 가장 큰 고통의 원천이기도 합니다. 우리는 그치지 않는 생각의 희생물이 되어야 합니까? 그렇지 않습니다.

　우리는 내면의 독백을 모든 사랑의 원천이신 하나님과의 대화로 전환시킴으로써 우리의 그치지 않는 생각을 그치지 않는 기도로 전환시킬 수 있습니다. 고립감에서 벗어나십시오. 그리고 우리 인간 존재의 중심에 거하시는 하나님은 우리의 마음을 점령하여 사로잡고 있는 것들을 모두 사랑하는 마음으로 듣고 싶어하심을 깨달으십시오.

우리의 그치지 않는 생각을 그치지 않는
기도로 전환시킬 수 있습니다

Building Inner Bridges
내면의 다리 건설하기

기도는 우리의 의식적인 삶과 무의식적인 삶을 이어 주는 다리입니다. 우리의 생각과 말과 행동과 그리고 우리의 백일몽이나 밤의 꿈에 나타나는 많은 이미지들 사이에는 커다란 심연이 자리하고 있습니다. 기도란 우리 삶의 이 두 측면을 연결하여 하나님이 거하시는 곳으로 가는 것입니다. 기도는 '영적인 작업'입니다. 왜냐하면 우리의 영혼은 신성한 것의 중심부로서 그 곳에서는 모두가 하나이고 또한 그 곳에서는 하나님이 가장 친숙한 모습으로 우리와 함께 계시기 때문입니다.

그러므로 우리는 끊임없이 기도해야 합니다. 그러면 우리는 진실로 온전하고 성스럽게 될 수 있습니다.

기쁨과 슬픔은 우리의 영적 성장을
도와 주는 부모입니다

희망을 가지고 살기

낙관과 희망은 근본적으로 다른 마음가짐입니다. 낙관은 날씨, 인간 관계, 경제, 정치 상황과 같은 일들이 나아지리라고 기대하는 것입니다. 희망은 하나님이 우리를 진정 자유롭게 하심으로써 우리를 향한 하나님의 약속을 성취하실 것이라고 신뢰하는 것입니다. 낙관주의자들은 장래의 구체적인 변화에 관하여 말합니다. 희망을 가진 사람은 전생애가 잘 돌보아지고 있다는 인식과 신뢰를 가지고 순간순간을 살아갑니다.

역사 속의 위대한 영적 지도자는 모두 희망을 가진 사람들이었습니다. 아브라함, 모세, 룻, 마리아, 예수, 루미, 간디, 도로시 데이는 모두 마음속에 기대를 간직하고 살았습니다. 이 기대가 그들의 장래를 인도했습니다. 그들은 장래가 구체적으로 어떤 모습이 될 것인가를 알려고 하지 않았습니다. 희망을 가지고 사십시오.

희망은 하나님이 우리를 향한 약속을
성취하실 것이라고 신뢰하는 것입니다

Be Yourself

우리 자신이 되기

우리는 끊임없이 자신을 다른 사람들과 비교하면서, 왜 그 사람들과 같이 부자도 아니고, 지적이지도 못하며, 단순하지도 않고, 관대하지도 못하며, 또는 거룩하지도 못할까 하고 생각합니다. 이러한 비교는 우리로 하여금 죄 의식을 느끼게도 하고, 부끄럽게 느끼게도 하며, 또는 질투를 느끼게도 합니다. 우리의 사명은 지금 있는 바로 이곳에, 현재의 우리 안에 숨겨져 있다는 것을 인식하는 것이 무엇보다도 중요합니다. 우리는 모두 각각 독특한 특성을 가진 인간입니다. 우리 한 사람 한 사람은 세상을 살아가면서 다른 사람이 할 수 없는 것을 바로 이곳, 이 순간이라는 구체적인 상황 속에서 실현시켜야 할 소명을 가지고 있습니다.

남들보다 나은지 못한지를 헤아려서는 결코 소명을 발견할 수 없습니다. 주어진 소명을 다하는 것으로 충분합니다. 당신 자신이 되십시오!

우리의 사명은 지금 있는 바로 이곳에, 현재의
우리 안에 숨겨져 있다는 것을 인식하는 것이
무엇보다도 중요합니다

고독을 찾아서

우리 각자는 하나밖에 없는 존재이며, 혼자 있음은 우리의 하나밖에 없음의 다른 면입니다. 문제는 우리가 우리의 혼자 있음을 외로움이 되게 내버려두느냐, 또는 그것이 우리를 고독으로 인도하도록 허용하느냐 하는 것입니다. 혼자 있음은 고통스러운 일입니다. 고독은 평화스러운 일입니다. 혼자 있음은 우리로 하여금 절망 속에서 남에게 매달리게 하고, 고독은 우리로 하여금 다른 사람들의 존재의 독특성을 존경하게 하고 공동체를 만들어 내게 합니다.

혼자 있음을 외로워 하지 않고 고독으로 성장하게 하는 일은 평생에 걸친 싸움입니다. 이 싸움을 위해서는 누구와 함께 있을지, 무엇을 공부할지, 어떻게 기도할 지, 언제 조언을 구할지에 관하여 의식적인 선택을 할 필요가 있습니다. 우리는 현명한 선택을 통하여 우리의 마음이 사랑 속에서 자랄 수 있는 고독을 찾게 될 것입니다.

혼자 있음은 고통스러운 일이나
고독은 평화로운 일입니다

Creating Space to Dance Together

함께 춤출 수 있는 공간 만들기

외로움을 느낄 때, 우리는 그 외로움을 없애 줄 사람을 찾습니다. 우리의 외로운 가슴은 "제발 나를 안아 주세요. 나를 어루만져 주세요. 나에게 말을 붙여 주세요. 나에게 주의를 기울여 주세요"라고 부르짖습니다. 그러나 곧 우리는 우리의 외로움을 없애 줄 것이라고 기대했던 사람들이 우리의 이 요구를 들어줄 수 없음을 발견하게 됩니다.

흔히 이 사람들은 우리의 요구에 압도되어 우리를 절망 속에 버려둔 채 달아나 버립니다. 우리가 외로움 때문에 다른 사람들에게 접근하려고 할 때, 성숙한 인간 관계는 발전될 수 없습니다. 외로움 때문에 서로 매달리는 것은 서로를 숨막히게 하고 결국은 파멸에 이르게 합니다.

사랑이 가능하기 위해서는 사람과 사람 사이에 공간을 만들 수 있는 용기와 이 공간에서 우리가 함께 춤출 수 있다는 것을 믿는 용기가 우리들에게 필요합니다.

사랑이 가능하기 위해서는 사람 사이에
공간을 만들 수 있는 용기가 필요합니다

완전한 사랑을 기대함

우리가 외로움에서 우러나오는 행동을 할 때, 우리의 행동은 쉽게 과격해집니다. 사랑에 대한 우리의 욕구 때문에 많은 폭력이 발생합니다. 이것은 비극입니다. 외로움에서 충동을 느껴 우리가 사랑을 추구할 때, 키스는 물어뜯는 것으로, 애무는 주먹질로, 부드러운 시선은 의심하는 눈길로, 귀담아듣는 것은 엿들음으로, 그리고 감정의 항복은 성폭행으로 이끌리고 맙니다. 사람의 마음은 아무 조건이 없는, 한계와 제약이 없는 사랑을 희구합니다. 그러나 인간은 아무도 그런 사랑을 제공할 수 없습니다. 우리가 조건없는 사랑을 요구할 때마다 우리는 폭력으로 향하는 길에 접어들게 됩니다.

그러면 우리는 어떻게 비폭력적인 삶을 살아갈 수 있는 것일까요? 완전한 사랑을 기대하는 불안정한 마음은 오직 그것들을 창조하신 하나님과의 교제를 통해서 그런 사랑을 발견할 수밖에 없다는 것을 깨닫는 데서 시작해야 합니다.

그 놀라움은 우리의 가슴에
새 자리를 열게 할 것입니다

The Voice in the Garden of Solitude

고독의 정원에서 들리는 소리

고독은 사랑을 갈구하는 우리들 마음의 정원입니다. 고독은 우리의 홀로 있음이 열매를 맺을 수 있는 장소입니다. 고독은 쉬지 못하는 우리의 몸과 걱정에 찬 우리들 마음의 고향입니다. 고독은 그것이 어떤 실제의 장소와 결부되어 있든 아니든, 우리의 영적 생활에 꼭 필요한 것입니다.

고독은 우리가 쉽게 있을 수 있는 장소는 아닙니다. 우리는 너무도 불안정하고 걱정에 차 있기 때문에 눈앞의 만족을 약속하는 것이라면 무엇에든지 우리는 쉽게 현혹되어 버리기 때문입니다. 고독은 당장 만족을 주는 것은 아닙니다. 왜냐하면 고독할 때 우리는 악마와 탐닉, 욕정과 분노의 감정과 마주치고, 그리고 다른 사람들로부터 인정과 승인을 받고 싶어하는 강한 욕구와 만나게 되기 때문입니다. 그러나 우리가 고독에서 도망쳐 나오지 않는다면, 그 곳에서 우리들은 "두려워하지 말아라. 내가 너와 함께 있다. 그리고 내가 너를 음침한 골짜기를 지나갈 수 있도록 인도할 것이다."라고 말씀하시는 하나님의 소리를 들을 수 있습니다. 늘 고독으로 되돌아가는 것을 잊지 마십시오.

고독은 영적 생활에 꼭 필요합니다

고독으로 지탱되는 공동체

고독은 고독을 영접합니다. 그것이 공동체에 관한 전부입니다. 공동체는 더 이상 우리가 혼자 있는 장소는 아니지만, 우리가 서로의 혼자 있음을 존중하고 보호하며 공손히 환영하는 장소입니다. 우리가 혼자 있음에서 고독의 경지로 들어갈 수 있으면, 우리는 우리의 고독을 통하여 다른 사람들의 고독 속에서 즐거워할 수 있습니다. 고독은 우리 자신의 심장에 뿌리를 내리게 합니다. 고독은 우리로 하여금 눈앞의 만족을 제공하는 동반자를 애써 찾게 하기보다는, 우리 자신이 우리의 중심이라고 주장하게 만들고, 또한 다른 사람들은 각각 그들의 중심이라고 말할 수 있는 능력을 우리에게 줍니다.

우리가 가지고 있는 여러 고독들은 우리 공동체의 지붕을 떠받치고 있는 튼튼하고 곧은 기둥과 같습니다. 그러므로 고독은 항상 공동체를 강하게 만듭니다.

고독은 항상 공동체를 강하게 만듭니다

Community, a Quality of the Heart

심장과 같은 공동체

　공동체라는 말은 여러 가지 뜻을 함축하고 있습니다. 어떤 것은 긍정적이고, 또 어떤 것은 부정적입니다. 공동체는 우리에게 함께 있음으로 인한 안전함과 음식의 나눔과 공통의 목적과, 그리고 축하의 기쁨을 생각하게 합니다.

　공동체는 또한 당파적인 배타성과 그룹 내에서만 통용되는 언어, 자기 만족적인 고립, 그리고 낭만적인 천진성 등의 모습을 보여 주기도 합니다. 그러나 무엇보다도 공동체는 사람의 심장과도 같습니다. 공동체는 우리가 우리 자신들을 위해서가 아니고 서로를 위해서 존재한다는 것을 영적으로 깨달음으로써 자랍니다. 공동체는 다른 사람들의 이익을 우리 자신의 이익보다 더 중요하게 생각할 수 있는 우리 능력의 열매입니다(빌립보서 2:4 참조). 그러므로 문제는 "어떻게 공동체를 만들 것인가?"라기보다는 오히려 "어떻게 다른 사람을 위하여 우리의 마음을 내주는 것을 몸에 익히고 살찌게 할 것인가?"에 있습니다.

공동체는 서로를 위해서 존재한다는 것을
영적으로 깨달음으로써 자랍니다

용서, 공동체 생활의 접착제

공동체는 우리가 서로를 "일흔 번씩 일곱 번"(마태복음 18:21 – 22) 용서해 주겠다는 마음가짐이 없으면 불가능합니다. 용서는 공동체 생활의 접착제입니다. 용서는 좋을 때나 나쁠 때나 우리를 함께 있도록 붙들어 주고 우리가 서로서로를 사랑하는 가운데 자라게 합니다.

그런데 용서해 주거나, 또는 용서를 구할 일이 무엇이 있느냐구요? 그러나 완전한 사랑을 갈구하는 마음을 가진 사람들로서 우리는 매일의 생활 속에서 그 완전한 사랑을 줄 수도 없으며 또한 받을 수도 없기 때문에, 우리는 서로를 용서해야 합니다. 우리들 자신의 여러 가지 필요 때문에 다른 사람을 위하여 조건 없이 그들과 함께 있고자 하는 우리의 바람이 끊임없이 방해를 받습니다. 우리의 사랑은 말할 수 있는, 또는 말할 수 없는 여러 사정들에 의하여 항상 제약을 받습니다. 용서를 받을 필요가 있는 것이 무엇일까요? 우리는 우리 자신이 하나님이 아니기 때문에 서로를 용서해야 할 필요가 있습니다!

용서는 좋을 때나 나쁠 때나 우리를 함께 있도록
붙들어 주고 우리가 서로서로를
사랑하는 가운데 자라게 합니다

용서를 받아들이기

용서에는 두 면이 있습니다. 용서해 주는 것과 용서를 받는 것입니다. 언뜻 보면, 용서해 주는 것이 더 어려운 것 같습니다. 그러나 사실은 많은 경우에 다른 사람들이 우리를 용서해 주는 것을 우리가 완전히 받아들이지 못했기 때문에 우리도 다른 사람들을 용서해 줄 수 없는 것입니다. 우리 자신이 남의 용서를 받아들였을 경우에만, 우리도 남을 용서해 줄 수 있는 내면의 자유를 가질 수 있습니다. 용서를 받는 것이 왜 그렇게 어려운 일일까요? "당신의 용서가 없이는 나는 우리 사이에 일어난 불편한 관계에 얽매여 있을 수밖에 없습니다. 오직 당신의 용서만이 나를 해방시켜 줄 수 있습니다"라고 말하기가 무척 어렵기 때문입니다. 이렇게 말할 수 있기 위해서 우리는 어떤 사람의 마음에 상처를 주었다는 사실을 고백해야 할 뿐 아니라, 우리가 다른 사람들에게 의지하고 있다는 사실을 인정하는 겸손이 필요합니다. 오직 우리가 용서를 받을 수 있을 때에만 비로소 우리도 용서할 수 있는 것입니다.

용서를 받아들였을 경우에만, 우리도 남을 용서해 줄 수 있는 내면의 자유를 가질 수 있습니다

용서, 자유로 가는 길

마음으로부터 다른 사람을 용서해 주는 것은 자신을 해
방시키는 행동입니다. 우리들 사이에 존재하는 부정적인
굴레로부터 우리는 그 사람을 해방시키는 것입니다. 우리
가 다른 사람을 용서할 때 "나는 당신의 잘못에 대하여 더
이상 당신을 비난하지 않을 거야"라고 말합니다. 그러나 용
서에는 이보다 더 중요한 것이 있습니다. 우리는 용서해 주
는 행위를 통하여 우리가 '감정의 손상을 받은 사람'이라는
정신적 부담에서 우리 자신을 해방시킬 수 있습니다. 우리
의 감정을 상하게 한 사람들을 우리가 용서해 주지 않으면,
우리는 그 사람들을 항상 우리의 마음속에 간직하고 다니
거나, 더 나쁘게는 무거운 짐으로 사람들을 끌고 다녀야 합
니다. 우리들은 우리의 적에게 끊임없이 분노하고, 그들이
우리의 감정을 상하게 했으며, 또 우리의 감정에 상처를 입
혔다고 주장하려고 하는 강한 유혹을 가지고 있습니다.

용서는 다른 사람뿐만 아니라 우리 자신 또한 자유롭게
합니다. 용서는 하나님의 자녀로서 자유로 가는 길입니다.

용서는 하나님의 자녀로서 자유로 가는 길입니다

Healing Our Hearts Through Forgiveness

용서는 자기 상처의 치유

어떻게 우리는 용서받기를 원치 않는 사람들을 용서할 수 있을까요? 우리는 용서해 주려고 하는 상대방이 그 용서를 받아들여 주기를 간절히 바랍니다. 그러나 우리가 용서해 줄 때 그 용서가 상대방에 의하여 받아들여져야 한다는 조건을 붙이면, 우리는 거의 용서해 줄 수가 없습니다! 남을 용서해 준다는 것은 무엇보다도 우리 자신의 내면의 움직임이어야 합니다. 우리의 용서를 상대방이 반드시 받아들이도록 우리는 강요할 수 없습니다. 그 사람들은 우리의 용서를 받아들일 수 없거나 받아들일 의사가 없는지도 모릅니다. 또는 자신들이 우리의 마음을 상하게 했다는 것 자체를 모르거나, 느끼기조차 못하고 있는지도 모릅니다.

우리가 진실로 변화시킬 수 있는 유일한 사람은 우리 자신뿐입니다. 남을 용서해 주는 것은 무엇보다도 우선적으로 우리 자신의 마음의 상처를 치유하기 위함입니다.

남을 용서해 준다는 것은 자신의 내면의
움직임이어야 합니다

하나님의 이름으로 하는 용서

우리는 누구나 상처입은 사람들입니다. 누가 상처를 주는 것일까요? 우리는 흔히 사랑하는 사람들과 우리를 사랑하는 사람들로부터 상처를 받습니다. 우리가 거절당했다고 느끼거나, 버림당했다고 느끼거나, 학대받고 이용당했다고 느끼거나, 또는 폭력을 당했다고 느낄 때, 그런 느낌은 우리의 부모, 친구, 배우자, 연인, 아이들, 이웃, 선생님들과 목회자들과 같이 주로 가장 가까운 사람들에게서 오는 것입니다. 우리를 사랑하는 그 사람들이 상처를 안겨줍니다. 이것은 인생의 비극입니다. 이것이 바로 마음에서 우러나오는 용서를 어렵게 만드는 것입니다. 상처를 받는 것은 우리의 마음입니다.

용서는 흔히 불가능한 것으로 보입니다. 그러나 하나님께는 불가능한 일이란 없습니다. 우리 안에 거하시는 하나님은 우리의 상처입은 자아를 넘어서 나아가는 은혜를 베풀어 주실 것입니다. 그리고 하나님은 이렇게 말씀하십니다. "하나님의 이름으로 당신은 용서를 받았습니다" 그런 은혜를 구하는 기도를 하십시오.

"하나님의 이름으로 당신은 용서를 받았습니다"

Healing Our Memories
기억의 치유

용서는 잊어버림을 의미하는 것은 아닙니다. 우리가 어떤 사람을 용서할 때, 우리가 받은 상처에 대한 기억은 오랫동안, 심지어는 한 평생 우리에게 남아 있을 수도 있습니다. 때로 우리는 그 기억을 눈에 띄는 표적으로 우리의 몸에 지니고 다니기도 합니다. 그러나 용서는 우리의 기억하는 방법을 바꾸어 줍니다. 용서는 저주를 축복으로 바꾸어 줍니다. 우리가 우리 부모의 이혼을 용서하고, 우리 아이의 주의력 부족을 용서하고, 우리가 위기에 있을 때 친구들이 보여 준 불충실함을 용서하고, 잘못된 충고를 한 우리의 의사를 용서할 때, 스스로 어찌할 수 없는 사건들의 희생물이라는 생각을 더 이상 하지 않아도 됩니다.

용서는 우리 자신의 힘을 깨닫게 하고 통제할 수 없는 일들로 인하여 우리가 파괴되지 않도록 도와 줍니다. 용서는 이 통제할 수 없는 사건들이 우리 마음의 지혜를 깊게 해주는 사건으로 변하게 합니다. 용서는 진실로 우리의 기억을 치유합니다.

용서는 우리의 기억을 치유합니다

기쁨을 선택하기

기쁨은 생을 가치 있는 삶이 되게 합니다. 그러나 많은 사람들에게 기쁨을 찾는다는 것이 쉬운 일은 아닙니다. 사람들은 그들의 생활이 슬픔과 우울에 차 있다고 불평합니다. 그러면 과연 우리가 그렇게 원하는 기쁨을 가져다 줄 수 있는 것은 무엇일까요? 단순히 어떤 사람들은 운이 좋을 뿐이고 다른 사람들은 운이 없다고만 할 수 있을까요?

이상하게 들릴지 모르나, 우리는 기쁨을 선택할 수 있습니다. 두 사람이 같은 사건의 당사자가 될 수 있습니다. 그러나 한 사람은 또 한 사람과 크게 다른 생활 방법을 선택할 수 있습니다. 어떤 사람들은 우리에게 닥친 일들이 비록 고통스럽기는 하나, 그것이 어떤 약속을 내포하고 있을 것이라는 신뢰를 선택할 수 있습니다. 다른 어떤 사람들은 절망을 선택할 수 있고 또한 그로 인하여 파멸할 수도 있습니다.

우리를 인간적으로 만드는 것은 바로 이러한 선택의 자유입니다.

우리를 인간적으로 만드는 것은
기쁨을 선택하는 자유입니다

The Joy of Being Like Others
다른 사람처럼 보이는 기쁨

언뜻 보면, 기쁨은 서로 다르다는 것과 관계가 있는 것처럼 보입니다. 당신이 칭찬을 받거나 상을 받을 때, 당신은 다른 사람들과는 다르다는 기쁨을 경험합니다. 당신은 남들보다 더 빠르고, 더 영리하고, 더 아름답습니다. 그리고 당신에게 기쁨을 가져다 주는 것은 바로 이 상이함입니다. 그러나 이러한 기쁨은 매우 일시적입니다.

진정한 기쁨은 우리도 다른 사람들과 같은 사람들이라는 사실에 숨겨져 있습니다. 즉, 우리는 모두 허약하며 죽을 수밖에 없다는 것입니다. 이 기쁨은 우리 모두가 같은 인간이라는 기쁨입니다. 그것은 우리가 친구로서, 동반자로서 그리고 함께 여행을 하는 사람으로서 다른 사람들과 함께 있는 기쁨입니다.

진정한 기쁨은 임마누엘이신 예수님의 기쁨, 즉 하나님께서 우리와 함께 계시는 기쁨입니다.

진정한 기쁨은 친구로서 동반자로서 함께 여행을 하는 사람으로서 다른 사람들과 함께 있는 기쁨입니다

FEBRUARY

2월

약함 속에서의 결속
Solidarity in Weakness

약함 속에서의 결속을 통하여
다른 사람들과 인간애를 나눌 수 있는
기쁨의 중심으로 가게 됩니다

Solidarity in Weakness
약함 속에서의 결속

기쁨은 동정 안에 숨겨져 있습니다. 동정이라는 말은 원래 "고통을 함께 경험한다"는 뜻입니다. 다른 사람과 고통을 함께 하는 것이 기쁨을 가져온다는 것은 흔히 있을 수 있는 일은 아닙니다. 그러나 고통받고 있는 사람과 함께 있고, 절망 속에 있는 사람과 자리를 같이하며, 혼란과 불확실의 시간을 친구와 함께 한다는 것, 이러한 경험들이 우리들에게 커다란 기쁨을 가져다 줍니다. 어떠한 행복이나 흥분이나 대단한 만족이 아니라, 다른 사람을 위하여 함께 한다는 조용한 기쁨, 인간 가족 속에서 우리들의 형제 자매들과의 깊은 결속 안에서 사는 기쁨 말입니다.

이것은 약함 속에서의 결속, 깨어짐 속에서의 결속, 상처 속의 결속을 의미합니다. 이 결속을 통하여 우리들은 다른 사람들과 인간애를 나눌 수 있는 기쁨의 중심으로 가게 됩니다.

약함 속에서의 결속을 통하여 다른 사람들과
인간애를 나눌 수 있는 기쁨의 중심으로 가게 됩니다

자신에게 자비로워지기

인생에는 침묵이 필요합니다. 우리는 침묵을 원하기조차 합니다. 그러나 침묵 속으로 들어가면 내면의 많은 소음들과 부딪치게 됩니다. 흔히 이 소음은 너무도 마음을 불편하게 하기 때문에 바쁘고 어수선한 생활이 침묵의 시간보다 더 낫게 여겨지기도 합니다. 마음을 불편하게 하는 두 가지의 '소음'들이 우리들의 침묵 속에 재빨리 자리를 잡습니다. 그것은 욕망의 소음과 분노의 소음입니다.

그러면 어떻게 해야 할까요? 예수님께서는 "너희는 가서 '내가 자비를 원하고 제사를 원치 않는다' 라는 말씀이 무슨 뜻인지 배워라" 하고 말씀하셨습니다(마태복음 9:13). 제사(sacrifice)는 "바쳐 올리는 것", "끊어 내어 버리는 것", "태워 버리는 것" 또는 "죽이는 것"을 의미합니다. 욕망과 분노를 가지고 이 일을 해서는 안됩니다. 그렇게 한다고 해서 일이 해결되지 않습니다. 그러나 이 시끄러운 자신에 대하여 자비로울 수 있으며, 이 시끄러운 적을 친구로 만들 수 있습니다.

욕망과 분노를 친구로 만들 수 있습니다

Befriending Our Inner Enemies
내면의 적들과 친구가 되기

어떻게 우리는 욕망이나 분노와 같은 내면의 적들과 친구가 될 수 있을까요? 우리는 욕망과 분노가 말하는 것을 들음으로써 이들과 친구가 될 수 있습니다. 욕망과 분노는 "나에게는 아직 채워지지 않은 욕구가 있어" 그리고 "나를 진정으로 사랑하는 사람은 누구야?"라고 우리들에게 말합니다. 욕망과 분노를 쫓아내려고 하는 대신, 근심과 불안에 가득 차 있는 우리의 마음이 어떤 치유를 필요로 하고 있다는 것을 인정해야 합니다. 우리들은 끊임없이 들떠 있기 때문에, 욕망과 분노가 보다 깊은 사랑으로 변할 수 있는 진정한 내면의 쉴 자리를 찾지 않으면 안됩니다.

욕망과 분노에는 우리가 다스릴 수 없는 엄청난 힘이 있습니다! 이 엄청난 힘을 사랑의 샘이 되게 할 수 있을 때, 우리는 자신을 변화시킬 수 있을 뿐 아니라 욕망과 분노의 희생물이 될 뻔했던 사람들까지도 변화시킬 수 있습니다. 이렇게 하기 위해서는 인내가 필요합니다. 그러나 우리는 그것을 해낼 수 있습니다.

내면의 적들이 말하는 것을 들음으로써
이들과 친구가 될 수 있습니다

친절한 사람 되기

친절은 인간의 아름다운 속성입니다. 우리가 "그 여자는 참으로 친절한 사람이야" 또는 "그 사람은 참 친절했어"라고 말할 때, 우리는 매우 흐뭇한 경험을 말하고 있는 것입니다. 경쟁적이며 또 때로는 폭력적인 이 세상에서 친절을 자주 접하기란 흔치 않습니다. 그러나 친절을 대하게 될 때 축복받고 있다는 사실을 알게 됩니다. 우리가 친절 속에서 자라며 또 친절한 사람이 될 수 있을까요? 물론 될 수 있습니다. 그렇게 되기 위해서는 훈련이 필요합니다. 친절하다는 것(to be kind)은 사람들을 '친족(kindred)'으로 생각하고 손을 내미는 것입니다.

여기에 큰 도전이 있습니다. 피부 색깔이나 종교, 성에 관계 없이 모든 사람들은 같은 인류에 속하며, 서로 친절해야 하며, 서로를 형제 자매처럼 대접해야 한다는 것입니다. 이 도전에 직면하지 않는 날은 하루도 없습니다.

친절하다는 것은 사람들을 가까운 친척처럼
생각하고 손을 내미는 것입니다

God's Unconditional Love
하나님의 조건 없는 사랑

하나님의 사랑에 관하여 우리는 무어라 할 수 있을까요? 하나님의 사랑은 조건 없는 사랑이라고 말할 수 있습니다. 하나님은 "만일 네가 어떤 일을 한다면, 나는 너를 사랑할 것이다"라고 말씀하시지 않습니다. 하나님에게는 '만일'이라는 단어가 없습니다. 하나님의 사랑은 우리의 행동이나 말이나 또는 외모나 지식, 그리고 성공이나 인기에 따라 달라지는 것은 아닙니다. 사랑은 우리가 태어나기 전부터 있었고, 죽고 난 후에도 존재할 것입니다. 그 사랑은 영원에서 영원으로 존재하며 시간이나 환경의 제약을 받지 않습니다.

조건 없이 사랑한다는 것은 아무 관심 없이 사랑한다는 것을 의미하지 않습니다. 하나님은 우리들과 관계 맺기를 원하시며 응답으로 우리들도 하나님을 사랑해 주기를 바라고 계십니다.

두려움 없이 하나님과 친숙한 관계를 맺으십시오. 항상 더 많은 사랑을 받으리라는 것을 믿으십시오.

하나님은 "만일 네가 어떤 일을 한다면
너를 사랑하겠다"고 말씀하시지 않습니다

하나님의 사랑으로 돌아가기

우리들은 흔히 조건 없는 사랑과 조건 없는 허용을 혼돈합니다. 하나님은 우리들을 조건 없이 사랑하시지만, 모든 인간 행위를 허용하시지는 않습니다. 하나님은 배반, 폭력, 증오, 의심 그리고 그 밖에 다른 모든 악의 표현들을 허용하시지 않습니다. 이러한 것들은 모두 하나님이 인간의 마음에 심으려 하시는 사랑과 모순되기 때문입니다. 악은 하나님의 사랑이 존재하지 않는 것을 뜻합니다. 악은 하나님에게 속하지 아니합니다.

하나님의 조건 없는 사랑이란, 우리가 악한 것을 말하거나 생각할 때도 계속해서 우리를 사랑하신다는 것입니다. 하나님은 실종된 자식의 귀환을 부모가 기다리듯 그렇게 우리를 기다리십니다. 우리들이 하는 일로 인하여 하나님의 마음이 슬플 때에도, 하나님은 우리들에 대한 사랑을 포기하지 않으신다는 진리를 우리는 명심해야 합니다. 이 진리가 우리들로 하여금 항상 존재하는 하나님의 사랑으로 돌아가도록 도와 줍니다.

하나님은 우리가 저지르는 악으로 인해 슬플 때에도
우리를 향한 사랑을 포기하지 않으십니다

Dressed in Gentleness
온화함으로 옷 입기

때때로 우리들은 온화한 사람을 만납니다. 온화함은 각박하고 거친 것을 숭배하는 사회에서는 찾기 힘든 덕목입니다. 심지어 일을 처리하는 과정에서 사람들이 마음의 상처를 입더라도 우리는 일을 빨리 끝내라는 재촉을 받습니다. 성공, 업적 그리고 생산성은 중요한 것입니다. 그러나 비싼 대가를 치러야 합니다. 그러한 환경 속에서는 온화함이 자리를 잡을 장소가 없습니다.

온화한 사람은 "상한 갈대를 꺾지 않고 꺼져 가는 등불을 끄지 않는" 사람입니다(마태복음 12:20). 다른 사람들의 강점과 약점에 모두 마음을 쓰고, 어떤 일을 성취하려고 하기보다는 함께 있으려 합니다. 사뿐히 걷고, 주의 깊게 들으며, 다정하게 쳐다보며, 공손하게 어루만지는 사람입니다. 진정한 성장에는 힘이 아니라 가르쳐 깨닫게 하는 것이 필요하다는 사실을 아는 사람입니다. 각박하고 또 때로는 굽힐 줄 모르는 이 세상에서 우리는 우리의 온화함을 통하여 하나님이 우리 가운데 계시다는 것을 생생하게 기억할 수 있습니다.

각박한 세상에서 온화함을 통하여
하나님이 우리 가운데 계심을 기억할 수 있습니다

보살핌, 모든 치유의 원천

보살핌은 치유와는 다른 말입니다. 치유는 '변화'를 뜻합니다. 의사, 변호사, 목회자, 사회 복지 요원과 같은 이들은 모두 자신의 전문기술을 이용해 사람들의 삶에 변화를 가져오고 싶어합니다. 자신들이 해내는 어떤 종류의 치유책이든 사례를 받습니다. 그러나 치유는, 바람직한 것일지는 몰라도, 그것이 보살핌에서부터 자라서 나오지 않을 때는 쉽게 과격해지고 조작적이며 심지어 파괴적으로 바뀔 수 있습니다. 보살핌은 같이 있어 주고, 같이 울어 주며, 같이 고생하고, 같이 느끼는 것입니다. 보살핌은 측은히 여기는 것입니다. 다른 사람이 나와 같이 인간적이며, 죽을 수밖에 없고, 취약한 나의 형제 자매라는 것이 진리임을 주장하는 것입니다.

보살핌이 우리의 첫 번째 관심이 될 때, 치유를 선물로 받을 수도 있습니다. 우리가 치유할 수는 없으나, 우리가 언제나 보살필 수는 있습니다. 보살피는 것은 바로 인간답게 되는 것입니다.

우리가 치유할 수는 없으나
우리가 언제나 보살필 수는 있습니다

Giving and Receiving Consolation

위로를 주고받기

위로는 아름다운 말입니다. 이 말은 '외로운 사람'과 '함께 함'을 의미합니다. 사람을 위로하는 것은 마음을 쓰며 돌보는 일 중 가장 중요한 것입니다. 인생은 고통과 슬픔 그리고 외로움으로 가득 차 있기 때문에 흔히 우리는 직면한 무한한 고통을 덜기 위하여 무엇을 할 수 있을 것인가를 생각합니다. 우리는 사람을 위로할 수 있으며 또한 그렇게 해야 합니다. 우리는 아기를 잃은 어머니, 에이즈에 감염된 젊은이, 집이 불타 버린 가정, 부상당한 군인, 자살을 기도한 십대 청소년들, 그리고 왜 지금까지 살아 있어야 하는지 의심하는 노파를 위로할 수 있으며 또 그렇게 해야 합니다.

위로하는 것은 고통을 가져 가 버리는 것을 의미하는 것은 아닙니다. 오히려 함께 있으면서, "당신은 혼자가 아닙니다. 내가 당신과 함께 있습니다. 우리는 함께 고통을 감당할 수 있습니다. 두려워하지 마십시오. 내가 여기 있습니다"라고 말하는 것을 뜻합니다. 이것이 위로입니다. 우리는 모두 위로를 주고받을 필요가 있습니다.

위로는 외로운 사람과 함께함을 의미합니다

올바르게 죽는 것은 다른 사람을 위하여 죽는 것, 우리가 두고 떠나는 사람들을 위하여 우리의 생애를 풍성하게 사는 것을 뜻합니다. 그래서 자신에게 물어야 할 것은 "앞으로 남은 생애에 내가 아직도 할 수 있는 것이 무엇일까?"라는 질문이 아니라, " 다음 세대들을 통하여 나의 생명이 계속하여 열매를 맺을 수 있으려면 나의 죽음을 어떻게 준비해야 할 것인가?"라야 합니다.

예수님은 훌륭히 돌아가셨습니다. 예수님은 죽음을 통하여 사랑의 영을 친구들에게 보내셨으며, 친구들은 그 성령과 함께 함으로써 보다 나은 삶을 살 수 있었기 때문입니다. 친구들을 떠날 때 우리도 그들에게 사랑의 영을 보낼 수 있을까요? 우리는 지금도 우리가 무엇을 할 수 있을 것인가를 너무 걱정하고 있는 것은 아닐까요? 만일 우리가 올바르게 죽는 것을 준비하기만 한다면, 죽음은 우리가 줄 수 있는 가장 큰 선물이 될 수 있습니다.

죽음은 우리가 줄 수 있는
가장 큰 선물이 될 수 있습니다

Words That Create

창조하는 말

말, 말, 말. 사회는 말들로 가득 차 있습니다. 광고판, 텔레비전 화면, 신문과 책. 속삭이는 말, 소리치는 말, 노래하는 말. 움직이고, 춤추고, 크기와 색깔이 달라지는 말. 말은 "나의 맛을 보렴, 나의 냄새를 맡아 보렴, 나를 먹어 보렴, 나를 마셔 보렴, 나와 함께 잠을 자 보렴"이라고 합니다. 그러나 무엇보다도 말은 "나를 사 보렴"이라고 합니다. 그 많은 말들이 우리를 둘러싸고 있기 때문에, "응, 그래, 그저 말들이로구먼"이라고 재빨리 대꾸합니다. 그리하여 말은 그 힘을 많이 잃었습니다.

그럼에도 불구하고 말에는 창조하는 힘이 있습니다. 하나님이 말씀하실 때, 하나님은 창조하십니다. 하나님이 "빛이 있으라"(창세기 1:3) 하고 말씀하시자 빛이 있었습니다. 하나님은 빛을 말씀하셨습니다. 하나님에게는 말씀과 창조는 동일한 것이기 때문입니다. 우리는 말씀의 이 창조적인 힘을 되찾아야 합니다. 말은 매우 중요합니다. "나는 당신을 사랑합니다"라고 진심에서 말할 때, 다른 사람들에게 새 생명을, 새 희망을, 새 용기를 줄 수 있습니다.

우리는 말의 창조적인 힘을 되찾아야 합니다

우리들을 살찌게 하는 말

우리는 이야기할 때, 흔히 과거에 일어났던 일이나 지금 하고 있는 일, 그리고 앞으로 하려고 하는 일에 대하여 얘기합니다. 흔히 "지금 당면한 일이 무엇이지?" 하고 말합니다. 그리고 서로를 부추기며 일상 생활의 세부적인 사항들에 관하여 얘기를 나눕니다. 그러나 이런 것들과는 다른 얘기를 듣고 싶어합니다. "나는 오늘 내내 당신을 생각하고 있었어" 또는 "보고 싶었어" 또는 "당신이 여기 있었으면 해" 또는 "당신을 정말 사랑해요"와 같은 말들을 우리는 듣기 원합니다. 이러한 말들을 한다는 것은 쉬운 일이 아닙니다. 그러나 이런 말은 다른 사람들과 우리의 유대를 한층 깊게 할 수 있습니다

어떤 표현이든 "나는 당신을 사랑합니다"라고 말하는 것은 항상 좋은 소식을 전해 주는 것입니다. 사랑의 말과 긍정적인 말은 음식과 같습니다. 우리들은 매일 늘 그 음식을 필요로 합니다. 그것은 우리의 내면을 살아 있게 합니다.

사랑과 긍정의 말은 음식과 같습니다
우리는 날마다 그 음식을 필요로 합니다

Celebrating Being Alive

살아 있음을 축하하기

생일은 매우 소중한 것입니다. 생일에 우리들은 우리가 살아 있는 것을 축하합니다. 우리의 생일날, 사람들은 우리에게 "네가 살아 있는 것을 감사해" 하고 말합니다. 생일 선물은 우리의 가족과 친구들이 우리에게, 우리가 그들 인생의 한 부분이라는 사실을 기뻐한다고 표현하는 것입니다.

우리는 결코 우리 자신의 생일과 우리와 가까운 사람들의 생일을 잊어서는 안됩니다. 생일은 우리들을 어린아이처럼 만듭니다. 생일은 우리에게 중요한 것이 우리가 하는 일이나 이루어 낸 일이나 또는 우리가 소유하고 있는 것, 혹은 우리가 아는 사람들이 아니라는 사실을 깨닫게 합니다. 대신 우리에게 정말 중요한 것은 우리가 지금 바로 이 자리에 존재하고 있는 사실임을 깨닫게 합니다. 생일날, 우리가 받은 생명의 선물에 대하여 감사하십시오.

생일은 우리의 일이나 소유가 아니라 지금 바로
이 자리에 존재하고 있음을 깨닫게 합니다

아름다운 것과 좋은 것을 보기

우리가 구하는 보물을 찾기 위하여 멀리까지 갈 필요는 없습니다. 아름다운 것과 좋은 것들은 바로 이곳에 있습니다. 주위에 있는 아름다운 것과 좋은 것들을 볼 수 있을 때에만, 우리는 멀리 여행을 갔을 때에도 아름다운 것과 좋은 것들을 알아볼 수 있습니다. 우리들이 즐길 수 있는 나무와 꽃 그리고 우리가 감탄하는 그림과 조각을 볼 수 있습니다. 그러나 무엇보다도 우리는 그 곳에서 미소짓거나, 친절하며, 온화한 사람들을 볼 수 있습니다. 이러한 광경은 모두 주위에서 볼 수 있는 것들입니다. 이러한 것들이야말로 감사한 마음으로 받을 수 있는 공짜 선물이라는 사실을 인정만 하면 됩니다.

다른 곳에 가서 아름다운 것과 좋은 것들을 찾기 전에 바로 앞에 놓여 있는 아름다운 것과 좋은 것들을 찾도록 하십시오.

주위에 있는 것들을 볼 수 있을 때에만
멀리 여행을 갔을 때에도 아름다운 것과
좋은 것들을 알아볼 수 있습니다

The Meal That Makes Us Family and Friends
생명의 선물을 축하하는 식사

우리는 살기 위하여 먹고 마셔야만 합니다. 그러나 식사를 한다는 것은 먹고 마시는 것 이상의 행위입니다. 그것은 우리들이 함께 공유하는 생명의 선물을 축하하는 일입니다. 식사를 함께 한다는 것은 가장 친숙하고 신성한 인간 행위의 하나입니다. 식탁에 둘러앉으면 우리는 음식 권유를 뿌리치기가 힘들게 됩니다. 상대방의 접시와 잔을 채워 주며 서로 먹고 마실 것을 권합니다. 단순히 허기를 채우고 갈증을 해소하는 것 이상의 일들이 식사 중에 일어납니다. 식탁을 중심으로 우리들은 가족이 되고 친구가 되며 한 공동체 그리고 한 몸이 되는 것입니다.

이러한 뜻에서 식탁을 '차린다'는 것은 매우 중요한 일입니다. 꽃과 양초, 그리고 다양한 색깔의 냅킨들, 이런 것들이 "오늘은 우리들에게 아주 특별한 날이야, 우리 모두 함께 즐기세"라고 말할 수 있도록 도와 줍니다.

식사를 함께 한다는 것은 함께 공유하는
생명의 선물을 축하하는 일입니다

식탁에서 이루어지는 친밀함

식탁은 우리 생활에 있어서 가장 친숙한 장소의 하나입니다. 바로 이 식탁에서 우리들은 서로를 주고받습니다. 우리가 "좀 더 드세요", "자 한번 더 드세요", "한 잔 더 드시지요", "어려워 마시고 즐기세요"라고 말할 때, 사실 우리는 말로 표현하는 이상의 것을 말하고 있는 것입니다. 이것은 우리가 그들을 우리 생활의 한 부분이 되도록 초청하는 것입니다. 우리는 우리를 살찌우는 바로 그 음식으로 우리의 친구들도 살찌우기를 원합니다. 우리는 서로 친밀해지기를 원합니다. 그러므로 주인이 권하는 음식을 거절하는 것은 매우 무례한 행위입니다. 그것은 친밀해지고자 하는 초대를 거절하는 것과 같습니다.

이상하게 들릴 수도 있으나, 식탁은 우리가 서로를 위한 음식이 되기를 원하는 장소입니다. 매일의 아침, 점심 그리고 저녁 식사 시간은 언제나 다른 사람들과의 친교를 더하는 시간이 될 수 있습니다.

"좀 더 드세요"라고 하는 것은 다른 이들을
우리 생활의 한 부분이 되도록 초청하는 것입니다

The Barometer of Our Lives
식탁은 가족과 공동체 생활의 척도

식탁이 친밀한 장소이기는 하지만 또한 그것은 멀어짐과 적대 행동, 심지어는 증오의 장소로 쉽게 변할 수 있음을 우리는 잘 알고 있습니다. 그것이 친숙한 장소로서의 의미를 가지고 있다는 바로 그 사실 때문에 식탁은 또한 우리가 쉽게 친숙함의 결여를 경험하는 장소가 되기도 합니다.

우리는 식탁을 가운데 두고 우리들 사이에 긴장감을 드러내 보이기도 합니다. 남편과 아내가 서로 말을 하지 않을 때, 아이가 먹지 않으려고 할 때, 형제 자매가 말다툼을 할 때, 긴장의 침묵이 흐를 때, 식탁은 지옥이 되어 버립니다. 그것은 결코 우리가 원하는 바가 아닙니다.

식탁은 가족과 공동체 생활의 척도입니다. 식탁이 친숙함을 축하하는 장소가 될 수 있도록 가능한 모든 일을 다 하십시오.

식탁이 친숙함을 축하하는 장소가 될 수 있도록
가능한 모든 일을 다 하십시오

식탁을 환대의 장소로

우리의 기억 중 많은 부분은 식사하는 동안에 일어나는 일들입니다. 나이를 먹으면 많은 것들을 잊어버립니다. 그러나 우리는 가족들과 함께 나눈 부활절이나 성탄절 저녁 식사는 대부분 기억합니다. 부활절이나 성탄절 저녁 식사를 기쁨과 감사한 마음으로 기억하기도 하고, 또는 슬픔이나 분노와 함께 기억하기도 합니다. 이 저녁 식사를 통하여 우리 가정에 깃들었던 평화를 상기하기도 하고, 또는 해결되지 못한 갈등을 상기하기도 합니다. 식탁을 중심으로 일어난 이 특별한 순간들이 남과 더불어 사는 생활의 질을 생생하게 상기시켜 줍니다.

오늘날에는 패스트 푸드와 TV와 함께하는 저녁식사 때문에 공동식사가 더욱 설 자리를 잃어버렸습니다. 식탁을 환대의 장소로 만들어서 우리 자신들을 친절과 온화 그리고 기쁨과 평화로 초대하여 아름다운 추억들을 만들 수는 없을까요?

식탁을 환대의 장소로 만들어서
아름다운 추억들을 만들 수는 없을까요?

The Basis of Our Security

안전의 기초

안전의 기초는 무엇일까요? 이 질문에 대해서는 많은 대답을 할 수 있습니다. 성공, 돈, 친구, 재산, 인기, 가족, 사람과의 관계, 보험 등 많은 답이 가능합니다. 바로 이러한 것들이 우리 안전의 기초가 된다고 항상 의식하며 사는 것은 아니겠지만 행동이나 느낌은 또 다릅니다. 돈이나 친구 또는 인기를 잃어버리기 시작하면, 자신이 하는 걱정을 통해 안전에 대한 인식이 이러한 것들에 얼마나 깊이 뿌리 내리고 있는지를 알게 됩니다.

영적인 생활이란 그것이 아무리 좋다 하더라도 사람이 만든 물건이 아니라, 영원한 사랑이신 하나님께 우리 안전의 기초를 두고 살아가는 생활을 뜻합니다. 아마도 현재의 세상에 우리를 얽매는 것들로부터 완전히 자유로울 수는 없을 것입니다. 그러나 현재의 세상에서 자유스럽게 살기를 원한다면, 현재의 세상에 속하지 않아야 합니다. "너희는 하나님과 재물을 함께 섬길 수 없다"(누가복음 16:13).

영적인 생활이란 영원한 사랑이신 하나님께
우리 안전의 기초를 두고 살아가는 생활을 뜻합니다

소유하지않는 생활

　세상이 제공하는 많은 좋은 것들을 참으로 즐기기 위해
서는 우리는 그것들로부터 초연해야 합니다. 초연한다는
것은 냉담하거나 무관심한 것을 뜻하는 것은 아닙니다. 그
것은 소유하지 않음을 뜻합니다. 생명은 감사해야 할 선물
이지 매달려야 할 재산은 아닙니다.

　소유하지 않는 생활은 자유의 생활입니다. 그러나 그러
한 자유는 우리가 깊은 소속감을 가지고 있을 때에만 가능
합니다. 그렇다면 우리가 누구에게 소속되어야 할까요?
우리는 하나님에게 소속되어 있습니다. 우리가 소속되어
있는 하나님은 모든 피조물이 사랑 안에서 그리고 사랑에
의하여 창조되었음을 그의 이름으로 선포하기 위하여 우
리들을 이 세상에 보내셨습니다. 그리고 하나님은 우리가
감사하고 기뻐할 것을 요구하십니다. 이것이 바로 '초연
한' 삶에 관한 전부입니다. 그것은 자유롭게 찬양하고 감
사하는 생활입니다.

초연한다는 것은 소유하지 않음을 뜻합니다

True Intimacy
참된 친숙함

인간 관계는 소유적인 것이 되기 쉽습니다. 우리들은 너무나 사랑받기를 원하기 때문에 사랑과 애정, 우정을 베풀고 우리를 돌보며 지지해 주는 사람들에게 매달리려고 합니다. 작은 사랑의 불빛을 보거나 느끼기만 해도 더 많은 사랑을 원합니다. 사랑하는 사람들이 자주 말다툼을 하는 것은 이유 때문입니다. 사랑하는 사람들 간의 불화는 각자가 상대방에게 줄 수 있는 이상의 사랑이나 주려고 마음먹은 이상의 사랑을 서로가 바라기 때문입니다.

우리의 마음은 완전한 사랑을 원하는데 누구도 완전한 사랑을 줄 수 없으므로, 사랑이 무소유적으로 되기는 매우 어렵습니다. 오직 하나님만이 완전한 사랑을 줄 수 있습니다. 사랑의 기술에는 서로의 공간을 비워 주는 기술이 포함되어 있습니다. 서로에게 움직일 수 있는 공간을 허용하고 재능을 함께 나눌 때, 참된 친숙함이 가능합니다.

사랑의 기술에는 서로의 공간을 비워주는
기술이 포함되어 있습니다

가까움과 먼 것과의 균형

사람들이 친밀할 수 있기 위해서는 가까움과 먼 것 모두가 필요합니다. 그것은 두 사람이 춤을 추는 것과 같습니다. 때로는 우리들은 매우 가까이 있습니다. 서로 어루만지기도 하고 끌어안기도 합니다. 이와 반대로 때로는 우리들은 서로 멀어지기도 합니다. 그래야 그 벌어진 공간에서 우리들은 자유스럽게 움직일 수 있게 됩니다.

가까움과 먼 것 사이의 균형을 적당히 유지하기 위해서는 많은 노력이 필요합니다. 특히 파트너 사이의 생각이 서로 매우 다를 때에는 더욱 그러합니다. 한 사람은 가까워지기를 원하는데 상대방은 멀어지기를 원할 수도 있습니다. 한 사람은 붙잡아 주기를 원하는데 그 사람의 파트너는 홀로 서 있기를 원할지 모릅니다. 완벽한 균형이란 좀처럼 쉽게 이루어지지 않습니다. 그러나 정직하게 그리고 마음을 열고 그 균형을 찾을 때, 우리들은 보기에도 아름다운 춤을 출 수 있습니다.

사람들이 친밀할 수 있게 위해서는
가까움과 먼 것 모두가 필요합니다

What Is Most Personal Is Most Universal
가장 개인적인 것이 가장 보편적인 것

우리들은 개인의 사생활과 공적인 생활을 구별하기를 원합니다. 그러나 영적인 생활을 하려고 하는 사람은 가장 개인적인 일이 만인에게 가장 보편적인 일이라는 것, 가장 깊이 숨겨져 있는 것이 가장 잘 알려져 있는 일임을, 가장 고독한 것이 가장 공동체적임을 발견할 것입니다. 우리가 존재의 가장 내밀한 장소에서 산다는 것은 자신만을 위한 것이 아니라 모든 사람들을 위한 것입니다. 우리의 내적인 생활은 바로 다른 사람들을 위한 생활이며, 우리의 고독은 공동체를 위한 선물이며, 우리가 생각하는 최고의 비밀이 공동 생활에 영향을 미칩니다.

예수님은 "등불을 켜서 그릇으로 덮어 둘 사람은 아무도 없다. 오히려 그것을 등잔대 위에 올려 놓아 집 안에 있는 모든 사람에게 비취게 하지 않겠느냐?"(마태복음 5:15)라고 말씀하셨습니다. 가장 깊숙한 내면에 있는 빛이 세상을 위한 빛입니다.

우리가 생각하는 최고의 비밀이
우리의 공동 생활에 영향을 미칩니다

비밀을 햇빛 아래에 드러내기

우리는 모두 비밀을 가지고 있습니다. 우리 자신이 간직하고 있는 생각과 기억 그리고 감정이 그것들입니다. 흔히 우리는 "만일 사람들이 내가 지금 느끼고 있거나 생각하고 있는 것들을 안다면 그들은 나를 사랑하지 않을 거야"라고 생각합니다. 이렇게 잘 지켜진 비밀은 우리들에게 큰 해를 끼칠 수 있습니다.

비밀과 관련하여 가장 중요한 일 중 하나는 그 비밀을 우리가 신뢰하는 사람에게 안전한 장소에서 얘기해 주는 것입니다. 비밀을 햇빛 아래에 드러낼 좋은 방법을 가지고 있고 또 다른 사람들과 함께 들여다볼 수 있을 때, 그 비밀과 관련하여 우리는 더 이상 혼자가 아니라는 사실과 친구들이 전보다 더 깊이 더 친밀하게 우리를 사랑할 것임을 곧 발견하게 됩니다. 비밀을 햇빛 아래에 드러내는 것은 공동체를 형성하는 것이며 내적 치유를 의미하는 것입니다. 비밀을 나누게 되면, 다른 사람들이 우리를 더 깊이 사랑하게 될 뿐 아니라, 우리 자신을 더욱 완전하게 사랑하게 됩니다.

비밀을 햇빛 아래에 드러내는 것은 공동체를
형성하는 것이며 내적 치유를 의미하는 것입니다

Hidden Greatness
숨겨진 위대함

우리 사회는 명성과 평판을 매우 중요시합니다. 당신이 작가든, 배우든, 음악가든 또는 정치가든, 잘 알려져야 하며, 칭찬과 존경을 받는 것이 중요하다는 메시지를 신문과 텔레비전은 매일 매일 우리들에게 전합니다.

그래도 진정한 위대함은 흔히 숨겨져 있으며, 겸허하고 단순하며, 그리고 주제 넘게 참견하지 않는 것입니다. 다른 사람들의 공개적인 확인이 없으면 우리 자신과 우리의 행동을 신뢰하는 것은 쉽지 않습니다. 우리들은 깊은 겸손과 함께 강한 자신감을 가져야만 합니다.

그러나 가장 위대한 예술 작품과 가장 중요한 평화 활동들은 명성을 추구하지 않는 사람들에 의하여 창조되었습니다. 이 사람들은 그 일들이 자기들의 소명이었다는 것을 알고 있었습니다. 그리고 그들은 그 일들을 커다란 인내와 끈기와 사랑으로 이루어 냈습니다.

진정한 위대함은 겸허하고 단순하며
주제 넘게 참견하지 않는 것입니다

피할 수 없는 죽음을 직면하기

우리 모두는 완전한 삶에 대한 꿈을 가지고 있습니다. 고통과 슬픔, 투쟁과 전쟁이 없는 삶이 그것입니다. 우리들의 영적인 도전은 많은 투쟁의 와중에서도 이 완전한 삶을 엿보는 경험을 하는 것입니다. 죽을 수밖에 없는 인생의 현실을 기꺼이 받아들임으로써 그 속에 심겨져 있는 영원한 생명과 만날 수 있습니다.

사도 바울은 이 진리를 다음과 같이 힘있게 표현하고 있습니다. "우리가 모든 일에 괴로움을 당해도 꺾이지 않으며 난처한 일을 당해도 실망하지 않고 핍박을 받아도 버림을 당하지 않으며 맞아서 쓰러져도 죽지 않습니다. 우리가 이렇게 항상 예수님이 죽으심을 몸소 체험하는 것은 … 우리의 죽을 몸에 그의 생명이 나타날 수 있도록 하기 위한 것입니다"(고린도후서 4:8 – 12). 우리는 오직 죽을 수밖에 없는 운명에 직면함으로써 죽음을 초월한 예수님의 삶과 만날 수 있습니다.

죽을 수밖에 없는 인생의 현실을 기꺼이
받아들임으로써 그 속에 심겨진 영원한 생명과
만날 수 있습니다

Creating Space for God
하나님의 임재 연습

훈련(discipline)은 제자도(discipleship)의 다른 면이기도 합니다. 훈련을 수반하지 않는 제자도는 연습하지 않은 채 마라톤에서 뛰기 위하여 기다리고 있는 것과 같습니다. 제자도가 수반되지 않는 훈련은 마라톤에 출전하기 위하여 항상 연습은 하면서도 참가하지 않는 것과 같습니다.

그러나 영적 생활에 있어서의 훈련은 스포츠의 훈련과 같은 것이 아닙니다. 스포츠의 훈련은 육체를 잘 다스리기 위하여 집중적인 노력을 경주하는 것입니다. 영적 생활에서의 훈련은 하나님이 우리의 주인이 될 수 있고 우리가 하나님의 인도를 자유롭게 받아들일 수 있는 공간과 시간을 만들기 위하여 집중적인 노력을 경주하는 것입니다. 영적인 훈련은 하나님을 위하여 계속 열려 있는 시간과 공간의 테두리를 만들어 내는 것입니다. 고독도, 예배도, 남을 돌보는 것도 훈련을 필요로 합니다. 이 모든 것들은 자비로우신 하나님의 임재를 인정하고 응답할 수 있는 시간과 장소를 준비해 놓을 것을 우리에게 요구합니다.

영적인 훈련은 하나님을 위하여 계속 열려 있는 시간과 공간의 테두리를 만들어 내는 것입니다

빈 공간에 계신 하나님

우리는 모든 시간과 공간을 점령하고 꽉 채우고 싶어합니다. 우리 자신이 채워져 있기를 원합니다. 자신이 채워져 있지 않으면 "만일 우리가 이렇게 했더라면 어떻게 되었을까?"라고 말하면서 우리의 빈 공간을 걱정으로 가득 채웁니다.

우리의 생활에서 빈 공간이 존재하도록 내버려두는 것은 매우 어려운 일입니다. 그러기 위해서는 통제하지 않겠다는 의지, 즉 어떤 새롭고 기대하지 않았던 일이 일어나는 것을 허용하겠다는 의지가 있어야 합니다. 이렇게 하기 위해서는 신뢰할 수 있어야 하며, 굴복할 줄 알아야 하고, 인도하심에 대하여 마음을 열어 놓을 수 있어야 합니다. 하나님은 우리의 빈 공간에 계시기를 원하십니다. 그러나 우리가 하나님을 두려워하며, 또 우리의 삶 가운데 일어나는 하나님의 역사를 두려워하는 한, 우리의 빈 공간을 하나님께 내어 드릴 수 없습니다. 하나님께 대한 우리의 두려움을 떨쳐 버리고, 모든 사랑의 원천이신 하나님을 껴안을 수 있도록 기도하십시오.

하나님은 우리의 빈 공간에 계시기를 원하십니다

Being Free to Love
두려움 없는 사랑

예수님은 우리가 하나님에 대한 두려움을 극복하는 것을 돕기 위하여 오셨습니다. 우리가 하나님을 두려워하면, 우리는 하나님을 사랑할 수 없습니다. 사랑은 친숙함, 가까움, 서로의 연약함, 그리고 안전에 대한 깊은 인식을 의미합니다. 그러나 이 모든 것들은 두려움이 있으면 불가능합니다. 두려움은 의심, 거리감, 방어적인 태도, 그리고 불안감을 조성합니다.

영적 생활에 있어서 가장 큰 장애는 두려움입니다. 두려움에서는 기도와 명상, 그리고 교육이 나올 수 없습니다. 하나님은 완전한 사랑이십니다. 그래서 사도 요한은 "완전한 사랑은 두려움을 내쫓습니다"(요한일서 4:18)라고 썼습니다. 예수님이 전하신 메시지의 핵심은, 하나님은 무조건적인 사랑으로 우리들을 사랑하시며, 그런 사랑에 대한 응답으로 모든 두려움으로부터 벗어난 우리의 사랑을 원하신다는 것입니다.

사랑은 친숙함, 가까움, 서로의 연약함,
그리고 안전에 대한 깊은 인식을 의미합니다

하나님의 무력함
God's Powerlessness

그분은 전적으로 무력하고
연약한 하나님이 되기를 원하십니다

God's Powerlessness

하나님의 무력함

예수님은 우리들과 함께 하시는 하나님, 즉 임마누엘이십니다. 하나님이 인간이 되신 것은 커다란 신비입니다. 이 신비는 그분이 우리 인간들로부터 사랑받기를 원했다는 사실로 설명될 수 있습니다. 하나님은 그분 자신이 다치기 쉬운 어린아이가 되어, 전적으로 인간들의 보살핌에 의존함으로써 하나님과 인간 사이의 거리를 없애기 원하십니다.

먹여 주어야 하고, 돌봐 주어야 하며, 가르치고 인도해야 할 꼬마를 누가 두려워하겠습니까? 우리는 흔히 하나님을 얘기할 때, 하나님은 전지 전능하시며 우리가 전적으로 의지하는 하나님이라고 말합니다. 그러나 그분은 전적으로 무력하고 연약한 하나님이 되기를 원하시며, 또 우리 인간들에게 전적으로 의지하기를 원하십니다. '우리들과 함께 계시는 하나님' 이 되기를 원하시고 또 '하나님과 함께 있는 우리' 가 되기를 원하시는 하나님을 우리가 어떻게 두려워할 수 있을까요?

그분은 전적으로 무력하고 연약한 하나님이
되기를 원하십니다

하나님과의 계약

하나님은 우리들과 계약을 맺으셨습니다. 계약(covenant)이라는 말은 '함께 온다(coming together)' 는 의미입니다. 하나님은 우리와 함께 오기를 원하십니다. 하나님은 우리를 위한 하나님이십니다. 예수님이 오셨을 때 그 계약의 새로운 차원이 펼쳐졌습니다. 예수님 안에서 하나님은 태어나시고, 성장하시고, 생활하시고, 고초를 당하시고, 우리와 마찬가지로 죽으십니다. 하나님은 우리와 함께 하십니다.

예수님은 마지막으로 떠나시면서 성령을 약속하셨습니다. 성령 안에서 하나님은 계약의 완전한 깊이를 우리에게 드러내십니다. 우리가 숨쉬는 것만큼이나 우리와 가까워지기를 원하십니다. 우리 안에서 숨쉬기를 원하십니다. 우리가 전적으로 하나님으로부터 영감을 받아서 말하고, 생각하며, 행동할 수 있기를 원하십니다. 하나님은 우리 속에 계십니다. 하나님의 계약은 하나님이 우리를 얼마나 사랑하시는가를 보여 줍니다.

하나님의 계약은 우리를 얼마나
사랑하시는가를 보여 줍니다

God's Faithfulness and Ours
하나님의 충실, 우리의 충실

하나님이 우리들과 계약을 맺으실 때 이렇게 말씀하십니다. "나는 영원한 사랑으로 너희를 사랑할 것이다. 너희가 내게서 떠나가고, 나를 버리고, 심지어 나를 배반한다 하더라도 나는 너희에게 충실할 것이다." 우리 사회는 하나님과의 계약(covenants)보다는 상업상의 계약(contracts)에 관하여 더 많은 이야기를 합니다. 이 계약은 계약 당사자들이 자신들이 약속한 사항을 이행할 의사가 없거나 이행할 능력이 없을 때 파기되기 일쑤입니다.

하나님은 우리와 상업상의 계약을 맺으신 것이 아닙니다. 신과 인간 사이의 계약을 맺으신 것입니다. 이 계약이 우리의 인간 관계에도 반영되기를 원하십니다. 우리는 결혼, 우정 그리고 공동체 안에서의 생활을 통하여 하나로 뭉쳐진 우리의 생명에 대한 하나님의 믿음을 볼 수 있습니다.

하나님은 신과 인간 사이의 계약을
우리와 맺으신 것입니다

하나님의 완전한 사랑

우리에 대한 하나님의 사랑은 우리가 태어나기 전에도 존재하였으며 우리가 죽은 후에도 존재할 것이라는 것을 의미합니다. 우리를 끌어안는 영원한 사랑입니다. 영적인 생활을 한다는 것은 이 영원한 사랑을 구하는 것입니다. 어느 부모도 그 자식을 완전히 사랑할 수는 없습니다. 어떤 부부라도 서로를 무제한적으로 사랑할 수는 없습니다. 인간의 사랑은 반드시 어딘가 깨어져 있습니다.

깨어진 사랑이 우리가 가질 수 있는 유일한 사랑일 때 쉽게 절망에 빠지게 됩니다. 그러나 우리의 깨어진 사랑이 하나님의 완전하고 조건 없는 사랑을 일부분이나마 반영한 것이라는 믿음 속에서 살아갈 때, 우리는 서로의 부족함을 용서할 수 있으며, 우리가 제공할 수밖에 없는 그 사랑을 다 함께 즐길 수 있습니다.

우리에 대한 하나님의 사랑은 영원한 것입니다

Creating a Home Together

함께 가정을 만들어 가기

인간 관계는 양손의 손가락을 서로 맞물린 것과 같습니다. 우리는 외로움 때문에 서로에게 매달립니다. 서로에게 매달릴 때, 우리는 말할 수 없는 고통을 받습니다. 그 매달림이 우리의 외로움을 없애 버릴 수 없기 때문입니다. 그러나 외로움을 없애려고 노력하면 할수록 더욱 더 절망에 빠집니다. '서로 맞물린' 인간 관계는 땅에 떨어져 산산조각이 납니다. 이러한 인간 관계는 숨이 막히고 억눌리는 관계로 전락하기 때문입니다. 원래 인간 관계는 양손을 합장하는 것과 같은 모양으로 의도되었습니다. 양손이 떨어져서 만든 그 공간에는 작은 텐트나 가정, 거처할 안전한 장소가 들어갈 수 있습니다.

진정한 인간 관계는 하나님에게로 지향하는 것이며 이 세상의 기도와 같습니다. 기도하는 양손은 때로는 완전히 붙어 있고, 때로는 그 사이에 간격이 생기기도 합니다. 양손은 언제나 다가가거나 떨어질 수 있지만, 접촉이 끊어지는 일은 없습니다. 양손은 그들을 하나로 합치게 만든 하나님께 끊임없이 기도합니다.

진정한 인간 관계는 하나님에게로 지향하는 것입니다

진정한 환대

두 사람 또는 더 많은 사람들 사이의 인간 관계가 좋게 유지되기 위해서는 친구 사이든, 부부 사이든, 공동체 내의 관계이든, 거기에는 낯선 사람이 들어와서 친구가 될 수 있는 공간이 있어야 합니다. 좋은 관계에 있을 때는 환대가 가능합니다. 어떤 가정을 방문하여 환대받았다고 느낄 때가 있습니다. 그 집에 살고 있는 사람들 간에 사랑이 있었기 때문에 환대가 가능했다는 것을 바로 깨닫습니다.

가정 내에 다툼이 있을 경우, 손님은 곧 어느 한 편을 들어야 할 처지에 놓이게 됩니다. "당신은 그 남자 편입니까, 아니면 그 여자 편입니까?" "당신은 그 사람들의 의견에 동의합니까, 아니면 우리 의견에 동의합니까?" "당신은 나보다도 그 사람을 더 좋아합니까?" 이 질문들은 상대방을 진정으로 환대받지 못하게 합니다. 환대는 손님에 대한 사랑의 표현 이상입니다. 무엇보다도 그 주인들 사이에 사랑이 있다는 표현입니다.

낯선 사람이 들어와서 친구가 될 수 있는
공간이 있어야 합니다

The Great Gift of Parenthood
부모가 주는 최고의 선물

아이들은 부모의 손님입니다. 아이들은 그들을 위하여 마련된 공간으로 들어와 잠시—15년, 20년 혹은 25년 간— 머문 후, 그들 자신의 공간을 만들기 위하여 다시 떠나 버립니다. 부모들이 "우리 아들", "우리 딸"이라고 부르지만 아이들은 부모의 소유물이 아닙니다. 여러 면에서 아이들은 타인입니다. 부모는 아이들을 알아야 하며, 그들의 강점과 약점을 발견하고, 아이들이 성숙하도록 인도하고, 그리고 아이들 스스로 결정할 수 있도록 허용해야 합니다.

부모가 아이들에게 줄 수 있는 가장 큰 선물은 부부 간의 사랑입니다. 그 사랑을 통해서 부모는 아이들이 불안해 하지 않고 자랄 수 있는 장소를 만들어 주어, 아이들이 자신감을 키우고 자기 자신의 인생의 길을 선택하는 자유를 발견하도록 격려하게 됩니다.

부모가 아이들에게 줄 수 있는 가장 큰 선물은
부부 간의 사랑입니다

판단하지 않는 생활을 향하여

　가장 어려운 영적 활동의 하나는 편견 없는 인생을 사는 것입니다. 때때로 우리의 편견이 얼마나 뿌리 깊은 것인가를 깨닫지 못합니다.

　낯선 사람들, 즉 우리와 다른 사람들은 우리들에게 두려움, 불안감, 의구심 그리고 적대 감정을 불러일으킵니다. 이들은 단지 그들이 '타인'이라는 이유만으로 우리를 불안하게 합니다. 하나님은 우리를 조건 없이 사랑하신다는 사실을 우리가 인정하고, '다른 사람들'도 우리와 똑같이 사랑하신다는 점을 우리가 인정할 때, 셀 수 없이 다양한 인간상은 하나님 마음의 한없는 풍성함을 표현하기 위한 것임을 발견할 수 있습니다. 그러면 성급하게 사람을 판단하려는 필요는 점점 사라질 것입니다.

다양한 인간상은 하나님 마음의 한없는 풍성함을
표현하기 위한 것입니다

Freedom from Judging, Freedom for Mercy
내적 자유의 비결

우리들은 다른 사람에 대하여 우리 나름대로의 판단을 하는 데 엄청난 에너지를 소모합니다. 하루도 빠짐 없이, 사람들은 우리의 판단을 자극하는 행동과 말을 합니다. 우리는 많이 듣고, 많이 보며, 그리고 많이 압니다. 우리는 마음속에서 이 모든 언행을 분류하여 판단해야겠다고 생각합니다. 그러나 이러한 생각은 매우 감정을 억누르는 일입니다.

다른 사람을 판단하는 것은 무거운 짐이며 반면에 다른 사람들에 의하여 판단받는 것은 가벼운 짐이라고 옛날 광야 시대의 조상들이 말씀한 바 있습니다. 우리가 일단 남을 판단하는 일에서 떨쳐 버릴 수 있으면, 우리는 무한한 내적인 자유를 경험할 것입니다. 예수님은 "너희가 판단을 받지 않으려거든 남을 판단하지 말아라"(마태복음 7:1)고 말씀하셨습니다. 예수님의 이 말씀을 기억하십시오.

남을 판단하는 것으로부터 자유로워지면
무한한 내적 자유를 경험할 것입니다

우리가 받은 고유한 부르심

무서운 일들이 날마다 너무 많이 일어나고 있습니다. 우리가 이 세상에서 하는 몇 가지 안되는 일들이 무슨 의미를 지니고 있을 것인가를 의심하기 시작합니다. 불과 몇천 킬로밖에 떨어지지 않은 곳에서 사람들이 굶주리고 있고, 국경선 가까이에서 전쟁이 벌어지고 있으며, 우리가 사는 도시에서도 수많은 사람들이 거처할 집이 없는 이때, 우리의 활동은 아무 쓸모 없는 것처럼 보입니다. 그러나 이 생각은 우리를 마비시키고 우울하게 만들 수 있습니다.

바로 여기에 부르심이라는 말의 중요성이 있습니다. 우리는 이 세상을 구하기 위하여, 모든 문제를 해결하기 위하여, 모든 사람을 돕기 위하여 부르심을 받은 것이 아닙니다. 그러나 우리의 가정에서, 직장에서, 이 세상에서 각각 고유한 부르심을 받고 있습니다. 우리를 향한 부르심이 무엇인지를 분명하게 볼 수 있도록, 믿음을 가지고 그 부르심에 따라 살 수 있는 힘을 주시도록 하나님께 부단히 요청해야 합니다.

우리를 향한 부르심이 무엇인지 하나님께
부단히 요청해야 합니다

Listening as Spiritual Hospitality

경청은 영적인 환대다

남의 말을 경청하는 것은 매우 힘든 일입니다. 말을 경청하기 위해서는 우리들에게 정신적인 안정감이 많이 필요하기 때문입니다. 진정으로 경청하는 사람은 자신을 내세우려고 애쓸 필요가 없습니다. 사람을 맞이하고 환영하며 그리고 받아들이는 데 자유로운 사람입니다.

경청하는 것은 다른 사람이 얘기하도록 내버려두면서 대꾸할 기회를 엿보는 것 이상입니다. 귀기울여 듣는 행위는 말하는 사람에게 모든 주의를 기울이고 그를 자신 안으로 기꺼이 맞아들이는 것입니다. 경청하는 행위의 아름다움은 말을 하는 사람이 듣는 사람에 의하여 받아들여졌음을 느끼며, 말을 더욱 소중하게 여기고, 진정한 자아를 발견하는 데 있습니다. 귀기울여 듣는 것은 영적 환대의 한 형태입니다. 이를 통하여 낯선 사람을 친구로 만들고, 그 내면을 더 철저히 이해하며, 그들과 침묵 속에 함께 있게 됩니다.

귀기울여 듣는 것은 영적 환대의 한 형태입니다

우리 안에서 들으시는 예수님의 영

영적인 생활에 있어서 다른 사람의 말을 귀기울여 듣는 것은 그 사람들이 자기 자신을 발견할 수 있도록 돕는 심리적인 전략보다도 훨씬 더 중요합니다. 영적인 생활에 있어서 귀기울여 듣는 주체는 말은 하고 싶으나 자신을 자제하도록 훈련받은 자아가 아니고, 우리 안에 계신 성령입니다. 성령으로 세례를 받을 때, 즉 예수님의 영을 우리 안에서 숨쉬고 계시는 하나님의 호흡으로 받아들일 때, 이 성령은 우리가 다른 사람을 영접하고, 그 사람의 말에 귀기울일 수 있는 신성한 장소를 우리 안에 창조하십니다.

예수님의 영은 우리 안에서 기도하시고 자신들의 고난과 고통을 지고 우리에게로 오는 모든 사람의 말을 우리 안에서 들으십니다. 우리가 과감하게 우리 안에서 듣고 계시는 성령의 힘을 전적으로 믿을 때, 진정한 치유가 일어나는 것을 볼 것입니다.

영적인 생활에서 귀기울여 듣는 주체는
우리 안에 계신 성령입니다

Absence that Creates Presence

임재를 만들어 내는 부재

병든 사람, 죽어 가는 사람, 집 안에 틀어박혀 사는 사람, 불구가 된 사람, 외로운 사람을 찾아보는 것은 좋은 일입니다. 그러나 우리의 방문이 짧다거나 아주 이따금씩밖에 방문하는 경우에도, 죄책감을 느끼지 않는 것 또한 중요합니다. 흔히 우리들은 우리의 제한된 능력에 대하여 너무 미안한 마음을 갖습니다. 바로 이 미안함 때문에 다른 사람과 있을 때에도 진정으로 함께 하지 못합니다. 우리가 바쁘기 때문에 자주 찾아오지 못했음을 여러 이유를 들어 설명하는 데 긴 시간을 보내는 것보다는 짧더라도 환자에게 온전히 주의를 기울이는 것이 훨씬 좋습니다.

친구들과 함께 있을 때, 그들에게 온전히 주의를 기울일 수 있다면 우리의 부재 또한 많은 열매를 맺을 수 있을 것입니다. 친구들은 "그 사람이 나를 찾아왔었지" "그 여자가 나를 찾아왔었어" 하고 말할 것이며, 이들은 또한 우리의 부재 속에서 우리의 임재가 남긴 오랜 호의를 발견할 것입니다.

함께 있을 때 온전히 주의를 기울일 수 있다면
부재 또한 많은 열매를 맺을 것입니다

떠남을 통하여 성령을 불러오기

성령은 흔히 우리의 부재 중에 그 모습을 나타내십니다. 예수님은 제자들을 떠나시면서 "사실은 내가 떠나가는 것이 너희에게 유익하다. 내가 떠나가지 않으면 보호자(성령)가 너희에게 오시지 않을 것이다. … 그러나 진리의 성령이 오시면 그분이 너희를 모든 진리 가운데로 인도하실 것이다"(요한복음 16:7, 13)라고 말씀하셨습니다. 예수님의 부재 중에 제자들은 예수님의 임재의 진정한 의미를 발견했던 것입니다. 제자들이 예수님의 말씀을 완전히 이해하고 예수님과의 완전한 친교를 경험한 것도 예수님의 부재 중이었으며, 제자들이 믿음과 희망과 사랑의 공동체 속에서 결속할 수 있었던 것도 예수님의 부재 중이었습니다.

우리가 예수님의 이름으로 친구들을 방문하는 것이 예수님이 우리를 통하여 그들에게 임재하시는 것이라고 주장한다면, 우리가 떠난 후에도 예수님의 영이 그들을 찾아오심을 믿을 수 있습니다. 그러므로 우리의 임재뿐 아니라 부재도 다른 사람들에게 선물이 될 수 있습니다.

예수님의 부재 중에 제자들은 예수님의 임재의
진정한 의미를 발견했습니다

An Honest Being-With

함께 있을 때 정직하기

큰 고통을 받고 있는 친구와 함께 있어 준다는 것은 쉬운 일이 아닙니다. 그것은 우리의 마음을 불편하게 합니다. 우리는 어떤 행동을 취해야 할지 무슨 말을 해야 할지를 모릅니다. 우리는 어떤 반응을 보여야 하는 것인지를 걱정합니다. 고통받는 사람을 보호한다는 생각에서보다는 자신의 두려움에서 나오는 말들을 더 많이 하려는 유혹을 받습니다. 때때로 고통 속에 있는 친구들에게 "어제보다는 훨씬 나아졌군요" "곧 회복하실 거예요" "반드시 이어려움을 극복하시리라 믿어요"라고 말합니다. 그러나 많은 경우 자신의 말이 진실이 아님을 알고 있으며 친구들 또한 알고 있습니다.

우리끼리 서로 게임을 할 필요는 없습니다. "나는 너의친구야, 너와 함께 있으니 좋구나"라고 말할 수 있습니다. 이것을 말로서만 표현할 수 있는 것이 아니고, 어루만짐을통해서 할 수도 있으며, 사랑의 침묵을 통해서도 할 수 있습니다.

우리는 단순히 "나는 너의 친구야, 너와 함께 있으니 좋구나"라고 말할 수 있습니다

유연성의 미덕

나무는 들판에서 자라는 야생 갈대보다는 강해 보입니다. 그러나 강한 폭풍이 불어 닥치면 나무는 그 뿌리가 뽑히지만, 야생 갈대는 비록 바람에 흔들리기는 해도 그 뿌리가 뽑히지 않으며, 폭풍이 지나가면 다시 일어섭니다.

유연성은 큰 미덕입니다. 우리가 우리 자신의 입장만 주장하고, 다른 사람들의 생각이나 행동에 의하여 우리의 마음을 조금이라도 바꿔 볼 의사를 가지지 않으면, 우리는 쉽게 부러질 수 있습니다. 야생 갈대와 같이 된다는 것은 줏대 없는 사람이 되는 것을 의미하는 것은 아닙니다. 그것은 지하에 확실히 뿌리를 내린 채, 시대의 조류에 따라 다소 유연하게 움직이는 것을 의미합니다. 격렬하게 자기 주장만을 내세우면서 현실 문제에 대하여 지나치게 경직된 자세를 취하는 것은 우리의 영을 파괴하고 비참하게 만듭니다. 땅 속 깊이 뿌리를 내린 채 유연성을 가지십시오.

땅 속 깊이 뿌리를 내린 채 유연성을 가지십시오

Not Breaking the Bruised Reeds

상한 갈대를 꺾지 말라

우리 중에는 약간이라도 파손된 물건은 버리려는 경향을 가진 사람들이 있습니다. 파손된 것을 고치려고 하기보다는 "나는 그것을 고칠 시간이 없어. 차라리 쓰레기통에 버리고 새 것을 사자" 하고 우리들은 말합니다. 흔히 우리는 사람들도 이런 식으로 대합니다. "그래, 그 사람은 술버릇이 나빠", "그 여자는 우울증에 빠져 있어. 그 사람들은 자기들 사업을 잘못 경영했어… 우리는 이런 사람들한테 휘말리지 않는 게 상책이야"라고 우리들은 말합니다. 우리가 그들의 겉으로 보이는 상처 때문에 사람들을 내동댕이친다면, 그것은 우리가 그들의 상처 속에 숨어 있는 재능을 무시함으로써 그들의 삶에 손상을 입히게 되는 것입니다.

우리 모두는 그 상처를 눈으로 볼 수 있든, 또는 볼 수 없든 상한 갈대입니다. 인정이 넘치는 삶이란 약함 속에 힘이 숨겨져 있고 진정한 공동체는 약자들과의 교제라는 사실을 우리가 믿으며 사는 삶을 뜻합니다.

우리 모두는 상처를 눈으로 볼 수 있든 없든 상한 갈대입니다

빈곤 속에 함께 모이기

　빈곤에는 여러 가지 형태가 있습니다. 경제적인 빈곤, 체력의 빈곤, 감정적인 빈곤, 정신적인 빈곤, 그리고 영적인 빈곤 등이 그것입니다. 만일 서로 간의 관계를 우선적으로 우리의 부나 건강, 안정, 지식, 그리고 힘과 결부시킨다면 진정한 공동체를 발전시킬 수 없습니다. 공동체에서는 빈곤이 새 생명의 진정한 원천으로서 인정되고 받아들여져야 합니다. 빈곤이 우리가 최선의 방법으로 그 해결책을 강구하는 법을 배우는 대상이 되어서는 안됩니다.

　살아 있는 공동체라면 가정이든, 교회이든, 사람들이 의도적으로 만든 공동체이든 우리가 빈곤 속에서 풍성함을 드러낼 수 있음을 믿으면서, 빈곤의 장소로 함께 나아올 것을 요구하고 있습니다.

공동체에서는 우리의 빈곤이 새 생명의
진정한 원천으로 인정되고 받아들여져야 합니다

The Infinite Value of Life
생명의 영원한 가치

어떤 사람은 오래 살고, 또 어떤 사람은 젊어서 죽습니다. 긴 생애가 짧은 생애보다 좋은 것일까요? 참으로 중요한 것은 우리 생애의 길이가 아니고 그 질입니다. 예수님이 십자가에서 처형되셨을 때, 그분은 30대 초반이었습니다.

리지유의 테레사가 죽었을 때, 그 여인은 20대였습니다. 안네 프랑크는 10대 소녀로서 생명을 잃었습니다. 그러나 이들의 짧은 생애는 그들이 죽은 후에도 계속 열매를 맺고 있습니다.

긴 생애는 생을 유익하게 살며, 또 그것이 감사와 지혜, 그리고 고결함으로 인도될 때에는 축복입니다. 그러나 사람들 중에는 짧은 생애지만 진실로 충만한 생을 사는 사람들이 있습니다. 우리는 많은 젊은 사람들이 암이나 에이즈로 죽는 것을 봅니다. 비록 그들의 생애는 짧을지 모르지만, 그 생명은 영원한 가치를 지닌 것임을 우리는 가능한 모든 방법으로 친구들에게 알려 주어야 합니다.

생명은 영원한 가치를 지닌 것임을 가능한 모든 방법으로 친구들에게 알려 주어야 합니다

어디서든 고요하게

"너희는 잠잠하라. 내가 하나님인 것을 알아라"(시편 46:10). 이 말씀은 바쁜 생활 중에도 늘 지니고 다녀야 할 말씀입니다. 우리는 시끄러운 이 세상과는 대비되는 고요함을 생각해 볼 수 있습니다. 그러나 한 걸음 더 나아가서, 사업을 하는 중에도, 가르치는 중에도, 공사장에서 일을 하는 중에도, 작곡을 하는 중에도, 회의를 준비하는 중에도 고요함을 가질 수 있습니다.

'시장'에서 고요한 장소를 가지는 것은 중요한 일입니다. 이 고요한 장소는 하나님이 거하시며 우리들에게 말씀하실 수 있는 곳입니다. 그리고 이곳은 또한 우리가 매일 매일의 바쁜 생활 속에서 만나는 사람들과 화목하게 얘기할 수 있는 장소이기도 합니다. 우리에게 이 고요함이 있을 때 하나님은 우리가 생각하고 말하며 행동하는 모든 것 안에서 우리의 온화한 인도자가 될 수 있습니다.

고요함이 있을 때 하나님은 우리의 온화한
인도자가 될 수 있습니다

Claiming the Sacredness of Our Being
존재의 신성함을 주장하기

우리는 자신의 친구일까요? 현재 모습 그대로의 우리 자신을 사랑하는 것일까요? 이것은 중요한 질문입니다. 그 이유는 우리가 우리 자신의 친구가 되지 않으면 다른 사람과 좋은 관계를 발전시킬 수 없기 때문입니다.

어떻게 우리는 자신의 친구가 될 수 있을까요? 그것은 우리가 우리 자신에 대한 진실을 깨닫는 것으로부터 시작되어야 합니다. 우리는 하나님의 불꽃인 영혼을 가진 인간입니다. 비록 우리가 그것을 완전히 이해하지 못하더라도 우리 존재의 신성을 주장할 때, 우리 자신에 관한 진실을 깨달을 수 있습니다. 우리의 영혼은 자신의 정신적인, 또는 감정적인 지배를 받지 않습니다. 그러나 사랑의 하나님이 우리의 영혼을 감싸고 있다는 것을 믿을 때, 우리는 자신의 친구가 될 수 있으며, 또한 다른 사람에게로 사랑의 손길을 내뻗을 수 있습니다.

사랑의 하나님이 우리의 영혼을 감싸고 있음을 믿을 때 자신의 친구가 될 수 있습니다

자기 인식의 길

"네 자신을 알아라"라는 말은 좋은 충고입니다. 그러나 자신을 안다는 말이 자신을 분석하는 것을 의미하는 것은 아닙니다. 때때로 우리는 자신을 마음대로 분해하고 다시 끼워 맞출 수 있는 기계인 것처럼 생각하려고 합니다. 우리의 생애 중에 겪게 되는 어려운 시기에 우리를 위기에 처하게 한 사건들을 우리가 어느 정도 상세하게 분석해 보는 것은 도움이 될 수 있습니다. 그러나 우리가 우리 자신을 완전히 이해할 수 있고, 또 우리가 우리 자신의 생명이 다른 사람에게 어떠한 의미를 가지고 있는지 충분히 설명할 수 있다고 생각한다면 잘못된 것입니다.

흔히들 고독, 침묵 그리고 기도가 자기 자신을 알게 하는 가장 좋은 방법이라고 생각합니다. 고독, 침묵, 기도가 우리 인생의 복잡한 문제에 대한 해결책을 제공하기 때문이 아니라, 하나님이 거하시는 곳 즉 우리의 지성소로 우리를 인도하기 때문입니다. 이 지성소는 분석할 수 없습니다. 우리가 동경하고, 감사하며, 찬양하는 장소이기 때문입니다.

고독, 침묵, 기도는 자신을 알게 하는
가장 좋은 방법입니다

Sharing Our Solitude
우리의 고독을 함께 나누기

때때로 친구는 우리를 치유하기도 하고 하나님의 용서를 우리에게 전해 주기도 합니다. 그러나 이들은 치료자나 혹은 고해 신부 그 이상의 역할을 하는 존재입니다.

친구는 우리의 고독과 침묵, 그리고 기도를 함께 나눌 수 있는 바로 그 다른 사람인 것입니다. 친구는 우리가 함께 나무를 바라보면서 "그것 참 아름답지 않니?" 하고 말하거나, 또는 바닷가 모래밭에 같이 앉아 수평선 너머로 사라져 가는 태양을 말없이 바라볼 수 있는 바로 그 다른 사람입니다. 친구와 함께 있으면 우리는 어떤 특별한 말을 하거나 또는 행동을 하지 않아도 됩니다. 친구와 함께라면, 우리는 침묵을 지키면서도 하나님이 우리와 함께 바로 그 자리에 계신다는 것을 알 수 있습니다.

친구와 함께라면 침묵을 지키면서도 하나님이
그 자리에 계신다는 것을 알 수 있습니다

마음속 어슴푸레한 곳에 있는 우정

우리의 마음속에는 우리 자신이 볼 수 없는 빛이 어슴푸레하게 비치는 곳이 있습니다. 우리는 자신의 재능과 약함, 야망과 열망, 동기와 박력 등에 관하여 많은 것을 알고 있다고 생각하지만, 많은 부분은 의식의 그늘 아래에 가려져 있습니다.

이는 매우 좋은 일입니다. 우리 자신의 일부는 항상 우리로부터 숨겨져 있을 것입니다. 다른 사람, 특히 우리를 사랑하는 사람들은 우리 마음속 어슴푸레한 그 곳을 우리보다 더 잘 볼 수 있습니다. 다른 사람들이 우리를 보고 이해하는 것은 우리가 자신을 보고 이해하는 것과는 다릅니다. 우리는 친구들의 삶에서 우리의 존재가 가지는 중요성을 완전히 알지 못할 것입니다. 그것은 은총입니다. 그 은총을 통하여 겸손해질 수 있을 뿐 아니라 우리를 사랑하는 사람들을 깊이 존경할 수 있습니다. 진정한 우정이 싹트는 곳은 우리 마음속에 있는 어슴푸레한 빛이 있는 바로 그곳입니다.

우리를 사랑하는 사람들은 우리 마음 속의 어슴푸레한
그 곳을 우리보다 더 잘 볼 수 있습니다

The Healing Touch
치유의 손길

우리는 손길을 통하여 말을 하지 않고도 사랑을 얘기할 수 있습니다. 어렸을 때에는 사람들이 우리를 많이 만져 주었습니다. 어른이 되면서 우리를 만져 주는 사람은 거의 없어졌습니다. 그러나 아직도 우정에 있어서는 말보다는 신체적 접촉이 더 생명력이 있습니다. 우리의 등을 두드려 주는 친구의 손, 어깨 위에 올린 친구의 팔, 눈물을 닦아 주는 친구의 손, 이마에 입맞추는 친구의 입술, 이러한 것들은 모두 진정한 위안이 됩니다. 이 순간들은 참으로 신성합니다. 신체적 접촉은 회복을 가져오고, 화해하게 하며, 안심시켜 주고, 용서하게 하며, 치유하게 합니다.

예수님을 만진 사람, 예수님이 만지신 사람은 모두 치유되었습니다. 하나님의 사랑과 능력은 예수님으로부터 나왔습니다(누가복음 6:19 참조). 친구가 자유롭고 소유하지 않는 사랑으로 우리를 만져 줄 때, 실제로 우리를 만져 주는 것은 사람을 통한 하나님의 사랑이며, 우리를 치유하는 것은 하나님의 권능입니다.

등을 두드려 주는 친구의 손은 진정한 위안이 됩니다

자녀의 친구가 되기

부모는 자녀들의 친구가 될 수 없는 것일까요? 많은 자녀들이 자유와 독립을 찾아서 부모 품을 떠납니다. 그리고 자녀들은 때때로 부모에게로 돌아오곤 합니다. 자녀들이 부모에게 돌아오면, 그들은 자신이 다시 아이들이 된 것처럼 느낍니다. 그래서 그들은 오래 머물러 있기를 원하지 않습니다. 자녀들이 집을 떠나면 많은 부모들은 자녀들의 안위에 대하여 걱정을 합니다. 자녀들이 다시 찾아오면, 부모는 다시 자녀들을 돌보는 부모가 되고 싶어합니다.

그러나 어머니는 또한 그 딸의 딸이 될 수 있으며, 아버지는 그 아들의 아들이 될 수 있습니다. 어머니는 그 아들의 딸이 될 수 있고, 아버지는 그 딸의 아들이 될 수 있습니다. 부모는 자신들의 자녀의 형제 자매가 될 수 있으며, 그들은 모두 서로를 친구라고 부를 수 있습니다. 이러한 일은 흔히 일어나는 일은 아닙니다. 그러나 만일 이러한 일이 생긴다면, 그것은 새 날의 여명을 보는 것만큼이나 아름답습니다.

부모는 자녀를 친구라고 부를 수 있습니다

Living Faithfully in an Ambiguous World
불확실한 세상을 신실하게 살아가기

우리의 마음과 생각은 명확한 것을 좋아합니다. 우리들은 사태를 명확하게 파악하기를 좋아하며, 사태를 어떻게 수습할 것인가에 관해 분명한 견해를 갖기 원하며, 그리고 우리 자신과 세계 문제에 대하여 명확한 통찰력을 얻고 싶어합니다. 그러나 자연계에서 색깔과 모양들이 서로 명확하게 구별되지 않은 채 뒤섞여 있듯이, 인간 생활에 있어서도 우리가 찾고 있는 명료함을 찾을 수 있는 것은 아닙니다. 사랑과 미움의 경계, 악함과 선함의 경계, 아름다움과 추악함의 경계, 영웅주의와 비겁함의 경계, 돌봄과 무관심의 경계, 그리고 죄책감과 결백함 간의 경계는 대부분은 애매모호한 것이며 구별하기가 어려운 것입니다.

모호한 것들로 가득 찬 세상에서 신실하게 산다는 것은 쉬운 일이 아닙니다. 우리의 선택이 전적으로 옳은 것이라는 확신에 매달릴 필요 없이, 우리는 현명한 선택을 할 수 있는 법을 배워야 합니다.

우리는 현명한 선택을 할 수 있는 법을 배워야 합니다

슬픔과 춤이 서로 맞닿는 곳

"슬퍼할 때가 있고 춤출 때가 있습니다"(전도서 3:4). 그러 나 슬퍼하는 것과 춤추는 것은 결코 완전히 분리되는 것이 아닙니다. 슬퍼할 때와 춤출 때는 반드시 하나가 다른 하 나를 뒤따라가는 것은 아닙니다. 사실 이 두 '때' 는 하나의 '때' 가 될 수 있습니다. 이 둘 중 어느 것이 끝나고 어느 것 이 시작되는지 그 시점이 명확히 드러나지 않은 채, 슬픔 이 춤으로, 그리고 춤이 슬픔으로 바뀝니다.

흔히 우리의 슬픔은 우리들로 하여금 춤추게 하고, 우리 의 춤은 슬픔을 위한 공간을 만들어 내기도 합니다. 사랑 하는 친구를 잃고 흘리는 눈물 속에서, 알지 못하는 기쁨 을 발견하기도 합니다. 성공을 축하하는 파티 한가운데서 도 깊은 슬픔을 느낄 수 있습니다. 우리를 울리기도 하고 웃기기도 하는 어릿광대의 얼굴이 슬퍼 보이기도 하고 기 뻐 보이기도 하는 것처럼, 슬픔과 춤, 비통함과 웃음, 애통 함과 기쁨은 모두 한곳에 속해 있습니다. 인생의 아름다움 은 슬퍼하는 것과 춤추는 것이 맞닿는 곳에서 볼 수 있음 을 믿으십시오.

인생의 아름다움은 슬퍼하는 것과 춤추는 것이 맞닿는 곳에서 볼 수 있음을 믿으십시오

The Autumn of Life
인생의 가을

가을의 나무 잎사귀는 빨강, 자주, 노랑, 황금, 고동색과 같은 수많은 색깔이 서로 섞여 조화를 이루어 눈부시게 합니다. 그러나 이 나뭇잎들은 말로 형용할 수 없는 아름다움을 보여 준 뒤, 바로 땅에 떨어져 시들어 갑니다. 나뭇잎이 떨어져 버린 앙상한 나무는 우리들에게 겨울이 다가왔음을 상기시켜 줍니다. 이와 마찬가지로 인생의 가을 또한 아주 찬란할 수 있습니다. 즉 지혜, 유머, 돌봄, 인내 그리고 기쁨이 우리들이 죽기 직전에 찬란히 꽃을 피울 수 있습니다.

이 앙상한 나무를 쳐다보고 이미 죽은 사람들을 회상하면서 이들이 남긴 아름다움에 감사함을 느끼고 또 희망의 새 봄을 기다리십시오.

지혜, 유머, 돌봄, 인내 그리고 기쁨이 우리가 죽기
직전에 찬란히 꽃을 피울 수 있습니다

눈물을 헤치고 나오는 미소

죽음은 우리가 점점 더 작아져서 인생의 수평선 너머로 마침내 사라져 가는 것을 말합니다. 우리는 배가 항구를 떠나서 수평선을 향해 항해하는 것을 봅니다. 그 배는 점점 더 작아져서 우리가 그 모습을 볼 수 없게 됩니다. 그러나 우리는 또한 어떤 사람이 수평선 너머 멀리 저편의 해변에 서서 바로 그 배가 점점 더 크게 그 모습을 보이면서 드디어는 새 항구에 도착하는 광경을 보고 있다는 것을 믿어야 합니다. 죽음은 고통스러운 상실입니다. 장례를 마치고 집으로 돌아오는 우리의 마음은 슬픔에 잠깁니다. 그러나 반대편 해안에 서서 우리의 사랑하는 친구를 새 집으로 영접하기 위하여 간절히 기다리고 있는 사람을 우리가 생각한다면, 우리는 눈물을 헤치고 나오는 미소를 느낄 수 있습니다.

새 집으로 영접하기 위하여 기다리고 있는 사람을 생각한다면 눈물을 헤치고 나오는 미소를 느낄 수 있습니다

Traveling With the Eyes of God
하나님의 눈과 함께 여행하기

새 경치를 보고, 새 음악을 들으며, 그리고 새로운 사람들을 만나게 되는 여행은 흥분되고 매우 기분 좋은 경험입니다. 그러나 만일 우리에게 "이번 여행은 어떠했지?" 하면서 물어 줄 사람이 기다리고 있는 돌아갈 집이 없다면, 아마도 우리는 그렇게 여행을 떠나고 싶어하지 않을 것입니다. 우리들을 사랑하는 사람들, 우리가 찍은 슬라이드를 보며 여행 이야기를 듣고 싶어하는 사람들의 눈과 귀와 함께 떠나는 여행은 즐겁습니다.

이런 것이 인생입니다. 인생이란, 우리가 돌아오기를 집에서 기다리시며 우리가 찍은 슬라이드를 보고 또한 우리가 여행 중에 사귄 친구들에 관하여 듣기를 열망하시는 하나님이 우리를 사랑하셔서 보내 주신 여행입니다. 우리를 떠나 보내신 하나님의 눈과 귀와 함께 여행을 하게 되면, 우리는 멋진 경치를 보며, 아름다운 소리들을 들으며, 놀라운 사람들을 만날 것입니다. 그리고 기쁘게 집으로 돌아올 것입니다.

인생이란 하나님이 우리를 사랑하셔서 보내 주신
여행입니다

APRIL

4월

수줍음이 지닌 아름다움
The Beauty of Shyness

수줍어하는 사람은 경건하고
정중한 우정으로 우리를 초대하며,
사랑 속에서 말없이 함께 지내도록
우리를 초청합니다

The Beauty of Shyness
수줍음이 지닌 아름다움

　서양 문화에서는 수줍음을 미덕이라고 생각하지 않습니다. 그러나 수줍음에는 어떤 아름다움이 있습니다. 우리는 직선적으로 사람의 눈을 똑바로 쳐다보며, 마음속에 품고 있는 것을 그대로 얘기하며, 그리고 수줍어하지 말고 우리의 이야기를 나누라는 충고를 받습니다.

　그러나 영혼을 거침없이 노출시키는 이러한 고백적인 태도는 곧 싫증을 느끼게 합니다. 그것은 그림자 없는 나무와 같습니다. 수줍어하는 사람은 긴 그림자를 드리웁니다. 그 그림자 속에 그들은 침입자들이 보지 못하는 숨겨진 아름다움을 간직하고 있습니다. 수줍어하는 사람은 간단하게 설명할 수 없고 표현할 수도 없는 생명의 신비함을 우리들에게 상기시켜 줍니다. 그들은 경건하고 정중한 우정으로 우리를 초대하며, 그리고 사랑 속에서 말없이 함께 지내도록 우리를 초청합니다.

수줍어하는 사람은 경건하고 정중한 우정으로
우리를 초대하며, 사랑 속에서 말없이 함께 지내도록
우리를 초청합니다

주는 것과 받는 것의 존엄성

"너무 가난하기 때문에 아무것도 줄 것이 없는 사람은 없습니다. 또한 너무 부유하기 때문에 아무것도 받을 것이 없는 사람도 없습니다." 교황 요한 바오로 2세의 이 말씀은 평화를 위하여 노력하기를 원하는 모든 사람들에게 매우 힘있는 방향을 제시하고 있습니다. 세상이 주는 사람과 받는 사람의 두 집단으로 나뉘어 있는 한 평화는 생각할 수 없습니다. 인간의 진정한 존엄성은 주는 것뿐 아니라 받는 것에서 발견할 수 있습니다. 이것은 개인과 개인 간의 관계에 있어서 뿐만 아니라 국가와 국가 간의 관계, 그리고 각각 다른 문화와 문화, 종교와 종교 간의 관계에도 다 같이 적용되는 진리입니다.

평화에 대한 진정한 비전은 주는 것과 받는 것의 계속적인 상호성에서 찾아야 합니다. 우리가 누구에게든지 무엇인가를 줄 때에는 반드시 그 사람으로부터 무엇을 받을 것인가를 자기 자신에게 물어 보아야 합니다. 그리고 우리가 어떤 사람으로부터 무엇이든 받을 때에는 그 사람에게 무엇을 줄 것인가를 또한 자신에게 물어 보아야 합니다.

평화에 대한 진정한 비전은 주는 것과 받는 것의
계속적인 상호성에서 찾아야 합니다

The Importance of Receiving
받는 것의 중요성

받는 것은 어떤 때는 주는 것보다 더 어려운 일입니다. 주는 일은 매우 중요합니다. 통찰력을 주며, 희망을 주며, 용기를 북돋아 주며, 충고를 해주며, 지지해 주며, 돈을 대 주며, 그리고 무엇보다도 우리 자신을 내어 주는 일 말입니다. 주는 일이 없으면 형제 자매의 관계는 존재할 수 없습니다.

그러나 받는 것도 주는 일만큼이나 중요합니다. 받음으로써 우리는 주는 사람으로 하여금 자기들에게도 줄 수 있는 선물을 있다는 사실을 확인시켜 주기 때문입니다. 우리가 "감사합니다, 당신은 나에게 희망을 주었습니다. "감사합니다, 당신은 내가 살아야 할 이유를 알게 해주었습니다", "감사합니다, 당신은 나의 꿈을 실현하도록 해주었습니다"라고 말하는 것은 그 사람들이 우리에게 준 선물이 독특하고도 귀한 것이었음을 깨닫게 합니다. 때로는 이러한 선물을 준 사람은 선물 받은 사람의 눈을 통해서만 그들의 선물을 발견할 수 있습니다.

받는 것은 주는 사람으로 하여금 자신에게도 줄 수
있는 선물이 있다는 사실을 확인시켜 줍니다

과감하게 의존하기

누군가가 우리에게 시계를 선물로 주었는데도 우리가 그것을 차고 다니지 않으면, 그 시계를 실제로 받은 것이라고 할 수 없습니다. 누군가가 우리에게 어떤 아이디어를 주었는데도 우리가 그것에 대하여 반응을 보이지 않으면, 그 아이디어를 진정으로 받은 것이라고 할 수 없습니다. 어떤 사람이 자기 친구에게 우리를 소개시켜 주었는데도 우리가 그 친구를 무시하면, 그 친구는 자신이 우리에게 받아들여졌다는 느낌을 갖지 못할 것입니다.

받는 일은 하나의 예술입니다. 받는 일은 다른 사람이 우리 생애의 한 부분이 되는 것을 허용하는 것을 의미합니다. 받는 것은 과감하게 다른 사람에게 의존함을 의미합니다. 받는 일은 "당신 없이는 오늘날의 내가 있지 못했을 것입니다"라고 말할 수 있는 내적인 자유를 필요로 합니다.

그러므로 마음으로부터 우러나와서 받아들이는 것은 겸손과 사랑의 표시입니다. 사실 많은 사람들이 자신들의 선물이 잘 받아들여지지 않기 때문에 깊은 상처를 입습니다. 여러분 모두가 잘 받는 사람이 되십시오.

마음으로부터 우러나와서 받아들이는 것은
겸손과 사랑의 표시입니다

Deeply Rooted in God

하나님 안에 깊이 뿌리내리기

높이 자라는 나무는 뿌리가 깊습니다. 뿌리가 깊지 않고 키만 크면 위험합니다. 성 프란시스, 간디, 마틴 루터 킹 2세 목사와 같은 세계적인 위대한 지도자들은 모두 영적인 뿌리가 깊었기 때문에, 대중으로부터 명성을 얻고 영향력과 권력을 행사하면서도 겸손한 가운데 살 수 있었습니다.

우리에게 깊은 뿌리가 없으면, 우리는 다른 사람들이 우리의 사람됨을 쉽게 판단하도록 내맡겨 버리게 됩니다. 그러나 우리가 인기에 연연하게 되면 우리는 우리 자신에 대한 진정한 인식을 잃어버립니다. 우리가 다른 사람의 마음 씀씀이에 매달리는 것은 우리가 얼마나 속이 얕은 사람인가를 드러내 보여 줄 뿐입니다. 우리가 의지할 수 있는 것은 거의 없습니다. 우리는 아첨과 칭찬으로 삶을 유지할 수밖에 없습니다. 하나님의 사랑에 깊이 뿌리내리고 사는 사람은 다른 사람들의 칭찬에 구애됨이 없이 그 칭찬을 즐길 수 있습니다.

인기에 연연하면 우리 자신에 대한 진정한
인식을 잃어버립니다

겸손하면서도 넘치는 자신감을 갖기

우리가 하늘에 빛나는 많은 별들을 쳐다보며 우리의 마음이 헤아릴 수 없이 많은 은하계에서 배회할 때, 우리는 자신이 왜소할 뿐 아니라 중요하지 않다고 느끼게 됩니다. 그래서 우리가 말하고 생각하는 것이 모두 쓸모 없어 보입니다. 그러나 우리가 우리의 영혼 속을 들여다보고 우리의 마음이 우리 내면의 무한한 은하계 속에서 배회하게 될 때, 우리는 크고 중요한 사람이 됩니다. 그래서 우리가 말하거나 행하는 것 모두가 매우 중요하게 여겨집니다.

우리는 자신감에 차 있으면서도 겸손하며, 심각하면서도 유머가 있고 그리고 책임감 있으면서도 장난을 칠 줄도 알아야 합니다. 인간은 대단히 작으면서도 대단히 큰 존재입니다. 우리들을 영적으로 깨어 있게 하는 것은 바로 이 작고 큰 것 간의 긴장입니다.

자신감에 차 있으면서도 겸손하며,
심각하면서도 유머가 있고 책임감 있으면서도
장난을 칠 줄 알아야 합니다

Friends as Reminder of Our Truth

진실을 일깨워 주는 친구

　때로는 우리가 슬픔에 압도되어 기쁨을 믿을 수 없을 때가 있습니다. 인생은 전쟁과 폭력, 거부와 외로움, 그리고 끝없는 실망으로 가득 찬 유리잔과 같습니다.

　이와 같은 때에 으깨어진 포도는 맛좋은 포도주를 만들어 낼 수 있다는 사실을 상기시켜 줄 친구들이 필요합니다. 기쁨이 슬픔에서 올 수 있다는 것을 믿는 것은 어려운 일입니다. 그러나 우리가 친구의 이러한 충고를 받아들일 때, 친구가 말하는 것의 진실을 아직 느끼지 못한다 해도, 우리는 잃어버렸다고 생각했던 기쁨을 다시 찾을 수 있습니다. 그리고 우리는 그 슬픔과 함께 살아갈 수 있게 됩니다.

으깨어진 포도는 맛좋은 포도주를 만들어 낼 수 있다는
사실을 상기시켜 줄 친구들이 필요합니다

비판에서 용서로

우리가 당하는 가장 큰 고통은 우리를 사랑하는 사람들로부터 오기도 하고, 또 우리가 사랑하는 사람들로부터 오기도 합니다. 남편과 부인 간의 관계, 부모와 아이들 간의 관계, 형제 자매 간의 관계, 교사와 학생 간의 관계, 목회자와 신자 간의 관계, 이러한 관계에서 우리는 큰 상처를 받습니다. 심지어는 우리가 인생의 황혼기에 접어들어서도, 그리고 우리에게 상처 준 사람이 죽은 지 오랜 세월이 흐른 뒤에도, 우리는 아직도 이런 관계에서 일어났던 일들을 가려내는 데 도움이 필요할지 모릅니다.

우리가 우리의 상처를 인정하고, 또 우리 진정한 자아는 다른 사람들이 우리에게 취한 태도의 결과가 아니라, 그보다 훨씬 더 중요한 존재라는 것을 주장하는 것은 우리에게는 큰 도전입니다. 오직 우리가 하나님이 만드신 우리 자신을 우리 존재의 참된 근원이라고 주장할 수 있을 때, 우리는 우리에게 상처 준 사람들을 자유로이 용서할 수 있습니다.

우리가 하나님이 만드신 우리 자신을 우리 존재의
참된 근원이라고 주장할 수 있을 때, 우리는 우리에게
상처 준 사람들을 자유로이 용서할 수 있습니다

4/9 고통으로 떠넘겨짐

　가까이에서 함께 사는 사람들은 서로에게 큰 고통의 원천이 될 수 있습니다. 예수님이 열두 제자를 선택하셨을 때, 유다도 그 중 한 사람이었습니다. 유다는 배반자라고 불리우고 있습니다. 배반자라는 말은 문자상의 의미로 보면 희랍어의 "배반(betraying)"이라는 말에서 온 것으로서 다른 사람을 고통 가운데로 떠넘기는 사람을 의미합니다.

　사실 우리는 모두 조금씩은 배반자의 기질을 가지고 있습니다. 우리는 너나할것없이 본의 아니게 혹은 무의식적으로, 서로를 어떠한 방법으로라도 고통 가운데로 떠넘기려고 합니다. 우리의 선한 의도와는 반대로, 우리가 사랑하는 사람들을 고통으로 떠넘기고 있다는 점을 우리가 고백할 수 있을 때, 우리는 그들의 의사에 반하여 우리들에게 고통을 주는 사람들을 보다 쉽게 용서할 준비가 되어 있음을 깨닫게 될 것입니다.

선한 의도와는 반대로 사랑하는 사람들을 고통으로
떠넘기고 있다는 점을 고백할 수 있을 때
우리에게 고통을 주는 사람들을 보다 쉽게
용서할 준비가 되어 있는 것입니다

종교 지도자들을 사랑하기

우리는 종교 지도자들이 기도와 가르침 그리고 지도를 통하여 우리를 하나님께로 더욱 가까이 인도해 줄 것을 기대합니다. 그래서 우리는 그들이 행동하는 것을 조심스럽게 관찰하고 그들이 말하는 것을 비판적으로 듣습니다. 그러나 우리는 흔히 그것을 완전히 인식하지도 못하면서 그들로부터 무엇인가 초인간적인 것을 기대하기 때문에, 그들도 우리와 똑같은 인간이라는 점이 증명되는 때면 쉽게 실망하기도 하고 심지어는 배신감을 느끼기까지 합니다. 그래서 우리의 순전했던 존경심은 재빨리 억제할 수 없는 분노로 탈바꿈합니다.

우리의 종교 지도자를 사랑하고 그들의 잘못을 용서하며, 그들을 우리의 형제 자매로 인정하십시오. 그러면 우리는 그들로 하여금 자신들의 깨어짐 속에서도 우리를 하나님의 심장으로 더욱 가까이 인도하게 할 수 있을 것입니다.

종교 지도자를 사랑하고 그들의 잘못을 용서하며,
그들을 우리의 형제 자매로 인정하십시오

Authority and Obedience
권위와 복종

어떤 사람은 전적으로 권위만 가지고 있고 또 다른 사람은 오직 순종만 하는 것과 같이, 권위와 복종은 결코 떨어져 있는 것이 아닙니다.

권위와 복종이 떨어져 있으면 한 사람은 독재적인 행동만을 하고 다른 사람은 현관에서 남의 신발에 묻은 흙을 터는 일만을 하게 됩니다. 이렇게 되면 권위와 복종이 모두 쓸모 없게 됩니다. 복종해야 할 상대는 한 사람도 없이 큰 권위만 가진 사람은 영적으로 커다란 위험에 처해 있는 사람입니다. 누구에게도 아무런 권위를 가지고 있지 않고 오직 복종만 하는 사람 또한 영적으로 위험에 처해 있는 사람입니다.

예수님은 강력한 권위를 가지고 말씀하셨습니다. 그러나 그의 전생애는 하나님 아버지에 대한 완전한 복종의 생애였습니다. 그리고 예수님은 아버지 하나님에게 "제 뜻대로 마시고 아버지의 뜻대로 하십시오"(마태복음 26:39)라고 말씀하셨습니다. 그러나 예수님은 하늘과 땅의 모든 권세를 받으셨습니다(마태복음 28:18).

권위와 복종은 결코 떨어져 있는 것이 아닙니다

긍휼의 권세

일반적으로 우리는 강력한 권위를 가진 사람은 대단히 높은 곳에 멀리 떨어져 있어 우리가 닿지 못하는 사람이라고 생각합니다. 그러나 영적인 권위는 긍휼로부터 오며, 권위에 '복종' 하는 사람들에 대한 깊은 내적인 연대 의식에서 생겨납니다. 우리와 완전히 똑같은 사람들, 우리의 기쁨과 고통, 희망, 그리고 우리가 원하는 것을 깊이 이해하는 사람들, 우리와 함께 길을 걸어갈 의사와 능력이 있는 사람들, 이러한 사람들이 우리가 권위를 기꺼이 맡길 수 있는 사람들이며 또 우리는 이러한 사람들의 권위에 자발적으로 '복종' 할 수 있습니다.

힘을 부여하고, 격려해 주며, 숨은 재능을 불러오며, 그리고 위대한 일들이 일어날 수 있게 하는 것은 위엄 있는 긍휼입니다. 진정한 영적인 권위는 윗부분이 아래로 향하도록 뒤집어 놓은 삼각형의 밑부분에 위치하여서 우리의 영적 지도권을 받는 모든 사람들을 지지하고 그들을 빛 가운데로 이끌어 들이게 합니다.

영적 권위는 긍휼에서 오며, 권위에 복종하는
사람들에 대한 깊은 내적 연대 의식에서 생깁니다

4 / 13

The Shepherd and the Sheep

목자와 양

영적인 지도자상은 선한 목자와 같은 지도자상을 뜻합니다. 예수님이 말씀하신 것과 같이, 선한 목자는 자신의 양을 알고, 그리고 양들도 자기들의 목자를 압니다(요한복음 10:14). 목자와 양 사이에는 진정한 상호 관계가 존재해야만 합니다. 좋은 지도자는 자신의 사람들을 알고 또한 그 사람들 역시 자기들의 지도자를 알아야 합니다. 지도자와 사람들 사이에는 상호적인 신뢰, 상호적인 마음의 열림, 상호적인 돌봄, 그리고 상호적인 사랑이 있어야 합니다. 우리는 지도자를 따를 때 결코 그들을 두려워할 필요가 없으며, 지도자가 추종자를 인도하는 데 있어서는 그들의 지지와 격려가 필요합니다.

예수님은 지도자와 지도자에게 맡겨진 사람들 간에는 커다란 친밀감이 존재하지 않으면 안된다는 것을 보이시기 위하여 자신을 선한 목자라고 부르셨습니다. 그러한 친밀감이 없으면 지도자는 쉽게 압제자가 되어 버립니다.

친밀감이 없으면 지도자는 쉽게 압제자가 되어 버립니다

친구를 위해 생명을 내어 던지기

선한 목자에게는 양을 위하여 생명을 내던질 마음이 있어야 합니다(요한복음 10:11 참조). 예수님의 발자취를 따라 걷는 영적 지도자는 양들을 위하여 생명을 내던져야 하는 소명을 가지고 있습니다. 생명을 내던진다는 것은, 어떤 특별한 경우에는 다른 사람을 위하여 죽는 것을 의미합니다. 그러나 이 죽음은 무엇보다도 우리 자신의 생애, 즉 우리의 슬픔과 기쁨, 우리의 절망과 희망, 그리고 우리의 외로움과 친밀함의 경험을 새 생명의 원천이 될 수 있도록 다른 사람에게 제공하는 것을 의미합니다.

우리들이 다른 사람들에게 줄 수 있는 가장 큰 선물 중의 하나는 우리 자신입니다. 특히 어려운 때에 우리는 "두려워하지 마십시오. 당신이 어떠한 생활을 하고 있는지 나는 알고 있습니다. 내가 당신과 함께 있습니다. 당신은 혼자 있는 것이 아닙니다"라고 말함으로써 우리는 위로와 위안을 줍니다. 이렇게 하여 우리는 예수님과 같은 목자가 되는 것입니다.

다른 사람들에게 줄 수 있는 가장 큰
선물 중의 하나는 우리 자신입니다

Reading Spiritually About Spiritual Things
영적인 것을 영적으로 읽기

영적으로 읽는다는 것은 일반 독서와는 다릅니다. 그것은 영적인 글을 단순히 읽는 것이 아니라 그것을 영적인 방법으로 읽는 것입니다. 우리가 영적인 글을 영적인 방법으로 읽기 위해서는, 이것을 단순히 읽을 뿐만 아니라 그 글에 의하여 우리 자신이 읽혀야 한다는 마음가짐이 우리들에게 있어야 하며, 그리고 단순히 그 글을 정복할 뿐만 아니라 그 글에 의하여 정복을 당하겠다는 마음가짐이 또한 있어야 합니다. 우리가 성경을 단순히 지식을 얻기 위한 하나의 영적인 책으로 읽는다면, 이러한 책 읽기는 우리의 영적인 생활에 아무런 도움을 주지 못할 것입니다. 우리는 참된 영적인 사람이 되기보다는 다만 영적인 문제에 대하여 많은 지식을 가진 사람이 될 수 있을 뿐입니다.

우리가 영적인 것을 영적인 방법으로 읽을 때, 우리는 우리의 마음을 하나님의 소리를 향하여 열리게 할 수 있습니다. 때때로 우리는 지금 읽고 있는 책을 내려 놓고 하나님이 그 책의 단어들을 통하여 우리들에게 무엇을 말씀하고 계신가를 들어야만 합니다.

영적인 것을 영적인 방법으로 읽을 때 우리의 마음을
하나님의 소리를 향하여 열리게 할 수 있습니다

말씀이 육신이 되다

영적으로 읽는 것은 우리의 영혼을 위한 양식입니다. 우리가 성경이나 또는 다른 영적인 책의 말씀을 천천히 우리의 마음속으로 가져 와서 우리의 심장으로 내려오게 하면 우리는 전과는 다른 사람이 됩니다. 말씀은 점점 우리의 내부에서 육신이 되고 나아가서 우리 존재의 전부를 변화시킵니다. 그러므로 영적인 책 읽기는 하나님의 말씀을 끊임없이 우리 자신 속에서 구체화시키는 것을 의미합니다. 하나님은 예수 그리스도 안에서 그리고 예수 그리스도를 통하여 이미 오래 전에 육신이 되셨습니다. 우리가 하나님의 말씀을 읽는 중에, 그리고 읽는 것을 통하여, 그리고 하나님 말씀에 대한 우리의 깊은 생각 속에서, 하나님은 지금 우리 안에서 육신이 되시며, 또한 우리들을 오늘날 살아 있는 그리스도로 만드십니다.

사랑과 큰 존경심을 가지고 하나님의 말씀을 계속 읽으십시오.

영적인 책 읽기는 하나님의 말씀을 끊임없이 우리 자신 속에서 구체화시키는 것을 의미합니다

Growing into Our True Freedom

진정한 자유로의 성장

진정한 자유는 하나님의 자녀로서의 자유를 뜻합니다. 진정한 자유에 도달하기 위해서는 일평생에 걸쳐 훈련을 해야 합니다. 그 이유는 이 세상의 많은 것들이 하나님의 자녀로서의 자유를 얻는 것을 방해하기 때문입니다. 정치, 경제, 사회, 심지어는 우리들을 둘러싸고 있는 종교 세력까지도 우리가 굴레 속에 구속되기를 원하기 때문에, 우리는 그들의 명령에 복종하게 되고 그들의 보상에 의존하게 됩니다.

그러나 자유에 이르는 영적인 진리는 우리가 이 세상에 속하지 않고 하나님께 속한다는 것입니다. 우리는 하나님의 사랑받는 자녀입니다. 우리가 끊임없이 말과 행동으로 이 진리로 되돌아가는 삶을 살아갈 때, 우리의 참된 자유는 우리 자신 속에서 더 크게 성장할 것입니다.

진정한 자유는 하나님의 자녀로서의 자유입니다

성령이 우리 안에서 말하리라

우리가 영적으로 자유로울 때는, 예상 밖으로 어려운 상황에서도 우리가 무엇을 말할 것인지 또는 어떤 행동을 취해야 할 것인지에 대하여 두려워하지 않습니다. 남이 우리를 어떻게 생각하는지 또는 우리 행동의 대가로 무엇을 받을 것인지 걱정하지 않을 때는, 올바른 말과 행동이 우리의 내부 깊숙한 곳으로부터 나옵니다. 그것은 우리를 하나님의 자녀로 삼으시고 자유롭게 만드신 하나님의 영이 우리를 통하여 말씀하시기 때문입니다. 예수님은 이렇게 말씀하셨습니다. "그러나 그들이 너희를 법정에 넘길 때 무엇을 어떻게 말할까 걱정하지 말아라. 그때에 너희가 할 말을 일러주실 것이다. 이때 말하는 이는 너희가 아니라 너희 속에서 말씀하시는 너희 아버지의 성령이시다"(마태복음 10:19 – 20).

우리 안에 살아 계신 성령을 믿으십시오. 그러면 우리를 끊임없이 재판관들과 평가자들의 심판대에 올려 놓는 이 세상에서 자유롭게 살 수 있습니다.

우리 안에 살아 계신 성령을 믿으십시오

Freedom Attracts

자유는 끌어당기는 힘을 가지고 있다

우리가 내적으로 자유로울 때 우리는 알게 모르게 다른 사람들을 자유로 초대합니다. 자유가 있는 곳이면 어디에든 끌어당기는 힘이 있습니다. 마음이 자유로운 사람들은 다른 사람들이 안전하게 느끼며, 또 함께 살기를 원하는 공간을 만들어 낼 수 있습니다. 우리가 사는 세상은 너무도 많은 조건들, 요구들, 충족해야 할 일들, 그리고 의무들로 가득 차 있기 때문에 종종 우리에게 기대하는 것이 무엇인지 의아스럽기도 합니다. 그러나 참으로 자유로운 사람은 아무것도 기대하지 않고 다만 우리들 자신의 내면에 다가가도록 초청하기만 할 뿐이며, 우리는 바로 그 곳에서 우리 자신의 자유를 발견하게 됩니다.

진정한 내적인 자유가 있는 곳에 하나님이 계십니다. 그리고 우리는 하나님이 계시는 곳, 바로 그 곳에 있기를 원합니다.

내적으로 자유로울 때 우리는 알게 모르게 다른
사람을 자유로 초대합니다

집에서 지내면서도 지낼 집이 없는 것같이 느끼는 것, 분주하면서도 지루하게 느껴지는 것, 인기가 많으면서도 외롭게 느끼는 것, 믿음이 있으면서도 많은 의심이 드는 것과 같은 우리 생활 속의 많은 모순들이 우리를 실망시키기도 하고, 신경 쓰이게도 하며, 심지어는 낙담시키기도 합니다. 이러한 모순들 때문에 우리들은 결코 우리가 온전히 현존하고 있다는 느낌을 가지지 못합니다. 우리를 위하여 열려 있는 많은 문들을 보면서도 우리는 또한 얼마나 더 많은 문들이 닫혀 있는가를 생각합니다.

그러나 이와는 다른 반응이 있습니다. 우리는 바로 이러한 모순들을 통하여 모든 욕망들 아래에 묻혀 있으면서도 오직 하나님만이 만족시키실 수 있는 한 가지 욕망이 충족되기를 바라는 강한 갈망과 만날 수 있습니다. 따라서 이런 식으로 이해한다면, 모순은 우리들이 하나님께로 나아갈 수 있도록 도와 주는 마찰을 일으키기도 하는 것입니다.

모순은 하나님께로 나아갈 수 있도록
도와주는 마찰을 일으키기도 합니다

Ordering Our Desires

욕망 정리하기

우리는 흔히 욕망을 극복해야 하는 것이라고 말합니다. 그러나 존재한다는 것 자체가 욕망입니다. 우리의 생각과 마음, 그리고 우리의 영혼은 욕망으로 가득 차 있습니다. 어떤 욕망은 다루기 힘들고 난폭하며, 우리의 마음을 산란하게 합니다. 또 어떤 욕망은 우리들로 하여금 깊게 생각하게 하며, 커다란 비전을 보게도 합니다. 또 다른 욕망은 우리들에게 사랑하는 방법을 가르쳐 주기도 합니다. 또 어떤 욕망은 우리들이 끊임없이 하나님을 찾게도 합니다. 하나님을 향한 우리의 욕망은 다른 모든 욕망의 길잡이가 되는 욕망입니다. 그렇지 않으면 우리의 육체, 생각, 마음 그리고 영혼은 서로가 적이 되어, 우리 내면의 생활은 큰 혼란에 빠지고 우리를 낙담과 자기 파괴로 인도합니다.

영적인 훈련은 우리의 모든 욕망을 뿌리뽑는 방법이 아닙니다. 그것은 많은 욕망을 정리해서, 하나 하나의 욕망이 서로 도움이 되게 하고, 모두 함께 하나님을 섬기게 하는 방법인 것입니다.

영적인 훈련은 우리의 모든 욕망을 뿌리 뽑는 방법이 아니라 모두 함께 하나님을 섬기게 하는 방법입니다

욕망을 초월하여

때때로 우리는 장난감 가게에 온 아이들처럼 행동합니다. 우리는 이것을 원하기도 하고 저것을 원하기도 하며, 또 다른 것을 원하기도 합니다. 우리 앞에 놓여 있는 많은 선택 대상들이 우리를 혼란스럽게 하며, 우리 자신의 내부에 커다란 동요를 일으킵니다. 어떤 사람이 "그래 너는 무엇을 원하니? 하나만 가질 수 있어. 마음을 정해"라고 말할 때, 우리는 무엇을 선택해야 할지 모릅니다.

우리의 마음이 우리가 원하는 이 많은 것 중에서 결정을 못하고 계속 망설이는 한, 우리는 내면의 평화와 기쁨을 가지고 살아갈 수 없습니다. 그래서 우리는 내면과 외면의 훈련이 모두 필요한 것이며, 그것을 통해 이들 욕망을 초월하여 앞으로 나아가며, 그리고 우리 인생의 사명을 발견하게 되는 것입니다.

결정을 못하고 계속 망설이는 한
평화와 기쁨을 가지고 살아갈 수 없습니다

세상에 보내짐

우리에게는 인생에서 각자에게 주어진 사명이 있습니다. 예수님은 제자들을 위하여 하나님 아버지께 이렇게 기도하셨습니다. "아버지께서 나를 세상에 보내신 것처럼 나도 그들을 세상에 보냈습니다"(요한복음 17:18).

우리는 하나님께서 우리에게 주신 과업을 성취하기 위하여 이 세상에 태어났다는 사실을 충분히 깨닫지 못하고 있습니다. 우리는 어떻게 살며, 어디에서 살며, 그리고 누구와 함께 살 것인가를 우리가 선택해야 하는 것처럼 행동합니다. 우리는 또한 이 세상에 느닷없이 태어난 것처럼 행세하기도 하고, 그리고 죽는 날까지 어떻게 인생을 즐길 수 있을까만을 생각하는 것처럼 행동하기도 합니다. 그러나 우리는 예수님이 그러셨던 것처럼 하나님에 의하여 이 세상에 보내졌습니다. 우리가 이러한 믿음을 가지고 살아가면, 우리는 어떤 일을 하기 위하여 이 세상에 보내졌는가를 곧 깨닫게 될 것입니다.

하나님에 의하여 이 세상에 보내졌다는 믿음을 가지고 살면 어떤 일을 하기 위하여 이 세상에 보내졌는지 곧 깨닫게 될 것입니다

사명을 완수하기

우리의 인생을 사명으로 생각하고 살면 우리는 우리에게 떠나 온 집이 있으며, 그리고 그 떠나 온 집으로 돌아가지 않으면 안된다는 사실을 알게 됩니다. 어떤 메시지를 전달하기 위하여 또는 어떤 사업을 완성하기 위하여 한동안 먼 나라에 가 있는 우리 자신을 상상할 수 있습니다. 그 메시지가 전달되고 사업이 완수되면, 우리는 집으로 돌아와서 우리가 수행한 사명을 설명하고 고된 일에서 벗어나 쉬기를 원합니다.

가장 중요한 영적 훈련의 하나는 우리 삶의 시간들이 '사명을 수행하는' 시간이라는 것을 점점 깨달아 가는 것입니다.

가장 중요한 영적 훈련 중 하나는 삶의 시간들이 '사명을 수행하는' 시간이라는 것을 깨닫는 것입니다

The Answers to Our Questions
우리의 질문에 대한 대답들

　우리는 질문하는 데 많은 시간과 에너지를 소비합니다. 질문하는 것이 가치 있는 일일까요? 왜 질문을 하는지 자문해 보는 것은 좋습니다. 우리는 유용한 정보를 얻기 원하는 것일까요? 우리는 어떤 다른 사람이 잘못하고 있음을 드러내 보이고 싶어하는 것일까요? 우리는 지식을 정복하고 싶어하는 것일까요? 우리는 지혜 속에서 성장하기를 원하는 것일까요? 우리는 신성한 것에 이르는 길을 발견하고 싶어하는 것일까요?

　우리가 질문을 던지기 전에 이러한 질문들을 곰곰이 생각해 보면, 우리는 질문을 위하여 그렇게 많은 시간과 에너지를 들일 필요가 없음을 발견할 수 있을 것입니다. 아마도 우리는 이미 필요한 정보를 가지고 있을 것입니다. 아마도 우리는 다른 사람이 틀렸음을 보여 줄 필요가 없을 것입니다. 우리가 자신의 마음에 조심스럽게 귀기울이만 한다면, 우리가 이미 많은 문제에 대한 대답을 가지고 있음을 알게 될 것입니다.

우리가 자신의 마음에 조심스럽게
귀기울이기만 한다면 이미 많은 문제에 대한 해답을
가지고 있음을 알게 될 것입니다

위로부터의 질문

영적인 질문이란 무엇입니까? 그것은 위로부터의 질문입니다. 사람들이 예수님께 여쭌 질문은 대부분 밑으로부터의 질문이었습니다. 일곱 남편을 가진 여인이 부활 때에 어느 남편과 결혼할 것인가라고 물은 질문이 한 예가 될 것입니다. 예수님은 이런 질문에 대하여 대답하지 않으셨습니다. 그 질문은 아래로부터의 질문, 세상적인 마음가짐에서 나오는 질문이었기 때문입니다.

예수님은 질문을 바꿈으로써 대답을 대신하셨습니다. 일곱 남편을 둔 여인 문제에 대하여 예수님은 "부활하면 장가도 시집도 안 가고 … 너희는 하나님이 '나는 아브라함의 하나님, 이삭의 하나님, 야곱의 하나님이다'라고 하신 말씀을 읽어 보지 못했느냐? 하나님은 죽은 사람들의 하나님이 아니요 살아 있는 사람들의 하나님이시다"라고 말씀하셨습니다(마태복음 22:23 – 30).

우리가 영적인 대답을 원한다면 우리는 끊임없이 영적인 질문을 추구해야만 합니다.

우리가 영적인 해답을 원한다면 우리는 끊임없이
영적인 질문을 추구해야만 합니다

Writing to Save the Day
하루하루를 기억하기 위한 글쓰기

글을 쓰는 것은 영적인 훈련입니다. 글을 씀으로서 우리는 주의력을 집중할 수 있으며, 용솟음치는 우리의 마음과 접할 수 있으며, 우리의 생각을 정화할 수 있으며, 혼란스런 감정을 정리할 수 있으며, 과거의 경험을 되새길 수 있으며, 우리가 살고 있는 삶을 정교하게 표현할 수 있으며, 그리고 주요한 일들을 우리의 기억 속에 간직할 수 있습니다. 글쓰는 것은 또한 우리가 쓴 글을 읽기 원하는 사람들을 위해서도 좋은 일입니다.

어렵고 고통스러운 또는 절망적인 하루도 그것을 글로 씀으로써 우리는 그날을 '되찾을 수' 있습니다. 글을 씀으로서 우리는 우리가 지금까지 살아온 것을 상기할 수 있으며, 그리고 그것을 앞으로의 우리의 인생 여정에 보다 완전히 통합시킬 수 있습니다. 그리하여 글을 쓰는 것은 우리들에게 있어서는 생명을 구하는 것이 될 수 있으며, 때로는 다른 사람의 생명도 구할 수 있습니다.

어렵고 절망적인 하루도 그것을 글로 씀으로써
우리는 그날을 되찾을 수 있습니다

글쓰기, 깊은 우물을 파기

글을 쓴다는 것은 단순히 생각나는 것을 몇 자 적어 내려가는 것이 아닙니다. 우리는 흔히 "무엇을 써야 할지 모르겠어. 글로 쓸 만한 것이 생각나지 않아"라고 말합니다. 그러나 대부분 좋은 글은 글을 쓰는 과정 그 자체에서 나옵니다. 우리가 단순히 종이를 앞에 놓고 앉아서 우리의 생각 또는 마음속에 있는 것을 글로 표현하기 시작할 때, 우리를 놀라게 하며 우리가 미처 그 존재를 알지 못했던 내면의 장소로 우리를 인도할 수 있는 새로운 아이디어가 나옵니다.

글을 쓰는 것을 통하여 우리는 우리 마음 깊숙한 곳에 숨겨져 있는 보물과도 같은 우물을 열 수 있습니다. 이것이 글쓰기에서 얻을 수 있는 가장 큰 만족입니다. 우리 자신뿐 아니라 다른 사람들이 보기에도 아름다운 일입니다.

글을 쓰는 것을 통하여 우리는 우리 마음 깊숙한 곳에
숨겨져 있는 보물과도 같은 우물을 열 수 있습니다

Making Our Lives Available to Others

다른 사람을 위해 삶을 내어 주기

우리는 흔히 우리가 글을 쓰지 않는 이유를 말할 때, "나에게는 그다지 새로운 얘기 거리가 없어. 내가 무슨 말을 하든지 그것은 이미 다른 사람들이 얘기 한 것들이야. 그것도 내가 얘기할 수 있는 것보다는 훨씬 훌륭하게…" 하고 말합니다. 그러나 이것은 글을 쓰지 않는 적당한 핑계가 되지 못합니다. 우리는 각자가 독특한 그리고 고유한 존재로서, 그 어느 누구도 우리와 똑같은 인생을 산 사람은 없습니다. 더욱이 우리가 살아온 삶은 우리 자신만을 위해서 살아온 것이 아니라, 또한 남을 위해서도 살아온 것입니다. 글을 쓰는 것은 우리의 생애를 우리 자신뿐만 아니라 남을 위해서도 이롭게 이용할 수 있게 하는 창조적이며 용기를 주는 수단이 될 수 있습니다.

우리의 얘기가 다른 사람들이 들을 가치가 있는 것이라는 사실을 우리는 믿어야 합니다. 자신의 이야기를 잘하면 잘할수록 우리는 보다 잘살아 보려고 노력하게 된다는 것을 발견하게 될 것입니다.

글을 쓰는 것은 우리의 생애를 자신뿐 아니라
남을 위해서도 이롭게 이용할 수 있게 하는
창조적이며 용기를 주는 수단이 될 수 있습니다

생명을 잃는 것과 얻는 것

생명에 관한 큰 역설은 생명을 잃는 자는 생명을 얻는다는 것입니다. 이러한 역설은 바로 우리의 일상 생활 속에서 발견할 수 있습니다. 만일 우리가 우리의 친구에게 매달리면, 그 친구를 잃어버리게 될 것입니다. 그러나 우리가 사람들과의 관계에서 소유하려 들지 않으면, 많은 친구를 얻을 수 있습니다. 만일 우리가 명성을 구하고 원한다면, 흔히 그것은 우리가 그것을 손에 넣는 순간 사라지고 맙니다. 그러나 우리가 남에게 알려지려고 하지 않는데도 오히려 우리가 죽은 후에까지 오래 기억되는 경우가 있습니다. 우리가 중심에 있기를 원할 때, 우리는 쉽게 가장자리로 밀려나게 됩니다. 그러나 우리가 있어야 할 곳이면 어디에 있든 마음이 자유로울 때, 우리는 흔히 자신이 중앙에 있음을 발견합니다.

다른 사람을 위하여 생명을 내던지는 것은 인간의 행위 중에서 가장 고귀한 것입니다. 이것을 통하여 우리는 생명을 얻을 수 있습니다.

생명에 관한 큰 역설은 생명을 잃는 자는
생명을 얻는다는 것입니다

M A Y

5월

친구들의 한계
Friends and Their Limitations

친구들은 하나님을 대체할 수 없습니다.
그들은 우리와 마찬가지로
한계와 약함을 가지고 있습니다

Friends and Their Limitations
친구들의 한계

우리는 친구를 필요로 합니다. 친구는 우리를 인도하고, 우리를 돌보며, 우리를 사랑으로 대하며, 그리고 괴로울 때 우리를 위로합니다. 우리는 "친구를 만든다(make)"고 말하지만, 친구는 만들어질 수 없습니다. 친구는 하나님이 주시는 공짜 선물(free gift)입니다. 그러나 우리가 진정으로 하나님의 사랑을 믿으면, 우리에게 친구가 필요할 때 하나님이 그 필요한 친구를 우리에게 주십니다.

친구들은 하나님을 대체할 수 없습니다. 그들은 우리와 마찬가지로 한계와 약함을 가지고 있습니다. 그들의 사랑에는 결코 흠이 없을 수 없으며, 결코 완전할 수도 없습니다. 그러나 친구는 바로 그들의 한계 속에서 하나님의 무한하시고 무조건적인 사랑을 향한 우리의 여행 길에서 만나는 도로 표지판 역할을 합니다. 하나님이 우리의 여행 길에 보내신 친구들과 함께 즐기십시오.

친구들은 하나님을 대체할 수 없습니다. 그들은
우리와 마찬가지로 한계와 약함을 가지고 있습니다

친구들의 독특한 재능

두 사람의 친구가 똑같을 수는 없습니다. 친구 한 사람 한 사람은 우리들을 위한 각각 다른 재능을 가지고 있습니다. 우리에게 필요한 모든 것을 한 친구가 소유하고 있기를 우리가 기대하면, 우리는 언제나 그 친구를 심하게 비판할 것이고, 또 결코 그 친구가 소유하고 있는 것에 대하여 완전히 만족할 수 없을 것입니다.

한 친구는 우리에게 애정을 줄 수 있을 것이며, 다른 친구는 우리의 마음을 고무시킬 수 있을 것이고, 또 다른 친구는 우리의 영혼을 강하게 해줄 수 있을 것입니다. 친구들이 줄 수 있는 여러 가지 다른 재능들을 우리가 더 잘 받아들일 수 있으면, 우리도 우리 자신의 독특한 그러나 제한적인 재능을 친구들에게 더 잘 제공할 수 있을 것입니다. 따라서 우정은 아름다운 사랑의 태피스트리*를 만들어 내는 것입니다.

* 태피스트리: 형형색색 수놓은 벽걸이 천이나 장식용 천.

친구 한 사람 한 사람은 우리들을 위한
각기 다른 재능을 가지고 있습니다

The Mosaic That Shows Us the Face of God
하나님의 얼굴을 나타내는 모자이크

모자이크는 수천 개의 작은 돌로 만들어져 있습니다. 어떤 돌은 파란색이고, 어떤 돌은 초록색이며, 또 어떤 돌은 노란색, 또 다른 돌은 금색입니다. 우리가 얼굴을 모자이크에 가까이 대고 보면, 우리는 돌 하나 하나의 아름다움을 감상할 수 있습니다. 그러나 우리가 모자이크로부터 한 걸음 물러서면, 이 작은 돌들이 하나의 아름다운 그림이 되어 우리 앞에 나타나는 것을 볼 수 있습니다. 그리고 이 그림은 돌 하나 하나로서는 말할 수 없는 얘기를 우리들에게 들려줍니다.

우리의 공동체 생활이란 바로 이 모자이크와도 같습니다. 우리 각자 각자는 하나의 작은 돌과 같은 것입니다. 그러나 우리는 함께 모여서 하나님의 얼굴을 이 세상에 보여 줄 수 있습니다. "나에게서 하나님을 보여 주겠다" 하고 말할 수 있는 사람은 아무도 없습니다. 그러나 우리를 하나 하나로 보지 않고 함께 뭉쳐서 보는 사람은 "그들에게서 하나님을 볼 수 있다"고 말할 수 있습니다. 공동체는 겸손과 영광이 서로 만나는 곳입니다.

공동체 생활이란 바로 이 모자이크와도 같습니다

하나님께로 가는 길목의 표지판

어떻게 우리가 하나님의 사랑을, 하나님의 관대함을, 하나님의 친절함을, 그리고 하나님의 용서하심을 알 수 있을까요? 우리의 부모님, 우리의 친구, 우리의 선생님, 우리의 목사님, 우리의 배우자, 그리고 우리의 아이들, 이런 사람들이 하나님을 우리들에게 나타내 보입니다. 그러나 이 사람들을 잘 알게 되면, 우리는 이들이 오직 하나님의 작은 부분만을 우리들에게 보여 줄 수 있음을 깨닫습니다. 하나님의 사랑은 이들의 사랑보다는 큰 것입니다. 하나님의 선하심은 이들의 선함보다 큰 것입니다. 하나님의 아름다움은 이들의 아름다움보다 큰 것입니다.

처음에는 우리는 이 사람들에게서 실망을 느낄 수 있습니다. 이 사람들이 우리가 필요로 하는 모든 사랑과 선함, 그리고 아름다움을 우리에게 줄 수 있을 것으로 생각했기 때문입니다. 그러나 우리는 시간이 지남에 따라, 이 사람들은 모두 하나님께로 가는 길에서 만나는 도로 표지판이라는 사실을 알게 됩니다.

시간이 지남에 따라, 우리가 만나는 사람들 모두가
하나님께로 가는 길에서 만나는
도로 표지판이라는 사실을 알게 됩니다

God's Generosity
하나님의 관대하심

하나님은 풍성하신 하나님이십니다. 결코 부족함의 하나님이 아닙니다. 하나님은 우리에게 필요한 만큼만 주시는 것이 아닙니다. 하나님은 우리가 필요로 하는 이상의 것, 즉 우리가 먹을 수 있는 것보다 더 많은 빵과 생선, 그리고 우리가 감히 바랄 수 있는 그 이상의 사랑을 우리에게 주십니다.

하나님은 관대하게 주시는 분입니다. 그러나 우리가 우리의 가슴과 마음을 다하여 그리고 힘을 다하여 하나님을 사랑할 때만, 우리는 하나님의 관대함을 볼 수 있고 향유할 수 있습니다. "하나님, 나는 당신을 사랑합니다. 그러나 먼저 당신의 관대함을 나에게 보여 주십시오"라고 말하는 동안은 우리는 하나님으로부터 멀리 떨어져 있는 것이며, 하나님이 진정으로 우리들에게 주고자 하시는 것 즉 생명, 그 풍성한 생명을 경험할 수 없습니다.

하나님은 우리가 감히 바랄 수 있는
그 이상의 사랑을 주십니다

재물을 쌓아 두려는 유혹

우리는 모두 두려움을 가지고 있기 때문에, 다음과 같은 심성을 누구나 가지고 있습니다. "이 세상에는 모든 사람들이 다 먹을 수 있을 만큼 식량이 충분하지 않아. 그러니 나는 비상시에 대비하여 내 자신을 위한 양식을 저장해 두어야겠어." 또는 "모든 사람들이 다 같이 가질 수 있는 지식이란 이 세상에 없어. 그러니 나의 지식은 내가 간직해서 다른 사람이 이용하지 못하도록 해야겠어." 또는 "모든 사람에게 다 줄 수 있는 충분한 사랑이란 이 세상에 없어. 그러니 다른 사람들이 나의 친구를 빼앗아 갈 수 없도록 그 친구를 내 곁에 붙어 있게 해야겠어." 이러한 말들은 결핍 의식에서 나온 것입니다. 이런 것들은 우리가 생존하기 위해 필요한 것들을 충분히 가질 수 없으리라는 것을 두려워한 나머지 무엇이든지 우리가 가지고 있는 것은 비축해 두려는 생각에서 나옵니다. 그러나, 비극은 당신이 손에 움켜쥐고 있는 그것들은 당신의 손 안에서 녹슬어 버린다는 데 있습니다.

당신이 손에 움켜쥐고 있는 것들은
당신의 손 안에서 녹슬어 버립니다

149

Seeing the Miracle of Multiplication

증식의 기적을 보라

  결핍 의식의 반대는 풍성함의 의식입니다. 풍성함의 의식을 가진 사람은 "세상에는 양식, 지식, 사랑 무엇이든 모든 사람이 갖고도 남을 만큼 충분히 있어"라고 말합니다. 이러한 마음가짐을 가지고 있을 때 우리는 무엇이든지 우리가 가지고 있는 것을 만나는 사람 누구에게나 내어 주게 됩니다. 배곯는 사람을 보면 음식을 줍니다. 무식한 사람을 만나면 지식을 나누어 줍니다. 사랑을 필요로 하는 사람을 마주치면 우정과 애정과 관대함으로 대접하고 그들을 우리의 가족과 친구들에게 소개합니다.

  우리가 이러한 마음가짐을 가지고 살면, 우리는 양식, 지식, 사랑 등 우리가 다른 사람에게 주는 것은 무엇이든 몇 배로 증식되는 기적을 보게 될 것입니다. 그리고도 또 많이 남을 것입니다.

풍성한 마음을 가지고 있을 때 다른 사람에게
주는 것은 무엇이든 몇 배로 불어납니다

아는 것을 나누는 용기

흔히 우리는 다른 사람을 가르칠 수 있을 만큼 충분히 알고 있지 못하다는 생각을 합니다. 우리는 우리가 알고 있는 것을 다른 사람들에게 말하는 것조차 주저합니다. 다른 사람들이 더 말해 달라고 요청할 때, 더 이상 말할 게 없을까 봐 두려워하기 때문입니다.

이러한 마음가짐 때문에, 우리는 걱정하고 숨으려 하고 소유하려 들며, 그리고 다른 사람 앞에 나가기를 꺼리게 됩니다. 그러나 다른 사람들이 요청할 때, 우리가 알고 있는 것을 모두 자유스럽게 그들과 나누어 가질 용기가 있으면, 우리는 자신이 알고 있는 것보다 훨씬 더 많은 것들을 알고 있다는 사실을 발견합니다. 우리가 가지고 있는 지식의 우물을 관대하게 다른 사람에게 나누어 줄 때에 비로소 우리는 얼마나 그 지식의 우물이 깊은지를 발견하게 됩니다.

지식의 우물을 관대하게 다른 사람에게 나누어 줄 때
그 우물이 얼마나 깊은지 발견합니다

The Cup of Life
생명의 잔

야곱과 요한의 어머니가 예수님께 와서, 하나님 나라에서 자기의 두 아들에게 특별한 자리를 주시도록 요청했을 때, 예수님은 "내가 곧 마시게 될 고난의 쓴 잔을 너희도 마실 수 있겠느냐"고 반문하셨습니다(마태복음 20:22). "너희도 이 잔을 마실 수 있느냐"라는 이 질문은 우리가 우리 자신에게 물을 수 있는 가장 도전적이면서 본질적인 질문입니다. 이 잔은 슬픔과 기쁨이 가득 찬 생명의 잔입니다. 우리는 이 잔을 들고서 이 잔이 우리의 것이라고 주장할 수 있을까요? 우리는 이 잔을 높이 쳐들어, 다른 사람을 축복할 수 있을까요? 우리는 이 잔이 우리를 구원한 잔이라고 생각하여, 이 잔을 다 비울 수 있을까요?

우리가 연습할 수 있는 가장 힘든 영적 운동은 이 질문이 우리 자신 안에 계속 살아 있도록 하는 것입니다.

"너희도 이 잔을 마실 수 있느냐"는 물음은 스스로에게 던지는 가장 도전적이면서 본질적인 질문입니다

잔을 붙잡기

　우리는 모두 우리의 생명의 잔을 붙잡지 않으면 안됩니다. 우리가 나이 들고, 인생의 수많은 슬픔들, 예를 들어 개인적인 실패, 가족간의 다툼, 직장과 사회 생활에서의 실망, 그리고 국내적으로나 국제적으로 우리를 둘러싸고 있는 많은 아픔을 더 잘 이해하게 되면, 우리 자신과 주위 환경이 모두 우리들로 하여금 이러한 슬픔을 무시하거나, 피해 가거나, 억누르거나 또는 부정하도록 부추깁니다. 그래서 우리는 "인생의 밝은 면만 보십시오, 그리고 최선을 다하십시오"라고 우리 자신에게 말하기도 하고, 또 다른 사람들이 우리에게 이렇게 말하는 것을 듣기도 합니다. 그러나 우리가 우리의 생명의 잔을 마시기를 원한다면, 우리는 먼저 그 잔을 붙잡아야만 합니다. 그렇게 되면 우리는 우리의 슬픔을 피하려고 하지 말고, 오히려 그와 친구가 됨으로써, 우리가 찾고 있는 기쁨이 바로 그 슬픔의 한가운데에 있다는 사실을 발견하게 될 것입니다. 우리가 현재 살고 있는 삶을 온전히 인정해야 합니다.

우리가 현재 살고 있는 삶을 온전히 인정해야 합니다

153

Lifting the Cup
잔을 들어올리기

인생의 슬픔과 기쁨을 온전히 인정하면서 우리가 생명의 잔을 꽉 잡을 수 있다면, 우리는 또한 이 잔을 인간의 유대를 위하여 들어올릴 수도 있을 것입니다. 잔을 들어올리는 것은 우리가 현재 우리의 삶을 부끄러워하지 않는다는 것을 의미합니다. 잔을 들어올리는 것은 또한 우리가 우리 자신의 참모습과 친구가 되는 것처럼 다른 사람들도 그들 자신의 참모습과 친구가 되도록 격려해 주는 것을 의미합니다. 잔을 들어올리면서 "삶을 위하여" 또는 "건강을 위하여"라고 말할 때, 우리는 우리의 생애를 함께 진실되게 돌아볼 의사가 있음을 선언하는 것입니다. 이리하여 우리는 인간 공동체가 되어 우리들에게 주어진 잔이 우리들을 진정한 만족으로 인도하리라는 것을 믿고 그 잔을 마시기를 서로서로에게 권하게 될 것입니다.

"삶을 위하여"라고 말할 때 우리는 우리의 생애를 함께 진실되게 돌아볼 의사가 있음을 선언하는 것입니다

잔을 마시기

우리는 생명의 잔을 꽉 쥐고 다른 사람을 위한 희망의 표시로서 그 잔을 높이 들어올려서 이 잔을 마셔야 합니다. 생명의 잔을 마신다는 것은 인생의 온갖 슬픔과 기쁨을 포함하여, 우리 각자가 우리의 인생이라고 인정하는 모든 것을 완전히 우리 자신의 것으로 만들어 흡수하는 것을 의미합니다.

어떻게 우리는 우리의 잔을 마시는 것일까요? 침묵 가운데서 생명의 진리를 듣는 것처럼, 우리가 원하는 성장의 방법에 관하여 믿음 안에서 친구와 얘기하는 것처럼, 그리고 섬기는 일을 하는 것처럼, 우리는 생명의 잔을 마십니다. 생명의 잔을 마시는 것은 하나님의 소명을 우리의 자유 의사로서 용감하게 따르는 것이며, 우리가 있어야 할 길에서 벗어나지 않는 것을 의미합니다. 그러므로 우리의 생명의 잔은 구원의 잔이 되는 것입니다. 우리가 이 잔을 다 비우면, 하나님은 영원한 생명의 '물'로 다시 잔을 채워 주실 것입니다.

생명의 잔을 마신다는 것은 인생이라고 인정하는 모든 것을 자신의 것으로 만들어 흡수한다는 뜻입니다

Emptiness and Fullness
비어 있는 것과 꽉 차 있는 것

비어 있는 것과 꽉 차 있는 것은 처음 보기에는 정반대인 것처럼 보입니다. 그러나 영적인 생활에 있어서는 그렇지 않습니다. 영적인 생활에 있어서 우리는 하나님을 위하여 마음을 비움으로써 우리의 커다란 욕망을 채우게 됩니다.

우리는 하나님으로부터 생명의 충만함을 받기 위하여 우리의 생명의 잔을 완전히 비우지 않으면 안 됩니다. 예수님은 십자가 위에서 생명의 잔을 완전히 비우셨습니다. 완전히 비어 있는 순간과 완전히 꽉 차 있는 순간은 같은 것입니다. 모든 것을 하나님 아버지에게 맡기셨을 때, 예수님은 "다 이루었다"(요한복음 19:30)고 말씀하셨습니다. 십자가에 매달려 올려진 예수님은 또한 부활하셔서 승천하셨습니다. 자신을 비우고 낮춘 예수님은 들어올려져서 "모든 이름 위에 뛰어난 이름"을 받으셨습니다(빌립보서 2:7 – 9 참조). "내가 마시려는 잔을 너희도 마실 수 있겠느냐?"고 하신 예수님의 물음을 끊임없이 듣도록 하십시오.

영적인 생활에 있어서 우리는 하나님을 위하여 마음을 비움으로써 우리의 커다란 욕망을 채우게 됩니다

잘 죽기 위하여 기도하기

많은 사람들은 "죽음을 두려워하지는 않아. 그렇지만 죽어 가는 과정은 두려워"라고 말합니다. 우리는 이 말을 이해할 수 있습니다. 죽는다는 것은 흔히 병 들며, 고통을 당하며, 남에게 의지하며, 그리고 외로움을 의미하기 때문입니다.

죽는 것을 두려워하는 것은 부끄러울 것이 전혀 없습니다. 그것은 인간의 모든 두려움 중에서 가장 인간적인 두려움입니다. 예수님 자신도 두려움에 빠져 들었습니다. 고뇌 속에서 예수님의 "땀이 핏방울같이 되어 땅에 떨어졌습니다"(누가복음 22:44). 죽는 것에 대한 우리의 두려움을 어떻게 다루어야 할까요? 예수님이 하신 것과 같이 우리는 새 생명에 이르는 큰 통로를 만들어 내는 특별한 용기를 가질 수 있도록 기도하지 않으면 안됩니다. 그러면 하나님이 예수님께 천사를 보내신 것과 같이 우리를 위로하기 위하여 천사를 보내실 것이라는 것을 우리는 믿게 될 것입니다.

예수님처럼 우리는 새 생명에 이르는 큰 통로를 만들어
내는 특별한 용기를 가질 수 있도록 기도해야 합니다

Dying with Grateful Hearts
감사하는 마음으로 죽기

흔히 우리는 죽음이 어떻게 우리에게 찾아올 것인가를 알고 싶어합니다. 그러나 우리는 우리의 생명이 어떻게 끝날 것인지를 알지 못합니다. 이것을 모르는 것은 축복입니다! 그러나 우리가 생각하지 않으면 안되는 중요한 문제가 있습니다. 그것은 우리가 죽을 때 살아 남은 사람들이 슬픔에서 헤어나지 못하게 하고 죽을 것인지, 아니면 그들을 수치감이나 죄책감에 빠지게 하고 죽을 것인지 하는 문제입니다.

우리가 다른 사람들을 어떠한 상태에 두고 죽을 것인가 하는 문제는 우리가 우리의 죽음을 어떻게 준비하느냐에 달려 있습니다. 우리가 하나님에게도 감사하고, 가족들에게도 감사하며, 그리고 친구들에게도 감사한 마음으로 죽을 수 있으면, 우리의 죽음은 다른 사람을 위한 생명의 원천이 될 수 있습니다.

감사함으로 죽을 수 있으면 그 죽음은 다른 사람을
위한 생명의 원천이 될 수 있습니다

Making Our Deaths Gifts
죽음을 선물로 만들기

어떻게 우리의 죽음을 다른 사람을 위해 주는 선물로 만들 수 있을까요? 흔히 친척이나 친구의 죽음으로 인하여 우리의 생명이 파괴되기도 하고, 손상을 입기도 하며, 또는 영구적으로 상처를 입기도 합니다. 우리는 이러한 일들이 일어나지 않도록 할 수 있는 일이면 무엇이든 해야 합니다.

우리에게 죽음이 임박했을 때, 직접 말로써 혹은 글을 써서 가까운 사람들에게 우리의 의사를 표시하는 것은 매우 중요한 일입니다. 그들에게 감사함을 표시하고, 부족했던 것에 대하여 용서를 구하며, 동시에 그들의 부족함에 대하여 그들을 용서하고, 그리고 그들이 후회함 없이 삶을 살아가되, 우리 생명의 우아함을 기억해 주기를 바라는 우리의 진실된 소망을 표현할 때, 죽음은 진정한 선물이 될 수 있습니다.

죽음이 임박했을 때 말이나 글로 가까운 사람들에게
의사를 표현하는 것은 매우 중요합니다

Love Will Remain

사랑은 남아 있을 것이다

우리가 죽으면 희망과 믿음도 끝이 납니다. 그러나 사랑은 남아 있을 것입니다. 사랑은 영원한 것입니다. 사랑은 하나님으로부터 와서 하나님에게로 돌아갑니다. 우리가 죽을 때, 우리는 사랑 이외에 생명이 우리에게 준 모든 것을 잃어버립니다. 우리가 인생을 살아온 사랑은 우리 안에 있는 하나님의 생명입니다. 사랑은 신성한 그리고 파괴할 수 없는 우리 존재의 핵심입니다. 이 사랑은 남아 있을 뿐만 아니라, 대에서 대를 이어가며 열매를 맺을 것입니다.

우리에게 죽음이 임박했을 때, 두고 떠나는 사람들에게 "너무 괴로워하지 마세요. 나의 가슴에 살아 계신 하나님의 사랑이 당신에게로 가서 당신을 위로하고 힘을 줄 것입니다"라고 우리는 말할 수 있어야 합니다.

우리가 죽으면 희망과 믿음도 끝이 납니다. 그러나 사랑은 남아 있을 것입니다

우리 안에서 숨쉬는 하나님

우리가 성령이라고 부르는 것은 우리 안에서 숨쉬는 하나님의 숨결을 뜻합니다. "영"을 뜻하는 희랍어 프뉴마(pneuma)는 "호흡"을 뜻합니다. 우리는 좀처럼 우리가 숨을 쉬고 있다는 것을 인식하지 못합니다. 호흡은 생명을 유지하는 데 너무도 필요불가결한 것이기 때문에, 숨쉬는 데 무엇인가 잘못되었을 때에야 비로소 우리는 그것을 생각합니다.

성령은 우리의 호흡과 같습니다. 우리가 우리 자신에게 친밀한 것보다는 하나님의 영이 우리에게 더 친밀합니다. 우리는 흔히 이것을 잘 인식하지 못할 수도 있습니다. 그러나 성령이 없으면 우리는 '영적인 생활'을 할 수 없습니다. 우리 안에서 기도하며 우리들에게 사랑과 용서, 친절함과 선함, 온화함과 평화, 그리고 기쁨을 주는 것은 성령입니다. 죽음으로 파괴될 수 없는 생명을 우리들에게 주는 것도 성령입니다. "오세요, 성령님, 오세요"라고 항상 기도하십시오.

성령이라고 부르는 것은 우리 안에서 숨쉬는
하나님의 숨결입니다

The Unfinished Business of Forgiveness

끝나지 않은 일 : 용서

'앞으로 나아가야 할' 때인데도 무엇이 우리를 삶에 매달리게 하는 것일까요? 우리가 끝내지 않은 일이 있어서일까요? "나는 당신을 용서합니다. 그리고 당신도 나를 용서해 주시기를 바랍니다"라고 말할 수 없기 때문에 우리는 삶에 매달려 있을 때가 종종 있습니다. 우리의 마음을 상하게 한 사람을 용서하고, 또 우리가 마음의 상처를 준 사람에게 용서를 구할 때, 새로운 자유가 생깁니다. 그것은 앞으로 나아가게 하는 자유입니다.

"아버지, 저 사람들을 용서해 주십시오. 저들은 자기들이 하는 일을 모르고 있습니다"(누가복음 23:34). 예수님은 자기를 십자가에 못박은 사람들을 위하여 이렇게 기도하셨습니다. 이 기도를 통하여 예수님은 "아버지, 내 영혼을 아버지 손에 맡깁니다"(누가복음 23:46)라고 말할 수 있는 자유를 얻은 것입니다.

마음을 상하게 한 사람을 용서하고, 상처를 준
사람에게 용서를 구할 때 앞으로 나아가는
자유가 생깁니다

예수님의 자유

예수님은 진실로 자유로우셨습니다. 예수님이 자유로 우셨던 것은 자신이 하나님의 사랑하는 아들이라는 사실을 영적으로 인식하고 있었던 것에 뿌리를 두고 있었습니다. 예수님은 태어나기 이전부터 하나님께 속해 있었고, 하나님의 사랑을 선포하기 위하여 이 세상에 보내어졌으며, 그리고 이 사명이 끝나면 하나님에게로 돌아갈 것이라는 사실을 가슴 깊이 인식하고 있었습니다. 이러한 인식이 있었기 때문에, 예수님은 세상을 즐겁게 하는 일과는 관계 없이 말하고 행동할 수 있는 자유와 또한 하나님의 치유하시는 사랑으로 사람들의 고통을 덜어 주는 능력을 가질 수 있었습니다. 복음서는 이렇게 말하고 있습니다. "예수님께서 큰 능력으로 모든 사람을 고치는 것을 보고 사람들은 저마다 그분을 만지려고 하였다"(누가복음 6:19).

예수님은 하나님의 사랑하는 아들임을 영적으로
인식하고 있었기에 자유로우셨습니다

Jesus' Compassion

예수님의 긍휼

예수님은 임마누엘이십니다. 그것은 "하나님께서 우리와 함께 계신다"는 뜻입니다(마태복음 1:22 – 23 참조). 예수님의 말씀과 행동은 결코 사람들의 비판이나 칭찬에 의하여 영향을 받지 아니하고 전적으로 하나님의 의사에 따른 것이었음에도 불구하고, 예수님이 다른 어떤 사람보다도 더 우리와 '함께' 계신다는 것은 예수님 생애의 크나큰 모순입니다.

예수님의 긍휼, 즉 우리와 함께 하시는 그의 깊은 감정이 있을 수 있었던 것은 그의 생애가 인간들의 존경에 의하여 인도를 받은 것이 아니라, 하늘에 계신 아버지의 사랑에 의하여 인도되었기 때문에 가능했습니다. 예수님은 우리의 사랑에 의존하지 않으셨기 때문에 우리들을 자유롭게 사랑하실 수 있었습니다.

예수님은 우리의 사랑에 의존하지 않으셨기 때문에
우리들을 자유롭게 사랑하실 수 있었습니다

축복받은 예수님

예수님은 축복을 받으신 분입니다. 라틴어 어원의 단어로서 축복을 의미하는 베네딕션(benediction)이란 말은 '좋은 것(bene)'을 '말하는 것(dicere)'을 의미하며, 축복을 의미하는 영어 단어, 블레싱(blessing)과 같은 뜻입니다. 하나님이 예수님에 관하여 좋은 것을 말하셨기 때문에, 예수님은 축복을 받으신 분입니다. 예수님께서 요단강에서 세례를 받으신 후, "하늘에서 '이 사람은 내가 사랑하고 기뻐하는 내 아들이라'라는 음성이" 들려왔을 때(마태복음 3:16 – 17), 우리는 분명히 하나님의 축복을 듣습니다.

이 축복과 함께 예수님은 공생애를 시작하셨습니다. 그리고 이 공생애를 통하여 우리는 이 축복이 예수님만을 위한 것이 아니고 예수님을 따르는 모든 사람을 위한 것이라는 사실을 알게 되었습니다.

예수님이 받으신 축복은 예수님을 따르는
모든 사람을 위한 것입니다

예수님의 자화상

"마음이 가난한 사람, 슬퍼하는 사람, 유순한 사람, 의를 위해 굶주리고 목마른 사람, 남을 불쌍히 여기는 사람, 마음이 깨끗한 사람, 화평을 이루는 사람, 의를 위해 핍박을 받는 사람은 복이 있다"고 예수님은 말씀하셨습니다(마태복음 5:3 – 10). 이 말씀은 예수님의 자화상을 우리들에게 보여주는 것입니다. 예수님은 축복받으신 분입니다. 축복받으신 분의 얼굴에는 가난함, 온유함, 애통함, 굶주림, 의를 위한 목마름, 불쌍히 여김, 마음의 청결함, 화평에 대한 소망, 그리고 핍박받은 흔적들이 있습니다.

예수님처럼 되라는 것이 복음서가 우리들에게 전하고자 하는 메시지의 전부입니다. 우리에게는 예수님의 자화상이 있습니다. 우리가 이 자화상을 우리 눈앞에 간직한다면, 예수님을 따르고 예수님처럼 되는 것이 무엇을 의미하는 지를 우리는 곧 알게 됩니다.

우리에게는 예수님의 자화상이 있습니다

가난하신 예수님

축복받으신 예수님은 가난하신 분입니다. 예수님의 가난은 경제적 또는 사회적인 가난보다 더 큰 가난입니다. 예수님은 권력 대신 무력함을, 방어 대신 취약성을, 자족 대신 의지함을 자유로이 선택하셨기 때문에 가난하십니다. "그리스도의 노래"에서 아름답게 표현되고 있는 것과 같이 "예수님은 … 하나님과 동등하게 되려고 생각하지 않으시고 오히려 자기의 모든 특권을 버리시고 …사람의 모양으로 나타나셨습니다"(빌립보서 2:6 - 7). 예수님은 이 영적인 가난을 선택해서 삶을 사셨습니다.

예수님은 축복받은 우리들도 예수님이 택하신 것과 같은 가난한 생활을 하기를 원하십니다.

예수님은 영적인 가난을 선택해서 삶을 사셨습니다.

Jesus Is Gentle
온유하신 예수님

축복받으신 예수님은 온유하신 분입니다. 예수님은 비록 열정적으로 말씀하시고, 여러 형태의 위선을 비판하시고, 속이는 것과 허영과 술수와 억압을 공격하는 것을 두려워하지 않으셨지만, 그러나 그분의 마음은 온유하십니다. 그분은 상한 갈대를 꺾지 아니하며 꺼져 가는 심지를 끄지 아니하십니다(마태복음 12:20). 그분은 사람들의 고통을 위로하고, 상처를 치유하며, 그리고 마음이 약한 자에게 용기를 복돋아 주십니다.

예수님은 가난한 자에게는 복음을, 눈먼 자에게는 다시 보게 함을, 포로 된 자에게는 자유를 주기 위하여 오셨습니다(누가복음 4:8 - 19 참조). 그리하여 예수님은 하나님의 인간에 대한 무한한 긍휼을 나타내 보이십니다. 예수님을 따르는 사람으로서 우리들은 예수님과 같은 온유함을 가져야 합니다.

예수님은 사람들의 고통을 위로하고 마음이
약한 자에게 용기를 북돋아 주십니다

애통해 하시는 예수님

축복받으신 예수님은 애통해 하십니다. 예수님은 그의 친구 나사로가 죽었을 때 눈물을 흘리셨습니다(요한복음 11:33 – 66 참조). 예수님은 곧 파괴될 운명에 놓인 예루살렘을 내려다보시고 우셨습니다(누가복음 19:41 – 44 참조). 예수님은 인간의 가슴에 가득 찬 온갖 손실과 정신적 파멸을 보시고 고통 속에서 슬퍼하십니다. 그분은 슬퍼하는 자와 함께 슬퍼하시며 우는 자와 함께 눈물을 흘리십니다.

폭력과 탐욕, 욕망 그리고 세상과 세상 사람들의 얼굴을 뒤틀리게 하는 온갖 죄악이 하나님의 사랑하는 아들을 애통하게 합니다. 하나님의 위로하심을 경험하기 원한다면, 우리도 또한 애통해 하지 않으면 안됩니다.

예수님은 슬퍼하는 자와 함께 슬퍼하시며
우는 자와 함께 눈물을 흘리십니다

Jesus Hungers and Thirsts for Uprightness

의에 주리고 목마르신 예수님

하나님의 축복받은 아들인 예수님은 의에 주리고 목말라 하십니다. 그분은 불의를 증오합니다. 그는 억압과 착취를 통하여 부를 쌓고 영향력을 행사하려는 사람들에게 저항하십니다. 그분은 전생애를 통하여 사람들이 서로서로를 형제 자매와 같이, 그리고 같은 하나님의 자녀로서 대우하기를 염원하십니다.

예수님은 천국으로 가는 길은 기도를 많이 하고 많은 번제를 올림으로써 찾을 수 있는 것이 아니라, 굶주리는 자에게 먹을 것을 주고, 벗은 자에게 옷을 입혀 주며, 그리고 병든 이와 옥에 갇힌 사람을 돌아보는 일에서 찾을 수 있다는 것을 거듭 주장하십니다(마태복음 25:31 – 46). 그분은 정의로운 세상을 갈구하십니다. 예수님은 우리들도 그가 겪었던 것과 같은 굶주림과 목마름으로 세상을 살아가기 원하십니다.

예수님은 정의로운 세상을 갈구하십니다

긍휼히 여기시는 예수님

하나님의 축복받은 아들이신 예수님은 긍휼히 여기시는 분입니다. 긍휼함을 보이는 것은 불쌍히 여기는 것과는 다릅니다. 불쌍히 여기는 것은 사람과 사람 사이에 거리감이 있음을 의미하며, 심지어는 사람을 낮추어 보는 것을 뜻하기도 합니다. 한 거지가 당신에게 돈을 달라고 해서 불쌍히 여긴 나머지 당신이 돈을 주었다면, 당신은 긍휼을 베푼 것이 아닙니다. 긍휼은 동정하는 마음에서 우러나오는 것입니다. 또한 긍휼은 동등하게 되겠다는 마음가짐에서 나오는 것입니다. 예수님은 우리를 낮추어 보지 않으셨습니다. 그분은 우리들 중 한 사람이 되기를 원하셔서 우리와 함께 깊이 느끼려고 하셨습니다.

예수님이 나인이라는 성에 사는 한 과부의 죽은 외아들을 살리신 것은 고통스러워하는 그 과부의 슬픔을 예수님 자신이 가슴속 깊이 느껴졌기 때문입니다(누가복음 7:11 – 17 참조). 우리의 형제 자매에게 긍휼을 베푸는 방법을 배우고자 하면 예수님의 본을 따르십시오.

긍휼은 낮추어 보는 것이 아니라 동등하게 되겠다는
마음가짐에서 나옵니다

Jesus Is Pure of Heart
마음이 청결하신 예수님

하나님이 사랑하는 예수님은 마음이 청결하신 분입니다. 마음이 청결하다는 것은 한 가지만을 이루고자 하는 것을 의미합니다. 예수님은 오직 하늘에 계신 아버지의 뜻을 이루려고 하셨습니다. 예수님이 행하고 말씀하신 것은 모두 하나님께 복종하는 하나님의 아들로서 행하고 말씀하신 것입니다. 예수님은 이렇게 말씀하셨습니다. "내가 아무것도 스스로 말하지 않고 아버지께서 가르쳐 주신 대로 말한다는 것을 알게 될 것이다. 나를 보내신 분이 나와 함께 하신다. 내가 항상 그분이 기뻐하시는 일을 하기 때문에 그분은 나를 혼자 버려 두지 않으셨다"(요한복음 8:28 – 29). 예수님의 마음속에는 분열이라고는 없습니다. 이중적인 동기도 없고 비밀리에 무엇을 하겠다는 의도도 없습니다. 예수님은 하나님과 완전히 하나로 합쳐져 있기 때문에 예수님 안에는 완전한 내면적인 통일성이 존재합니다.

예수님과 같이 된다는 것은 마음이 청결하게 자라는 것을 의미합니다. 이 청결함이 예수님께 진정한 영적 비전을 주었으며, 또한 우리에게도 그것을 줄 것입니다.

예수님과 같이 된다는 것은 마음이 청결하게 자라는 것을 의미합니다

화평케 하시는 예수님

하나님 아버지의 축복받은 아들인 예수님은 화평케 하시는 분입니다. 예수님의 화평은 단순히 전쟁이 없는 상태를 의미하는 것이 아닙니다. 그것은 또한 단순히 조화나 마음의 평정을 의미하는 것도 아닙니다. 예수님의 화평은 하나님이 무상으로 주신 편안함이 충만한 상태를 말합니다. 예수님은 이렇게 말씀하셨습니다. "나는 너희에게 평안을 주고 간다. 이것은 내가 너희에게 주는 내 평안이다. 내가 주는 평안은 세상이 주는 것과는 다르다"(요한복음 14:27).

화평은 샬롬(Shalom), 즉 사람이 개인적으로 또는 공동체 속에서 누리는 생각과 마음의 평안, 그리고 육체의 평안을 말합니다. 그것은 전쟁으로 파괴된 세상 한복판에도 존재하며, 심지어는 해결되지 못한 문제, 그리고 증가하고 있는 인간들의 갈등들 가운데에도 존재할 수 있습니다. 예수님은 자신의 생명을 형제 자매를 위하여 내어 던지심으로써 화평을 이루셨습니다. 이것은 쉬운 화평이 아닙니다. 그러나 이 화평은 영원한 것이며, 또 그것은 하나님으로부터 온 것입니다. 우리는 화평을 이루기 위하여 우리의 생명을 내어 놓을 의사를 가지고 있는 것일까요?

> 예수님은 자신의 생명을 형제 자매를 위하여
> 내어 던지심으로써 화평을 이루셨습니다

Jesus Is Persecuted

핍박을 받으신 예수님

하나님이 기뻐하시는 아들, 예수님은 핍박을 받으셨습니다. 가난하고 온유하며, 애통해 하시던 예수님, 의에 주리고 목말라하시던 예수님, 긍휼히 여기시며, 마음이 청결하시고 화평케 하신 예수님, 그분은 이 세상에서는 환영을 받지 못하십니다. 하나님의 축복을 받은 이분은 기성 질서에 대한 위협이었으며, 이 세상의 통치자로 자처해 온 사람들을 언제나 안절부절하게 만든 장본인이십니다. 예수님 자신은 누구도 비판하신 일이 없는데도 사람들은 비판하는 사람으로 생각했고, 누구도 규탄하신 일이 없는데도 사람들은 죄책감과 부끄러움을 느꼈으며, 누구도 심판하신 일이 없는데도 그를 본 사람들은 심판을 받은 것으로 느꼈습니다. 이 사람들의 눈에 예수님은 용서해 줄 수 없는 사람이었으며, 처형해야 할 사람이었습니다. 예수님을 살려두는 것은 그들이 죄를 자백하는 것과 같은 것으로 여겨졌기 때문입니다.

우리가 예수님처럼 되려고 노력할 때, 우리가 항상 사랑과 존경을 받을 것을 기대해서는 안됩니다. 우리는 배척당할 것에 대비하지 않으면 안됩니다.

예수님처럼 되려고 노력할 때, 항상 사랑과
존경을 받을 것을 기대해서는 안됩니다

JUNE

6월

세상에 속하지 않고 세상 안에 계신 예수

Jesus is in the World, Not of It

예수님의 본을 따라 생활하면
새로운 세상이
우리 앞에 펼쳐질 것입니다

6/1

Jesus Is in the World, Not of It

세상에 속하지 않고 세상 안에 계신 예수

우리는 팔복에서 예수님의 자화상을 봅니다. 처음에 이 그림은 가장 매력이 없는 그림인 것처럼 보입니다. 누가 가난하고, 애통하며, 핍박받기를 원하겠습니까? 진실로 온유할 수 있으며, 긍휼히 여길 수 있으며, 마음이 청결할 수 있으며, 화평케 할 수 있으며, 그리고 항상 의에 관심을 쏟는 사람이 누구이겠습니까? 우리는 이 세상에서 살아 남아야 하며 살아 남기 위하여 세상적인 방법을 이용해야 하지 않겠습니까?

예수님은 세상에 속하는 것이 아니라, 세상 안에 있는 방법을 우리들에게 보여 주십니다. 우리가 예수님의 본을 따라 생활하면 새로운 세상이 우리 앞에 펼쳐질 것입니다. 하나님 나라가 우리의 것이 될 것이고 이 지구는 우리의 유산이 될 것입니다. 우리는 위로를 받고 충만해질 것이며, 긍휼한 마음이 우리에게 주어질 것입니다. 확실히 우리는 하나님의 자녀로서 인정받을 것이며, 단지 내세에서가 아니고 지금 바로 이 자리에서 참으로 하나님을 볼 것입니다(마태복음 5:3 – 10 참조). 이것이 예수님의 생애의 본을 따라 우리의 삶을 살아가는 데 대한 보상입니다!

예수님의 본을 따라 생활하면 새로운 세상이
우리 앞에 펼쳐질 것입니다

예수님처럼 되기

우리는 빈번히 예수님으로부터 거리를 두고 떨어져 있으려 합니다. "예수님이 아시는 것을 우리는 알지 못해. 예수님이 하신 것을 우리는 할 수 없어." 우리는 흔히 이렇게 말합니다. 그러나 예수님은 그분과 우리 사이에 거리를 두지 않으십니다. "내가 너희를 친구라고 부른 것은 내가 아버지께 들은 것을 모두 너희에게 알려 주었기 때문이다"(요한복음 15:15)라고 예수님은 말씀하셨으며, 또 이렇게도 말씀하셨습니다. "내가 분명히 너희에게 말한다. 나를 믿는 사람은 내가 하는 일을 할 뿐만 아니라 이보다 더 큰일도 할 것이다"(요한복음 14:12).

참으로 우리는 예수님이 아셨던 것을 우리가 알고, 예수님이 행하셨던 것을 우리가 행하도록 부름을 받았습니다. 진실로 우리는 이 부르심을 받아들이기를 원하는 것일까요? 또는 예수님을 가깝지도 멀지도 않은 거리에 떨어져 계시게 하기를 원하는 것일까요?

참으로 우리는 예수님이 아셨던 것을 우리가 알고,
예수님이 행하셨던 것을 우리가 행하도록
부름을 받았습니다

Claiming the Identity of Jesus
예수님과 동일함을 주장하기

우리는 예수님을 오래 전에 살았으면서도 지금도 그 생애와 말씀으로 끊임없이 우리에게 영향을 미치고 있는 예외적이고 비범한 사람이라고 생각하고 있습니다. 예수님을 이런 식으로 생각하면, 우리는 예수님이 우리도 예수님처럼 되기를 원하고 계시다는 인식을 피할 수 있습니다. 하나님의 사랑하는 아들 예수님은 우리도 하나님의 사랑하는 자녀라는 것과 또 우리도 그분과 같이 하나님의 무한한 사랑을 받고 있다는 것을 우리에게 보여 주기 위해서 이 세상에 오셨다는 것을 여러 방식으로 말씀하고 계십니다.

요한은 사람들에게 이렇게 쓰고 있습니다. "하나님 아버지께서 우리에게 베푸신 사랑이 얼마나 큰지 한번 생각해 보십시오. 그 큰 사랑으로 우리는 하나님의 자녀가 되었습니다"(요한일서 3:1). 우리들의 영적 생활에 있어서의 커다란 도전은 우리 자신이 예수님과 같다고 주장할 수 있어야 하며, 또 "우리는 오늘을 살고 있는 살아 있는 예수"라고 말할 수 있는 데 있습니다.

하나님 아버지께서 우리에게 베푸신 사랑이
얼마나 큰지 한번 생각해 보십시오

그리스도로 옷 입기

믿는 사람이 된다는 것은 그리스도로 옷 입는 것을 의미합니다. 바울은 이렇게 말하고 있습니다. "누구든지 그리스도와 연합하는 세례를 받은 사람은 그리스도로 옷을 입은 것입니다"(갈라디아서 3:27). 그리고 그는 또 "주 예수 그리스도로 무장하십시오"(로마서 13:14)라고 말했습니다. "그리스도로 옷 입는다는 것은 우리의 불행을 덮을 수 있는 외투를 입는 것보다 훨씬 더 중요한 것입니다. 그것은 우리들을 완전히 변화시켜서, 바울이 "내가 그리스도와 함께 십자가에 못박혀 죽었으므로 이제는 내가 사는 것이 아니라 내 속에 그리스도께서 살아 계십니다"(갈라디아서 2:20)라고 말한 것을 우리도 말할 수 있게 하는 것입니다.

그러므로 우리는 이 세상의 살아 있는 그리스도입니다. 예수님은 하나님이 만드신 육신이시며, 우리의 육신 가운데서 그 자신을 계속하여 나타내십니다. 진정한 구원은 그리스도가 되는 것입니다.

진정한 구원은 그리스도가 되는 것입니다

God's Breath Given to Us
우리에게 주어진 하나님의 호흡

지금 살아 계신 그리스도가 되는 것은 예수님에게 충만했던 것과 같은 성령이 우리에게도 충만해 있음을 뜻합니다. 예수님과 예수님의 아버지인 하나님은 같은 호흡, 즉 성령을 호흡하고 있습니다. 성령은 예수님과 하나님을 하나가 되게 하는 밀접한 친교입니다. 예수님은 "내가 아버지 안에 있고 아버지께서 내 안에 계신다"(요한복음 14:10)라고 말씀하셨습니다. 예수님이 우리들에게 주고자 하신 것은 바로 하나 됨입니다. 그것은 다름아닌 성령의 선물입니다.

따라서 영적인 생활을 한다는 것은 예수님이 하나님과 친교하신 것처럼 우리도 하나님과의 같은 친교 속에서 살며, 하나님이 이 세상에 임재하시도록 하는 것을 의미합니다.

성령은 예수님과 하나님을 하나가 되게 하는
밀접한 친교입니다

예수님과 공동 상속인이 되기

우리는 계속해서 우리 자신을 예수님보다 못한 사람이라고 저자세를 취합니다. 그리하여 우리는 크리스천으로서의 삶의 충만한 명예와 충만한 고통을 모두 피하고 있습니다. 그러나 예수님을 인도한 성령은 우리도 또한 인도하십니다. "바로 그 성령님이 우리 영과 함께 우리가 하나님의 자녀라는 것을 증거하십니다. 우리가 하나님의 자녀라면 하나님의 상속자로서 그리스도와 공동 상속인이 되는 것입니다 …"(로마서 8:16 – 17).

우리가 이 진리를 좇아 생활하면, 우리의 생활은 급격하게 변화할 것입니다. 우리는 하나님의 자녀라는 완전한 자유를 알게 될 뿐만 아니라, 세상을 완전히 거절하는 것도 알게 될 것입니다. 고통을 피하기 위하여 명예 주장하기를 주저하는 것은 이해할 수 있는 일입니다. 그러나 우리에게 그리스도의 고난을 함께 감당할 의사가 있으면, 예수님의 영광도 함께 누릴 것입니다.

그리스도의 고난을 함께 감당할 의사가 있으면,
예수님의 영광도 함께 누릴 것입니다

The Power of the Spirit

성령의 권능

예수님 안에서 그리고 예수님을 통하여, 우리는 하나님은 우리들에게 의지하는 무력한 하나님이라는 것을 알게 되었습니다. 그러나 하나님의 권능을 드러내 보여 주는 것은 바로 이 무력함에 있습니다. 이 권능은 통제하고, 강제하며, 그리고 지시하는 권능이 아닙니다. 이 권능은 치유하며, 화해하며, 그리고 통합하는 권능입니다. 이것이 성령의 권능입니다. "능력이 예수님에게서 났기" 때문에, 예수님이 나타나시면 사람들은 그분 가까이에 가서 그를 만지려고 했습니다(누가복음 6:19).

예수님이 우리들에게 주고자 하는 것은 이 성령의 권능입니다. 성령은 우리들에게 권능을 주고 우리들이 치유하는 존재가 되게 합니다. 우리가 그러한 성령으로 충만하면 치유자가 되는 것 이외의 다른 길은 없습니다.

성령은 우리들에게 권능을 주고
우리들이 치유하는 존재가 되게 합니다

말할 수 있는 권능

성령은 말할 수 있는 권능을 우리에게 주었습니다. 흔히 우리를 두렵게 하는 사람들 앞에서 우리가 말을 해야 할 때, 우리는 신경을 쓰고 수줍어하게 됩니다. 그러나 우리가 성령 안에 살면, 우리가 무엇을 말할 것인가 우려할 필요가 없습니다. 우리가 말할 필요가 있을 때마다, 우리는 말할 준비가 되어 있는 자신을 발견하게 됩니다. 예수께서는 "너희가 회당이나 관리나 권력자를 앞에 끌려가도 무슨 말을 어떻게 변명할까 걱정하지 말아라. 그 시간에 너희가 할 말을 성령께서 가르쳐 주실 것이다"(누가복음 12:11 – 12)라고 말씀하십니다.

우리는 말할 준비를 위하여 초조해 하다가 너무도 많은 시간을 허비합니다. 예수님이 주신 성령이 우리 안에서 말하며, 또 설득력 있게 말한다는 진리를 믿으십시오.

예수님이 주신 성령이 우리 안에서 말하며,
또 설득력 있게 말한다는 진리를 믿으십시오

Empowered to Pray

기도할 수 있는 권능

기도는 성령이 주는 선물입니다. 우리는 어떻게 기도해야 할지, 언제 기도해야 할지, 그리고 무엇을 기도해야 할지 걱정합니다. 우리는 기도의 방법이나 기교에 관하여 쉽게 걱정에 빠집니다. 그러나 최종적으로 기도를 하는 자는 우리가 아니고 우리 안에서 기도하는 성령입니다.

바울은 이렇게 말하고 있습니다. "성령님도 우리의 연약함을 도와 주십니다. 우리가 어떻게 기도해야 될지 모를 때 성령님이 말할 수 없는 탄식으로 우리를 위해 기도해 주십니다. 사람의 마음을 살피시는 하나님은 성령임의 생각을 아십니다. 이것은 성령께서 하나님의 뜻을 따라 성도들을 위해 기도하시기 때문입니다"(로마서 8:26 – 27). 이 말을 이해하면, 우리는 성령이 위로를 주는 사람으로 불리는 이유를 알 수 있습니다.

기도는 성령이 주는 선물입니다

자녀로서 존재할 권리

우리는 누구입니까? 우리가 행동하는 것 그대로가 바로 우리일까요? 남들이 우리에 관하여 얘기하는 그대로가 우리일까요? 우리가 행사하는 권력이 우리일까요? 우리가 사는 사회에서는 흔히 이런 식으로 우리를 생각합니다. 그러나 우리가 받은 예수님의 영은 우리의 참된 영적 자아를 나타내 보여 줍니다. 성령은 우리가 성공이나 명성, 또는 권력의 세계에 속하지 아니하고 하나님에게 속한다는 것을 보여 주고 있습니다. 세상은 우리를 걱정의 노예로 만듭니다. 성령은 우리를 노예 상태에서 해방시켜, 하나님과의 참된 관계를 회복시켜 줍니다.

바울은 이 진리를 이렇게 설명하고 있습니다. "여러분은 다시 두려워해야 할 종의 영을 받을 것이 아니라 하나님의 아들이 되게 하는 성령을 받았습니다. 그래서 우리는 성령님을 통해 하나님을 '아바 아버지'라고 부릅니다"(로마서 8:15).

우리는 누구입니까? 우리는 하나님의 사랑하는 자녀입니다!

예수님의 영은 우리의
참된 영적 자아를 나타내 보여 줍니다

Empowered to Call God "Abba"

"아바"라고 부를 수 있는 권능

하나님을 "아바, 아버지"라고 부르는 것은 하나님을 다른 친숙한 이름으로 부르는 것과는 다릅니다. 하나님을 "아버지"라고 부르는 것은 예수님이 하나님과 가지셨던 것과 같은 관계, 즉 서로 친숙하며, 두려워하지 않으며, 신뢰하고, 권능을 주는 관계를 우리도 하나님과 갖는다는 것을 의미합니다. 하나님과 인간 사이의 이런 관계가 성령입니다. 예수님이 성령을 우리에게 주시며, 성령이 우리들로 하여금 하나님을 "아바"라고 부를 수 있게 합니다.

하나님을 "아바, 아버지"라고 부르는 것(로마서 8:15, 갈라디아서 4:6 참조)은 우리의 마음속의 부르짖음, 즉 우리의 내부 깊숙한 곳에서 솟아나오는 기도입니다. 그것은 하나님을 이름으로 부르는 것을 뜻하는 것이 아니라, 하나님이 우리 존재의 원천이라고 주장하는 것을 뜻합니다. 이러한 주장은 어떤 갑작스런 통찰력이나 노력으로 얻어진 확신에서 오는 것이 아닙니다. 그것은 예수님의 영이 우리 영과 친교를 나눈다고 주장하는 것입니다. 그것은 사랑의 주장입니다.

하나님을 "아바, 아버지"라고 부르는 것은
우리의 마음속의 부르짖음입니다

사랑받을 수 있는 권능

성령은 하나님이 우리의 "아바, 아버지"라는 것을 우리들에게 알려 줄 뿐만 아니라, 또 우리가 하나님의 사랑을 받는 자녀로서 하나님에게 속해 있다는 사실을 우리들에게 보여 줍니다. 따라서 성령은 하나님과 우리와의 이러한 관계를 우리 안에 회복시켜 주고, 이 관계로부터 다른 여러 가지 인간 관계의 의미를 찾도록 했습니다.

아바는 매우 친밀한 말입니다. 이 말을 우리말로 번역하면 "아빠"라는 뜻입니다. 아빠라는 말은 신뢰, 안전, 확신, 소속감, 그리고 무엇보다도 친밀함을 나타냅니다. 이 말은 아버지라는 말이 흔히 상기시키는 권위, 권한 그리고 통제와 같은 뜻을 함축하고 있지 않습니다. 반대로 아빠라는 말은 가슴에 껴안는 그리고 양육하는 사랑의 뜻을 함축하고 있습니다. 또한 이 사랑은 우리의 부모, 우리의 형제 자매, 우리의 배우자, 우리의 친구 그리고 우리의 애인에게서 받는 사랑을 총망라하며 또 그것을 영원히 초월하는 사랑입니다. 이 사랑은 성령이 주는 선물입니다.

아빠라는 말은 신뢰, 안전, 확신, 소속감,
그리고 무엇보다도 친밀함을 나타냅니다

The Source of All Love
모든 사랑의 원천

　부모, 형제 자매, 배우자, 애인, 그리고 친구의 사랑이 없으면, 우리는 살 수 없습니다. 사랑이 없다면 우리는 죽습니다. 그러나 많은 사람들에게 이 사랑이 깨어지고 제한된 형태로 옵니다. 사랑은 권력 싸움, 질투, 분노, 원한, 그리고 심지어는 학대에 의하여 얼룩지고 있습니다. 어떠한 인간의 사랑도 우리의 마음이 바라는 완전한 사랑은 될 수 없습니다. 그리고 인간의 사랑은 매우 불완전하기 때문에, 때로는 우리가 그것을 사랑으로 받아들일 수 없습니다.

　인간의 불완전한 사랑 때문에 비롯되는 상처로부터 파멸되지 않기 위하여, 우리는 모든 사랑의 원천이 하나님의 무제한적인, 무조건적인 그리고 완전한 사랑이라는 것을 믿어야 하며, 그리고 이 하나님의 사랑은 우리들에게서 멀리 떨어져 있는 것이 아니라 우리 안에 살아 계신 성령의 선물이라는 것을 믿어야 합니다.

하나님의 사랑은 우리 안에 살아 계신
성령의 선물이라는 것을 믿어야 합니다

사랑의 선택

전부는 아니라 해도 사람들이 경험한 것이 사랑과는 반대되는 것들, 즉 두려움, 증오, 폭력, 그리고 학대와 같은 것들일 때, 그 사람이 과연 어떻게 하나님의 조건 없는 사랑이 존재한다는 것을 믿을 수 있을까요?

그러나 이 사람들이 희생양으로 정죄를 받아서는 안됩니다. 비록 숨겨져 있는 듯이 보이지만, 이들에게는 사랑을 선택할 수 있는 가능성이 남아 있습니다. 가장 혹독한 거절의 고통을 받고, 가장 끔찍한 고문을 받은 사람들 중에서도 많은 이들이 사랑을 선택할 수 있었습니다. 사랑을 선택함으로써 그들은 인간의 회복력에 대해서 뿐 아니라 인간들의 모든 사랑을 초월하는 하나님의 사랑에 대해서도 증인이 되었습니다. 증오와 두려움 가운데에서 비록 작은 규모라도 사랑하기를 선택하는 이들은 참된 희망을 이 세상에 안겨 주는 사람들입니다.

사랑하기를 선택하는 이들은 참된 희망을
이 세상에 안겨 주는 사람들입니다

Small Steps of Love

사랑의 작은 발걸음

사랑을 아주 조금밖에 경험하지 못했는데도 어떻게 우리는 사랑을 선택할 수 있을까요? 기회가 있을 때마다 사랑으로 작은 발걸음을 내디딤으로써 우리는 사랑을 선택합니다. 미소, 악수, 격려의 말, 전화 한 통화, 카드 한 장, 포옹 한 번, 친절한 인사, 지지를 표시하는 제스처, 한 순간의 배려, 도움의 손길, 선물, 기부금, 한 번의 방문, 이런 것들이 모두 사랑을 향해 내딛는 작은 발걸음입니다.

각 발걸음은 밤에 타는 촛불과 같습니다. 그것이 어둠을 완전히 가시게 하지는 않습니다. 그러나 그것은 어둠 속에서 우리의 갈 길을 안내합니다. 우리가 걸어온 많은 사랑의 작은 발걸음들을 뒤돌아보면, 우리는 길고 아름다운 여행을 했음을 발견할 것입니다.

사랑을 향해 내딛는 발걸음은
밤에 타는 촛불과 같습니다

사랑하기

　흔히 사랑은 느낌이라고 말합니다. 그러나 사랑하기 전에 사랑의 느낌을 기다린다면, 우리는 결코 사랑하는 법을 잘 배우지 못할 것입니다. 사랑의 느낌은 아름다운 것이고 생명을 주는 것입니다. 그러나 사랑한다는 것을 사랑의 느낌에만 바탕을 둘 수는 없습니다. 사랑한다는 것은 우리가 하나님의 한없는 사랑을 받고 있으며, 그 사랑을 세상 사람들이 볼 수 있게 하는 일에 부르심을 받았다는 영적인 지식을 바탕으로 생각하고 말하며, 또 행동하는 것을 뜻합니다.

　우리는 사랑한다는 것이 무엇을 해야 하는 것인지를 대체로 알고 있습니다. 우리가 사랑을 '할 때', 비록 다른 사람들이 사랑으로 대응할 수 없는 경우에도 우리가 '사랑을 한다'고 하면, 우리는 사랑의 느낌이 사랑의 행동을 뒤따라온다는 사실을 발견하게 될 것입니다.

사랑한다는 것은 행동하는 것을 뜻합니다

Witnesses of Love
사랑의 증인

주위 환경이 우리들로 하여금 생존권을 확보하라고 충고하고 있는 때에, 우리가 어떻게 하나님의 한없는 사랑을 받고 있다는 것을 알 수 있을까요?

세상이 우리에게 조건을 제시하기 전에는, 우리가 조건 없는 사랑을 받고 있다는 지식은 책이나 강의, TV 프로그램, 또는 세미나로부터 얻을 수는 없습니다. 이러한 영적인 지식은 우리들에 대한 하나님의 사랑을 증거하는 사람들의 말과 행동들로부터 얻을 수 있습니다. 이러한 사람들은 우리의 가까이에 있을 수 있습니다. 그러나 이들은 우리에게서 멀리 떨어져 살거나, 또는 아주 옛날에 살았던 사람일 수도 있습니다. 이 사람들은 증거를 통하여 하나님의 사랑의 진리를 선포하고, 또 우리들에게 하나님의 사랑에 따라 행동할 것을 요청하고 있습니다.

영적인 지식은 하나님의 사랑을 증거하는 사람들의
말과 행동들로부터 얻을 수 있습니다

우리는 하나님의 영광

영적으로 산다는 것은 우리들이 하나님의 사랑하는 자녀로서 하나님께 속해 있다는 것을 우리의 영과 성령이 공동으로 증거하는 삶을 사는 것을 의미합니다(로마서 8:16 참조). 이 증거는 우리 생활의 모든 영역에 관련되어 있습니다. 바울은 이렇게 말하고 있습니다. "여러분은 먹든지 마시든지 무엇을 하든지 모든 것을 하나님의 영광을 위해 하십시오"(고린도전서 10:31). 그리고 우리가 하나님의 자녀인 자유를 온전히 이해할 수 있을 때, 우리는 하나님의 영광이 됩니다.

우리가 어디를 가든지, 누구를 만나든지 성령이 우리를 통하여 나타나실 것이기 때문에, 우리가 성령과 친교하면서 살 때에만 우리는 증인이 될 수 있습니다.

영적으로 산다는 것은 우리의 영과 성령이
공동으로 증거하는 삶을 사는 것을 의미합니다

The Fruit of the Spirit
성령의 열매

어떻게 성령이 우리를 통하여 모습을 드러내 보일 수 있을까요? 흔히 우리는 증인이 된다는 것은 하나님을 변호하여 말하는 것을 의미한다고 생각합니다. 이러한 생각은 우리들이 다른 사람들 앞에 나서는 것을 주저하게 만듭니다. 우리는 어디에서 그리고 어떻게 하나님에 대한 얘기를 화제로 삼을 수 있을까, 그리고 어떻게 우리의 가족, 친구, 이웃과 동료들에게 그들 가운데에 하나님이 임재하신다는 것을 확신시킬 수 있을까 하고 곰곰이 생각합니다. 그러나 이렇게 명백한 선교적인 노력은 흔히 불안전한 마음에서 나오는 것이며, 따라서 마음에 분열을 일으킵니다.

성령은 사랑, 기쁨, 평안, 인내, 친절, 선함, 신실함, 온유 그리고 절제와 같은 열매들을 통하여 가장 설득력 있게 자신을 드러내 보입니다(갈라디아서 5:22). 이 열매는 스스로 혼자의 힘으로 얘기합니다. 따라서 항상 "어떻게 내가 다른 사람들이 성령을 믿게 만들 수 있을까?"라는 질문보다는 "내가 성령 안에서 어떻게 성장할 수 있을까?"라는 질문을 하는 것이 더 낫습니다.

성령은 열매들을 통하여 가장 설득력 있게
자신을 드러내 보입니다

바르게 살기, 바르게 말하기

하나님의 증인이 된다는 것은 하나님이 세상에 임재하시고 있음을 보여 주는 살아 있는 표지판이 되는 것입니다. 어떤 삶을 살아가는가는 어떠한 말을 하는가보다 중요합니다. 올바른 삶에서는 언제나 올바른 말이 나오기 때문입니다. 우리가 우리 이웃을 마음으로부터 용서할 때, 우리 마음은 용서의 말을 합니다. 우리가 감사할 때 우리는 감사의 말을 하며, 그리고 우리가 희망에 차고 기뻐할 때 우리는 희망에 차고 기쁜 말을 합니다.

말을 먼저 해놓고, 말한 것을 삶에서 실천하지 못하면, 우리는 이중의 메시지를 주게 됩니다. 말과 행동으로 이중의 메시지를 줄 때 우리는 위선자임을 드러내 보여 주는 것입니다. 우리의 삶이 우리로 하여금 바른 말을 하게 하고, 말이 우리를 올바른 삶으로 인도할 수 있도록 해야 합니다.

어떤 삶을 살아가는가는
어떠한 말을 하는가보다 중요합니다

Growing into the Truth We Speak
진리 안에서 성장하기

우리가 말하는 것을 모두 실천하는 생활을 할 때에만, 우리는 말을 할 수 있는 것일까요? 만일 우리가 말하는 모든 것을 행동으로 옮겨야 한다면, 우리는 영원히 침묵해야 할 운명에 놓이게 될 것입니다. 비록 우리가 하나님의 사랑을 완전히 실천하지 못하는 삶을 사는 경우에도, 때때로 우리는 하나님의 사랑을 선포해야 할 것을 요구받습니다. 이것마저도 우리가 위선자라는 것을 의미하는 것일까요?

오직 우리 자신의 말이 더 이상 우리에게 변화를 요구하지 않을 때, 우리는 위선자가 되는 것입니다. 남녀를 불문하고 어떤 사람도 자기의 이상과 비전을 완전히 실현하는 삶을 사는 사람은 없습니다. 그러나 이상과 비전을 강한 확신과 두터운 겸손으로 선포할 때, 우리는 차츰 우리가 말하는 진리 안에서 성장할 수 있습니다. 삶이 우리의 말보다 언제나 큰소리로 말한다는 것을 우리가 아는 한, 우리는 우리의 말이 겸손한 상태에 머물게 되리라는 것을 믿을 수 있습니다.

이상과 비전을 강한 확신과 두터운 겸손으로 선포할 때 진리 안에서 성장할 수 있습니다

육신이 되는 말

말은 중요합니다. 말이 없이는 우리의 행동이 의미를 잃습니다. 의미가 없으면 우리는 살 수 없습니다. 말을 통하여 우리는 장래에 대한 전망, 통찰력, 이해 그리고 비전을 제시할 수 있습니다. 말은 위로와 위안, 격려와 희망을 줍니다. 말은 두려움과 고립, 수치 그리고 죄책감을 없애 버립니다. 말은 화해하게 하고, 단합하게 하며, 용서하며, 치유합니다. 말은 평화와 기쁨, 내적인 자유와 깊은 감사를 가져오게 합니다. 요컨대 말은 그 날개에 사랑을 태워 나릅니다. 사랑의 말은 가장 위대한 사랑의 행위가 될 수 있습니다. 우리의 말이 우리의 삶에서 육신이 되고 다른 사람들의 삶에서도 육신이 될 때, 우리가 세상을 변화시킬 수 있기 때문입니다.

예수님은 육신이 된 말씀입니다. 예수님 속에서는 말하는 것과 행동하는 것은 하나였습니다.

예수님은 육신이 된 말씀입니다

Words That Come From the Heart

가슴에서 나오는 말

우리 속에서 육신이 되지 않는 말은 '단순한 말'로 남을 뿐입니다. 이러한 말은 우리의 삶에 영향을 끼칠 수 있는 힘이 없습니다. 만일 어떤 사람이 실제로는 그러한 의사가 없이 "나는 당신을 사랑합니다"라고 말한다면, 이 말은 선을 행하기보다는 오히려 더 해로운 일을 하는 것입니다. 그러나 우리가 마음에서 우러나오는 말을 하면, 이 말은 새 생명을 창조할 수 있습니다.

우리가 말의 근원지와 접촉을 유지하는 것은 중요한 일입니다. 우리들은 '남을 즐겁게 하는 사람', 즉 단순히 다른 사람을 즐겁게 하기는 하지만 우리 내면의 생명에 뿌리를 내리고 있지는 않은 말을 골라서 하는 사람이 되려고 하는 유혹을 강하게 받습니다. 우리의 말이 확실히 우리의 마음속에 깊이 뿌리를 내리도록 해야 합니다. 이렇게 하는 가장 좋은 방법은 기도하는 마음으로 지키는 침묵 속에 있습니다.

우리의 말이 확실히 우리의 마음속에
깊이 뿌리를 내리도록 해야 합니다

육신이 말씀이 되다

말씀은 육신이 되어야 합니다. 그러나 육신도 또한 말씀이 되어야 합니다. 우리가 한 인간으로서 단순히 산다는 것만으로는 충분하지 않습니다. 우리는 지금 우리가 어떠한 삶을 살고 있는가에 대하여 말로 표현을 해야 합니다. 만일 우리가 살고 있는 삶에 대하여 말을 하지 않으면, 우리의 생명은 활력과 창의력을 잃어버리게 됩니다. 아름다운 것을 볼 때, 우리는 우리가 보고 있는 것을 표현하기 위한 말을 찾습니다. 마음을 써 주는 사람을 만나면, 우리는 그 만남에 대해 얘기하기를 원합니다. 우리가 슬프거나 또는 큰 고통 속에 있을 때, 우리는 그것을 이야기해야 합니다. 기쁜 일로 놀라게 되면, 우리는 그것을 알리고 싶어합니다!

말을 통하여 우리는 우리의 생활을 자기 것으로 만들고 내실화합니다. 말은 우리의 경험을 참으로 인간적인 것으로 바꿉니다.

말은 경험을 참으로 인간적인 것으로 바꿉니다

Words That Create Community
공동체를 창조하는 말

말은 언제나 다른 사람들을 위한 것입니다. 말은 다른 사람이 들어야 합니다. 우리가 어떻게 살고 있는가에 대하여 말을 할 때면, 사람들이 이 말을 받아들이고, 또 반응을 보여야 합니다. 말하는 사람에게는 듣는 사람이 필요하고, 작가에게는 독자가 필요합니다.

삶으로 나타난 인간 경험, 즉 육신이 말로 바뀔 때 공동체가 발전할 수 있습니다. 우리가 "내가 본 것을 얘기해 줄게. 와서 우리가 무엇을 했는지 들어 보렴. 앉아 봐, 우리에게 무슨 일이 일어났는지 얘기해 줄게. 내가 누구를 만났는지 얘기해 줄게, 기다려 줘"라고 말할 때, 우리는 사람들을 끌어 모아 우리의 삶을 그 사람들의 삶과 하나가 되게 하는 것입니다. 말은 우리 모두를 모이게 하여 공동체 속으로 이끌어 갑니다. 육신이 말로 바뀔 때, 우리의 육체는 사람들이 모인 집단의 일부분이 됩니다.

말은 우리 모두를 모이게 하여
공동체 속으로 이끌어 갑니다

용기 있는 생활

"용기를 내십시오" 하고 흔히 우리는 서로에게 얘기합니다. 용기는 영적인 덕입니다. 용기라는 말의 courage는 라틴어의 cor에서 왔는데 그것은 '마음' 이라는 뜻입니다. 용기 있는 행동은 마음에서 오는 것입니다. 용기 있는 말도 마음에서 솟아나옵니다. 그러나 마음은 단순히 우리의 감정이 있는 곳은 아닙니다. 마음은 우리 존재의 중심이며, 우리의 모든 생각, 느낌, 열정 그리고 결정의 중심입니다.

그러므로 용기 있는 삶이란 중심에서 사는 삶을 뜻합니다. 그것은 깊이 뿌리를 내린 삶이며, 피상적인 삶과는 반대의 것입니다. 그러므로 "용기를 내십시오"라는 말은 "당신의 중심이 말하게 하십시오"라는 말과 같은 뜻입니다.

용기는 영적인 덕입니다

Spiritual Courage
영적인 용기

　용기는 위험을 수반합니다. 오토바이를 타고 그랜드 캐년에서 뛰어내리는 행위, 작은 원통 배를 타고 나이아가라 폭포를 건너는 행위, 뉴욕의 세계 무역 센터(World Trade Center) 건물 양쪽에 매어 놓은 줄 위로 걷는 행위, 또는 노 젓는 배를 타고 망망 대해를 건너겠다고 나서는 행위는 모두 용기 있는 행위들입니다. 사람들이 이런 일들을 위해 자기 생명을 위태롭게 하기 때문입니다. 그러나 이러한 무모한 행동들은 그 어느 것도 우리 인간의 중심부에서 우러나온 것이 아닙니다. 이러한 행동은 모두 우리의 신체적 한계를 시험하기 위해, 그렇게 함으로써 유명해지고 인기를 얻으려는 욕망에서 나온 것입니다.

　영적인 용기는 이러한 것과는 완전히 다른 것입니다. 그것은 명성과 인기를 잃어버릴 위험을 무릅쓰고 우리의 마음 한가운데서 솟아나오는 소망을 좇아 행하는 것입니다. 영적인 용기는 영원한 생명을 얻기 위하여 현세의 생명이라도 버릴 마음가짐을 가져야 하는 것입니다.

영적인 용기는 마음 한가운데서 솟아나오는
소망을 좇아 행하는 것입니다

아래로 향한 움직임

우리가 살고 있는 사회는, 우리가 가야 할 길은 위로 향하는 길이 되어야 한다고들 여러 가지 방법으로 얘기하고 있습니다. 정상에 오르는 것, 각광을 받는 것, 새 기록을 수립하는 것 등은 사람들의 주의를 끌고, 우리들을 신문의 제1면 기사로 실리게 하며, 그리고 우리들에게 돈과 명성의 대가를 가져다 줍니다.

예수님의 길은 이와는 현저히 다릅니다. 그 길은 위로 향해 가는 길이 아니고, 아래로 향해 가는 길입니다. 그 길은 밑바닥에까지 내려가며, 무대 뒤에 머물고, 말석(末席)을 선택하는 것입니다! 왜 예수님의 길은 선택할 가치가 있는 것일까요? 그 길은 천국으로 가는 길이며, 예수님이 걸으셨던 길이며, 그리고 영원한 생명을 가져오는 길이기 때문입니다.

예수님의 길은 천국으로 가는 길이며
영원한 생명을 가져오는 길입니다

Taking Up Our Crosses

우리의 십자가를 들어올리기

　"누구든지 나를 따라오려거든 자기를 버리고 제 십자가를 지고 나를 따르라" 하고 예수님은 말씀하셨습니다(마태복음 16:24). 예수님은 "십자가를 만들라" 또는 "십자가를 구하라"고 말씀하신 것이 아닙니다. 우리 각자는 지지 않으면 안될 십자가를 가지고 있습니다. 십자가를 만들거나 또는 구할 필요는 없습니다. 우리가 가진 십자가는 이미 우리를 감당할 만큼 튼튼합니다. 그러나 우리들에게 그 십자가를 들어올려서 우리의 십자가로 받아들일 의사가 있는 것일까요?

　우리는 공부를 못할 수도 있고, 불구일 수도 있으며, 우울증을 앓고 있을 수도 있으며, 가족들 사이에 갈등을 겪고 있을 수도 있으며, 폭력이나 학대의 희생자가 될 수도 있습니다. 우리는 이 중 그 어느 것 하나도 선택하지 않았습니다. 그러나 이러한 것들은 모두 우리의 십자가입니다. 우리는 그것들을 무시할 수도 있고, 거부할 수도 있으며, 부인할 수도 있으며, 또한 미워할 수도 있습니다. 그러나 우리는 또한 이 십자가를 들어올려서, 그것을 짊어지고 예수님을 따를 수도 있습니다.

우리가 가진 십자가는 이미
우리를 감당할 만큼 튼튼합니다

집으로 돌아오다

탕자의 비유(누가복음 15:11 – 32)에는 두 아들이 등장합니다. 집을 떠나 이국으로 가 버린 작은아들과 집에 남아 자기의 의무를 다 한 큰아들입니다. 작은아들은 술과 여자에 빠져 재산을 모두 탕진하였습니다. 큰아들은 열심히 일하고 자신이 맡은 모든 의무를 충실히 수행하느라 소외된 삶을 살았습니다. 두 아들은 잃어버린 아들들이었습니다. 아버지는 두 아들 모두에 대하여 슬퍼했습니다. 아버지는 두 아들에게서 자신이 원했던 친밀감을 경험할 수 없었기 때문입니다.

탐욕과 내키지 않는 복종은 둘 다 진정한 하나님의 자녀가 되는 것을 방해합니다. 우리가 작은아들을 닮았든지, 혹은 큰아들을 닮았든지, 우리는 하나님의 무조건적인 사랑의 품안에서 쉴 수 있는 집으로 돌아와야 합니다.

우리는 하나님의 무조건적인 사랑의 품안에서 쉴 수
있는 집으로 돌아와야 합니다

JULY

7월

한평생의 여행
A Lifelong Journey

기도, 단식, 그리고
돌봄과 같은 영적 훈련은
집으로 돌아가도록
도와 주는 길입니다

A Lifelong Journey
한평생의 여행

집으로 가는 길은 한평생의 여행입니다. 언제나 우리 는 방탕 속에서 헤매기도 하고 후회 속에 빠져 꼼짝하지 못하기도 합니다. 또 미처 깨닫기도 전에 탐욕적인 환상과 성난 생각들에 잠겨 헤어나지 못합니다. 흔히 우리는 백일몽과 한밤중의 꿈을 통하여 우리의 방황을 깨닫습니다.

기도, 단식, 그리고 돌봄과 같은 영적 훈련은 집으로 돌아가도록 도와 주는 길입니다. 집을 향해서 걸을 때 우리는 그 길이 얼마나 먼 길인가를 깨닫게 됩니다. 그러나 용기를 잃지 마십시오. 예수님이 우리와 동행하시고, 또 우리에게 말씀하십니다. 조심스럽게 귀를 기울이면 우리는 길을 가는 도중에 이미 집에 와 있음을 발견합니다.

기도, 단식, 그리고 돌봄과 같은 영적 훈련은
집으로 돌아가도록 도와 주는 길입니다

아버지와 어머니 되기

집으로 돌아가서 우리는 무엇을 하려고 하는 것일까요? 탕자의 비유에 나오는 두 아들이 모두 아버지에게로 돌아온 후 그들은 무엇을 해야 할까요? 대답은 간단합니다. 두 아들 모두 그 자신들도 아버지가 되어야 합니다. 아들은 아버지가 되어야 하고 딸은 어머니가 되어야 합니다.

하나님의 자녀가 되는 것은 자라서 하나님처럼 되는 것을 뜻합니다. "그러므로 하늘에 계신 너희 아버지께서 완전하심과 같이 너희도 완전하여라. 너희 아버지께서 자비로우신 것처럼 너희도 자비스러운 사람이 되어라"(마태복음 5:48, 누가복음 6:36). 예수님은 이렇게 말씀하시는 것을 주저하지 않으셨습니다. 어떻게 그렇게 할 수 있을까요? 하나님 아버지께서 우리가 아버지의 집으로 돌아오는 것을 환영한 것과 같이 우리도 잃어버렸던 형제 자매의 귀향을 환영함으로써 하나님처럼 완전하고 자비로운 사람이 될 수 있습니다.

아버지께서 완전하심과 같이 너희도 완전하여라

Welcoming Home
집으로 환영하기

우리는 어떻게 잃어버렸던 형제 자매의 귀향을 환영할 수 있을까요? 그들에게로 뛰어 달려가서, 끌어안고 키스함으로써 그렇게 할 수 있습니다. 우리가 가지고 있는 제일 좋은 옷으로 그들을 입히고, 그들을 우리의 주빈으로 모심으로써 그렇게 할 수 있습니다. 그리고 무엇보다도 중요한 것은 그들에게 변명이나 설명을 요구하지 않고, 오직 우리와 다시 함께 있는 데 대한 한량없는 기쁨을 그들에게 보여 줌으로써 그렇게 할 수 있습니다(누가복음 15:20 ~ 24 참조).

이것이 바로 하늘에 계신 우리 아버지께서 완전하신 것과 같이 우리도 완전하게 되는 것입니다. 완전하게 되는 것은 자기만 옳다는 독선과 책망 또는 호기심을 조금도 보이지 않고 마음속으로부터 용서해 주는 것입니다. 이렇게 하면 과거는 모두 지워져 버립니다. 지금 그리고 바로 이곳이 중요한 것입니다. 지금 바로 이곳에서 우리의 가슴을 꽉 채워 주는 것은 우리의 형제 자매가 집으로 돌아온 것에 대한 감사일 뿐입니다.

완전하게 되는 것은 독선과 책망 또는 호기심을
보이지 않고 마음속으로부터 용서해 주는 것입니다

아버지의 눈물

탕자의 이야기에 나오는 아버지는 많은 고통을 받았습니다. 아버지는 작은아들이 떠나는 것을 지켜보았습니다. 아버지는 아들이 겪게 될 실망과 거부감 그리고 학대를 알고 있었습니다. 아버지는 큰아들이 화를 내고 무정한 사람이 되는 것을 보았습니다. 그는 그 아들에게 애정도 도움도 줄 수 없었습니다. 아버지는 생의 대부분을 기다림 속에서 보냈습니다. 그는 작은아들을 강제로 집으로 돌아오게 할 수도 없었으며 큰아들의 노함을 풀어 줄 수도 없었습니다. 오직 두 아들 스스로 돌아오는 결정을 할 수 있었습니다.

길고도 긴 기다림의 세월 동안 아버지는 많은 눈물을 흘렸으며 여러 번 포기하기도 했습니다. 그는 고통으로 눈물을 흘렸으며 공허한 사람이 되었습니다. 그러나 두 아들이 돌아올 때가 되었을 때 바로 그 공허함이 아들을 환영하는 장소를 만들어 주었습니다. 우리는 모두 이와 같은 아버지가 되어야 합니다.

길고도 긴 기다림의 세월 동안 아버지는
많은 눈물을 흘렸습니다

A Father's As Well As a Mothers's Love
아버지의 사랑, 어머니의 사랑

탕자의 얘기에 나오는 아버지는 또한 어머니이기도 했습니다. 아버지는 달려가서 아들을 환영하고 포용하고 입을 맞추며, 제일 좋은 옷과 반지, 그리고 신을 주고 파티를 열어 주었습니다. 이러한 행동에서 우리는 깊은 애정과 자비로운 배려, 그리고 드러내지 않는 용서가 내포되어 있는 것을 알 수 있습니다. 그리고 그 아버지의 이런 행동 속에는 아버지로서 뿐 아니라 또한 어머니로서의 사랑이 꽉 차 있음을 볼 수 있습니다.

하늘에 계신 아버지의 완전한 사랑은 아버지와 어머니가 자녀를 위하여 줄 수 있는 모든 사랑을 포함하는 것이며, 초월하는 것입니다. 우리도 하나님의 한 손은 아버지의 손처럼 그리고 다른 한 손은 어머니의 손처럼 우리를 껴안고 있다고 생각할 수 있습니다. 한 손은 우리를 어루만지고, 위로하며, 그리고 편안하게 만들며, 다른 손은 우리를 지지하고, 격려하며 권능을 줍니다. 집으로 돌아오기를 원하는 사람들에게 아버지와 어머니가 되어야 합니다.

완전한 사랑은 자녀를 위하여 줄 수 있는
모든 사랑을 포함하는 것이며, 초월하는 것입니다

질투를 넘어서

우리는 쉽게 질투합니다. 방탕한 아들의 얘기에 나오는 큰아들은 자기의 동생과 그의 단정치 못한 부인이 아버지의 재산을 탕진했는데도 돌아와서는 칙사 대접을 받는 것을 보고 질투가 났습니다(누가복음 15:30 참조). 포도원 일꾼의 비유에서 하루 종일 일한 일꾼들은 오후 다섯 시에 와서 일한 일꾼들이 그들과 같은 임금을 받는 것을 보고 질투했습니다(마태복음 20:1-16 참조). 그러나 방탕한 아들의 아버지는 큰아들에게 "애야, 너는 항상 나와 함께 있으니 내가 가진 모든 것이 다 네 것이다"라고 말했습니다(누가복음 15:31). 그리고 포도원 주인은 "내 너그러움이 네 비위에 거슬리느냐?"라고 말했습니다(마태복음 20:15).

우리가 하나님의 무한한 관대함을 참으로 즐길 때 우리의 형제 자매가 받는 것에 대하여도 감사할 수 있을 것입니다. 그렇게 된다면 질투가 우리 마음에 자리잡을 수 없을 것입니다.

하나님의 무한한 관대함을 즐길 때 우리 형제 자매가
받는 것에 대하여도 감사할 수 있을 것입니다

How Time Heals
세월이 약이다

"세월이 약이다"라고 흔히 사람들은 말합니다. 그러나 이 말이 결국 우리에게 가해진 상처를 우리는 잊게 될 것이고 아무 일도 일어나지 않았던 것처럼 우리가 살 수 있을 것을 의미한다면 그것은 진실이 아닙니다. 그것은 진정한 치유가 아닙니다. 그것은 단순히 현실을 무시하는 것입니다. 그러나 "세월이 약이다"라는 표현이 어려운 인간 관계 안에서 신의로 말미암아 우리가 서로에게 상처 주었던 행동들을 더 깊이 이해할 수 있음을 의미할 때, 이 말에는 많은 진리가 포함되어 있는 것입니다.

"세월이 약이다"라는 말은 수동적으로 기다리는 것이 아니고, 고통 속에서 능동적으로 노력하는 것을 의미하며 또 용서와 화해의 가능성을 믿는 것을 의미합니다.

"세월이 약이다"라는 말은 고통 속에서
능동적으로 노력하며 용서와 화해의 가능성을
믿는 것을 의미합니다

상처입은 치유자

누구도 상처입는 것을 피할 수 없습니다. 우리는 모두 육체적으로든, 감정적으로든, 정신적으로든, 또는 영적으로든, 상처받은 사람들입니다. "어떻게 하면 우리의 상처를 숨길 수 있을 것인가?" 그래서 난처한 입장에 빠지는 것을 면할 수 있을 것인가 하는 것이 중요한 문제가 아니라, "어떻게 우리가 받은 상처를 다른 사람에게 봉사하는 데 이용할 수 있을까?" 하는 것이 더 중요한 문제입니다. 우리의 상처가 부끄러움의 원천이 아니고 치유의 원천이 될 때 우리는 상처를 받았지만 치유자가 되는 것입니다.

예수님은 하나님의 상처입은 치유자이십니다. 그의 상처를 통하여 우리는 치유되었습니다. 예수님의 고난과 죽음은 우리들에게 기쁨과 생명을 가져왔습니다. 예수님이 받은 굴욕은 우리들에게 영광을, 그리고 그가 당한 거부는 우리들에게 사랑의 공동체를 선물로 주었습니다. 예수님의 제자인 우리도 우리의 상처가 다른 사람을 치유하는 데 사용될 수 있도록 할 수 있습니다.

예수님은 하나님의 상처입은 치유자이십니다
그의 상처를 통하여 우리는 치유되었습니다

Tending Our Own Wounds First
먼저 자신의 상처를 돌보기

외로움, 우울함 그리고 두려움에 대한 우리 자신의 경험은 다른 사람을 위한 선물이 될 수 있습니다. 특히 우리가 이러한 상처에 대하여 좋은 간호를 받았다면 더욱 그러합니다. 상처가 드러나 피를 흘리고 있는 동안, 우리는 다른 사람에게 겁을 주어 그들을 쫓아 버립니다. 그러나 누군가가 우리의 상처를 조심스럽게 간호한 후에는, 우리는 물론이고 다른 사람들도 상처 때문에 겁을 먹지 않습니다.

다른 사람으로부터 치유를 경험할 때, 자신의 치유의 재능을 발견할 수 있습니다. 그러면 그 상처로 인하여 상처받은 우리의 형제 자매들과 깊은 유대감을 갖게 됩니다.

다른 사람으로부터 치유를 경험할 때,
자신의 치유의 재능을 발견할 수 있습니다

상처와 더불어 듣기

고통 속에 있는 사람과 유대감을 갖는다는 것은 우리가 그 사람과 우리의 고통에 대하여 얘기해야 한다는 것을 의미하는 것은 아닙니다. 자신의 고통에 관하여 얘기하는 것은 고통 속에 있는 사람에게는 거의 도움이 되지 못합니다. 상처입은 치유자란 자기 자신의 상처에 대해서 얘기하지 않고, 고통 속에 있는 사람의 말을 들을 수 있는 사람을 말합니다.

고통스러울 정도의 우울한 생활을 경험한 사람이라면 자신의 그 아픈 경험을 얘기하기보다는 우울에 빠진 친구의 얘기에 주의력을 기울여, 사랑하는 마음으로 들을 수 있습니다. 대부분의 경우 고통받고 있는 사람의 주의력을 우리 자신에게로 돌리게 하지 않는 것이 좋습니다. 반창고가 붙여진 우리의 상처는 혼신을 다하여 다른 사람의 말을 듣는 것을 가능케 한다는 것을 믿어야 합니다. 이것이 치유입니다.

상처입은 치유자란 고통 속에 있는 이의 말을
들을 수 있는 사람을 말합니다

A Time to Receive and a Time to Give
받아야 할 때와 주어야 할 때

언제 우리가 다른 사람에게 주의를 기울여야 하며, 또 언제 우리가 다른 사람의 주의를 필요로 하느냐를 아는 것이 중요합니다. 흔히 우리는 아무 대가도 요구하지 않고 주려고, 주려고, 그저 주려고만 합니다. 우리는 주는 것이 관대함의 표시이며 또는 심지어 영웅주의의 표시인 것처럼 생각하기도 합니다. 그러나 우리가 "나는 다른 사람의 도움이 필요 없어, 다만 주기만을 원해"라고 말할 때, 그것은 뽐내는 것에 지나지 않습니다. 받지 않고 주기만을 계속하면 우리는 곧 다 타 버리고 맙니다. 우리 자신의 육체적인, 감정적인, 정신적인, 그리고 영적인 필요가 무엇인지에 대하여 우리가 깊은 주의를 기울일 때, 우리는 비로소 기쁜 마음으로 주는 자가 될 수 있습니다.

주어야 할 때와 받아야 할 때가 있습니다. 건강한 생활을 원한다면 우리는 주는 것과 받는 것에 대하여 똑같은 시간을 할애해야 합니다.

건강한 생활을 원한다면 우리는 주는 것과 받는 것에
대하여 똑같은 시간을 할애해야 합니다

세상을 위한 양식이 되기

예수님은 빵을 들어 축복하시고 쪼개어 그것을 제자들에게 주셨습니다. 예수님은 이 행동을 통해 자신의 생애를 요약하여 보여 주신 것입니다. 예수님은 영원으로부터 선택되셨으며, 요단강에서 세례를 받으심으로써 축복을 받으셨으며, 십자가 위에서 돌아가시어 이 세상의 양식이 되었습니다. 이와 같이 선택되시고, 축복받으시고, 돌아가시고, 그리고 양식이 되신 과정은 하나님의 아들이신 예수 그리스도께서 걸어가신 바로 그 신성한 여행 길입니다.

우리가 빵을 들어 축복하고 떼어서 "이것은 그리스도의 몸입니다"라고 말하면서 그것을 주는 것은 우리가 평생에 그리스도의 생애를 좇아 살겠다고 약속하는 것을 뜻합니다. 우리도 또한 예수님과 같이 선택되고, 축복받고, 깨어진 사람으로서의 생을 살아서 세상의 양식이 되기를 원하는 것입니다.

빵을 들어 축복하고 주는 것은
평생 그리스도의 생애를 좇아 살겠다고
약속하는 것을 뜻합니다

Being Chosen
선택되다

　예수님은 하나님에 의하여 붙잡히셨습니다. 아니 선택되셨습니다. 예수님은 선택된 분이십니다. 영원으로부터 하나님은 그의 가장 귀한 아들을 세상의 구세주가 되도록 선택하셨습니다. 선택된다는 것은 특별한 관계, 즉 독특한 방법으로 알려지고 사랑받으며 또 발탁되는 것을 뜻합니다. 우리 사회에서는 우리가 선택된다는 것이 곧 다른 사람들은 선택되지 않는다는 뜻을 내포합니다. 그러나 하나님은 그렇게 하지 않으십니다. 하나님은 우리가 선택되었음을 우리들에게 보여 주기 위하여 당신의 아들을 선택하신 것입니다.

　하나님의 나라에는 경쟁도 적대 관계도 없습니다. 하나님의 아들은 그가 하나님에 의하여 선택되신 것을 우리와 함께 공유하십니다. 하나님의 나라에서는 한 사람 한 사람이 귀하고 독특하며 한 사람 한 사람이 다른 사람도 그렇게 선택되었음을 인정하고 그 속에서 함께 기뻐합니다.

하나님 나라에서는 한 사람 한 사람이
귀하고 독특하며 모두가 그렇게
선택되었음을 인정하고 기뻐합니다

예수님은 축복받으신 분입니다. 예수님이 요단강에서 세례를 받으셨을 때 이런 소리가 하늘로부터 들려 왔습니다. "너는 내가 사랑하고 기뻐하는 내 아들이다"(마가복음 1:11). 이 소리는 예수님의 전생애를 통하여 그를 떠받친 축복의 말씀이었습니다. 예수님은 찬양을 받든, 비난을 받든, 어떤 일을 당하더라도 이 축복의 말씀에 매달렸습니다. 예수님은 항상 자신이 하나님의 사랑하는 아들이라는 것을 기억했습니다.

예수님은 이 축복을 우리들과 나누기 위하여 이 세상에 오셨습니다. 예수님은 "너희는 내가 사랑하고 기뻐하는 아들이고 딸이다"라는 당신의 말씀에 우리의 귀를 열리게 하기 위하여 오셨습니다. 우리가 특별한 어려움에 처해 있을 때 그 소리를 듣고, 믿고, 기억할 수 있다면, 우리는 하나님의 축복받은 자녀로서 우리의 생을 살 수 있으며, 이 축복을 다른 사람과 나눌 수 있는 능력을 발견할 수 있습니다.

예수님은 "너희는 내가 사랑하고
기뻐하는 아들, 딸이다"라는 말씀으로
우리 귀를 열기 위하여 오셨습니다

Being Broken
부서지고 깨어지다

예수님은 십자가 위에서 부서지고 깨어지셨습니다. 예수님은 고통과 죽음의 삶을 사셨습니다. 그러나 그는 이 고통과 죽음의 삶을, 어떠한 대가를 치르더라도 피하지 않으면 안되는 악으로 생각하고 사신 것이 아니고, 모든 것을 끌어안으려는 사명감으로 생각하고 사셨습니다. 우리는 부서지고 깨어진 육체를 가지고, 부서지고 깨어진 가슴을 가지고, 부서지고 깨어진 마음을 가지고, 또는 부서지고 깨어진 영을 가지고 살고 있습니다. 우리들은 부서지고 깨어진 인간 관계로 인하여 고통받습니다.

어떻게 우리는 우리의 부서지고 깨어진 삶을 살아갈 수 있을까요? 예수님은 우리의 부서진 삶을 우리의 죄 많음을 상기시켜 주는 하나님의 저주로 생각하여 거부할 것이 아니라, 그것을 받아들여 우리의 순수함과 죄의 정화를 위한 하나님의 축복에 예속시킬 것을 요구하십니다. 그렇게 하면 우리의 부서지고 깨어진 삶은 새 생명에 이르는 길이 될 수 있습니다.

예수님은 우리의 부서지고 깨어진 삶을
끌어안고 그것을 우리 사명으로 생각하고
살아갈 것을 원하십니다

주어지다

예수님은 세상에 주어지셨습니다. 그는 주어지기 위하여 선택되고, 축복받고, 그리고 부서지고 짓밟히셨습니다. 예수님의 생명과 죽음은 다른 사람들을 위한 생명과 죽음이었습니다. 영원으로부터 선택받으신 예수님은 십자가 위에서 부서지고 깨어지셨기 때문에 하나밖에 없는 그의 생명이 번식하여 시대와 장소를 초월하여 사람들을 위한 양식이 되었습니다.

하나님의 사랑하는 자녀인 우리들이 하나님의 선택되고 축복받은 자녀로서의 삶을 살 때, 우리의 작은 생명도 예수님처럼 다른 사람들에게 주어지기 위하여 부서지고 깨어진다는 것을 믿어야 합니다. 우리가 축복을 받으며 우리의 부서지고 깨어진 삶을 살 때, 우리 생명은 자자손손 계속하여 열매를 맺을 것입니다. 성자들에 관한 얘기가 바로 이러한 얘기입니다. 그들은 죽었습니다. 그러나 그들은 후손들의 가슴속에 계속 살아 있습니다. 이러한 얘기는 또한 우리 자신의 얘기가 될 수 있습니다.

예수님은 십자가 위에서 깨어지셨기 때문에
시대와 장소를 초월하여 사람들을 위한
양식이 되었습니다

Becoming the Living Christ

살아 있는 그리스도 되기

식탁에 함께 둘러 앉아 빵을 들어올려 축사하고, 그것을 떼어 "이것은 예수님의 몸이다"라고 말하면서 서로에게 권할 때, 우리는 예수님이 우리 가운데 함께 계심을 알 수 있습니다. 이때 예수님은 오래 전에 살았던 한 사람이라는 희미한 기억으로 우리와 함께 있는 것이 아니고, 우리를 변화시키는 실제로 살아 계시며 생명을 주시는 분으로 우리 가운데 계시는 것입니다. 예수님의 몸을 먹음으로써, 우리는 살아 있는 그리스도가 되고, 또한 자신이 선택되고 축복받은 것을 발견할 수 있으며, 부서지고 깨어진 삶을 깨달을 수 있으며, 우리가 사는 것은 다른 사람을 위하여 사는 것이라는 사실을 믿을 수 있습니다. 그리하여 우리도 예수님 같이 이 세상을 위한 양식이 되는 것입니다.

예수님은 우리를 변화시키는 실제로 살아 계시며
생명을 주시는 분으로 우리 가운데 계시는 것입니다

공동체의 몸

식탁에 함께 둘러앉아 빵을 뗄 때 우리는 한 개인으로서 변화할 뿐만 아니라, 또한 공동체로서도 변화합니다. 나이도 다르고, 종족도 다르며, 각각 그 배경과 역사가 다른 우리 인간들은 한 몸이 됩니다. 바울은 이렇게 말하고 있습니다. "빵은 하나인데 우리가 다 그 빵을 함께 나눠 먹음으로 우리 많은 사람들은 한 몸이 된 것입니다"(고린도전서 10:17).

한 개인으로서 뿐만 아니라 공동체로서 우리는 들어올려지고, 축복받고, 부서지고 그리고 세상에 주어진 살아 계신 예수님이 되는 것입니다. 한 몸으로서 우리는 모든 나라와 민족이 하나님의 한 가족으로 뭉치기를 원하시는 하나님의 커다란 소망에 대한 산 증인이 됩니다.

식탁에 둘러앉아 빵을 뗄 때
우리는 한 개인으로서 변화할 뿐만 아니라
공동체로서도 변화합니다

Recognizing Christ in Suffering Communities

고통받는 공동체 안의 예수님

개인은 물론이고 공동체도 고통을 받습니다. 세계 도처에서 많은 사람들이 박해받고 부당한 대우를 받으며 학대당하고, 끔찍한 범죄의 희생자가 되고 있습니다. 고통받는 가족, 고통받는 친구들, 고통받는 종교 단체, 고통받는 소수 민족, 그리고 고통받는 국민이 있습니다. 우리는 이 고통받는 사람들의 몸에서 그리스도의 고난을 알아볼 수 있어야 합니다. 이 고통받는 사람들도 선택되어, 축복받고, 부서지고 깨어지는 세상에 주어진 사람들입니다.

우리가 서로서로를 독려하여 이 고통받는 사람들의 울부짖음에 응답하게 하고, 정의와 평화를 위하여 함께 노력할 때, 우리는 이 세상의 구원을 위하여 고난당하시고 돌아가신 그리스도를 사랑하는 것이 됩니다.

서로서로를 독려하여 정의와 평화를 위하여
노력할 때, 우리는 그리스도를 사랑하는 것이 됩니다

나의 이웃은 누구일까요

"네 이웃을 네 몸과 같이 사랑하라"고 복음서는 말하고 있습니다(마태복음 22:38). 그러나 나의 이웃은 누구일까요? 이 질문에 대하여 "나의 이웃은 이 세상에서 함께 사는 모든 사람들, 특히 병든 사람들, 배고픈 사람들, 죽어 가는 사람들, 그리고 도움을 필요로 하는 사람들"이라고 대답합니다. 예수님은 "나의 이웃은 누구입니까?"라는 질문에 대하여 선한 사마리아인(누가복음 10:29-37)의 비유를 들어 말씀하시면서 "그러니 이 세 사람 중에서 누가 강도 만난 사람의 이웃이 되겠느냐?"라고 물으셨습니다.

예수님은 선한 사마리아인의 얘기에서 참된 이웃은 "길을 건너 이 사람에게로 다가가 상처에 기름과 포도주를 붓고 싸맨 후 자기 짐승에 태워 여관까지 데리고 가서 돌보아 준 사람"이라는 것을 분명히 하셨습니다. 나의 이웃은 나를 돕기 위하여 길을 건너 다가오는 사람을 말합니다.

나의 이웃은 나를 돕기 위하여 길을 건너
내게로 다가오는 사람을 말합니다

Crossing the Road for One Another
서로를 위하여 길을 건너가기

　서로를 위하여 길을 건너갈 마음을 가지고 있을 때, 우리는 이웃이 됩니다. 세상에는 너무도 많은 분열과 차별이 있습니다. 흑인과 백인, 명랑한 사람과 신중한 사람, 젊은이와 늙은이, 병든 사람과 건강한 사람, 죄수와 자유인, 유대인과 이방인, 회교도와 기독교도, 신교도와 카톨릭교도 그리고 희랍 정교와 라틴 정교 등에 분열과 차별이 있습니다.

　세상에는 건너야 할 길이 많습니다. 우리는 자신의 써클 안에서 분주합니다. 우리는 만나야 할 사람들이 있고, 돌봐야 할 일들이 있습니다. 그러나 우리가 이따금 길 건너 저편에서 무슨 일이 일어나고 있는지에 대해 주의를 기울일 수 있다면, 우리는 참으로 이웃이 될 수 있습니다.

길 건너 저편에서 무슨 일이 일어나고 있는지 주의를 기울일 수 있다면, 참이웃이 될 수 있습니다

사람들 사이에 다리 놓기

이웃이 되는 것은 사람들 사이에 다리를 놓는 것입니다. 우리들 사이에 거리가 있고 우리가 서로의 눈을 들여다볼 수 없으면, 온갖 잘못된 생각과 이미지가 생깁니다. 우리는 사람들을 나쁘게 얘기하고 웃음거리로 만들고, 사람들을 편견을 갖고 바라보며 그들과의 직접적인 접촉을 피합니다. 우리는 그들을 우리의 적으로 생각합니다. 우리가 사랑을 하는 것처럼 그 사람들도 사랑을 하고, 우리가 우리 아이들을 돌보는 것처럼 그 사람들도 자신들의 아이들을 돌보며, 우리가 병 들어 죽는 것처럼 그 사람들도 병 들어 죽는다는 것을 우리는 잊어버립니다. 우리는 그 사람들이 우리의 형제 자매인 것을 잊어버리고 우리가 마음대로 파괴할 수 있는 대상처럼 취급합니다.

우리가 길을 건너서 서로의 눈을 들여다볼 수 있는 용기를 가질 때, 비로소 우리 모두는 같은 하나님의 자녀이며 같은 인간 가족의 구성원이라는 것을 알 수 있습니다.

이웃이 되는 것은 사람들 사이에
다리를 놓는 것입니다

What We Feel is Not Who We Are
우리가 느끼는 우리의 참모습

우리의 감정적인 생활은 끊임없이 오르락내리락합니다. 때때로 우리는 기분이 크게 요동하는 것을 경험합니다. 흥분에서 우울로, 기쁨에서 슬픔으로, 그리고 내면의 조화에서 내면의 대혼란으로 기분이 바뀝니다. 작은 사건 하나, 어떤 사람이 내뱉은 말 한마디, 직장에서의 실망, 그리고 이 밖에 많은 일들이 이런 커다란 감정의 변화를 불러일으킵니다. 우리는 대부분 이러한 감정의 변화에 대한 통제력을 가지고 있지 못합니다. 이러한 감정의 변화는 우리들에 의하여 만들어지는 것이 아니라 우리들에게 일어나는 것입니다.

그러므로 우리의 감정적인 생활은 영적인 생활과는 같지 않다는 것을 깨달아야 합니다. 영적인 생활은 우리 안에 있는 성령의 생활입니다. 우리가 감정이 흔들리고 있다고 느낄 때, 우리의 영을 성령과 결합시켜야 하며, 우리가 느끼는 것이 우리의 참 모습이 아니라는 것을 깨달아야 합니다. 우리의 감정이 어떻든 우리는 하나님의 사랑하는 자녀이며, 그리고 영원히 하나님의 자녀로 남아 있을 것입니다.

영적인 생활은 우리 안에 있는 성령의 생활입니다

감정의 동요를 극복하기

우리는 감정의 피동적인 희생물이라는 저주를 받은 것일까요? 우리는 "오늘은 너무 기분이 좋아" 또는 "오늘은 영 기분이 아니야"라고 말하면서, 다른 사람들이 우리의 기분에 맞추어 살도록 요구해야만 할까요?

감정을 통제한다는 것은 매우 어려운 일이기는 하지만 잘 훈련된 영적인 생활을 통하여 우리는 감정을 점차적으로 극복할 수 있습니다. 그리고 감정을 극복할 수 있을 때 감정으로 행동하는 일을 막을 수 있습니다. 인생을 살 가치가 없다고 '느끼'거나, 우리를 사랑하는 사람은 아무도 없다고 '느끼'거나, 또는 일이 지겹다고 '느끼'기 때문에, 우리는 아침에 일어날 기분이 나지 않는다고 '느낄' 수 있습니다. 그러나 우리가 어떻게 해서든지 아침에 일어나서 복음서를 읽고 시편을 읊고 기도하며, 새날을 주신 데 대하여 하나님께 감사를 드리면 우리를 사로잡는 우리의 감정은 그 힘을 잃어버릴 것입니다.

새날을 주신 데 대하여 하나님께
감사드리면 우리를 사로잡는 감정으로
행동하는 일을 막을 수 있습니다

Digging into Our Spiritual Resources

영적 자원을 파고들어라

어떤 사람이 우리의 감정을 상하게 하고 성나게 하며, 무시하고 거부할 때, 우리 마음속에는 거센 항의가 일어납니다. 그것은 분노일 수도, 우울함일 수도, 복수심일 수도 있으며, 심지어는 자해하려는 충동일 수도 있습니다. 우리는 우리에게 상처를 준 사람들에게 상처를 주고 싶은 강한 충동을 느낄 수 있으며, 또는 자살처럼 자기를 거부하고 싶은 기분에 빠져 들 수도 있습니다. 물론 이런 극단적인 반응은 예외적인 것이라 할 수도 있으나, 결코 우리 마음에서 멀리 떨어져 있는 것은 아닙니다. 기나긴 밤 동안 우리는 다른 사람들이 우리에게 말하고 행동한 것들에 대응하여, 우리가 무슨 말을 했으며 어떤 행동을 취했나를 곰곰이 생각하고 있는 우리 자신을 발견합니다.

바로 이때에 우리는 영적 자원의 깊숙한 곳까지 파고들어 가 우리 내부에 있는 중심부, 즉 우리 자신과 다른 사람들을 해칠 필요가 없는 자유롭게 용서하고 사랑할 수 있는 중심부를 발견해야 합니다.

우리는 영적 자원의 깊숙한 곳까지 파고들어가
자유롭게 사랑할 수 있는 중심부를 발견해야 합니다

영적 생활의 원동력

우리의 감정적인 생활과 영적인 생활의 원동력은 서로 다릅니다. 감정적인 생활의 기복은 우리의 과거 또는 현재의 주위 환경에 크게 영향을 받습니다. 과거 오래 전에 일어났던 일 때문에 또는 지금 일어나고 있는 일 때문에 우리는 행복하고, 슬프고, 화내고, 지루해 하고, 흥분하고, 우울하고, 사랑하고, 돌보고, 미워하고, 또는 복수심에 불타기도 합니다.

영적인 생활의 기복은 우리 안에 있는 성령의 움직임에 대한 우리의 복종, 즉 성령의 움직임을 주의 깊게 경청하느냐 경청하지 않느냐에 따라 영향을 받습니다. 이러한 경청이 없다면 우리의 영적인 생활은 결국 바람에 휩쓸려 가는 우리 감정의 파도에 굴복하게 됩니다.

영적인 생활의 기복은 성령의 움직임을
주의 깊게 경청하느냐 경청하지 않느냐에 따라
영향을 받습니다

A Window on Our Spiritual Lives

영적 생활을 위한 창문

비록 감정적인 생활과 영적인 생활이 서로 다르기는 하지만 이 둘은 서로에게 크게 영향을 미칩니다. 많은 경우 우리의 느낌은 우리의 영적인 여행을 들여다보는 창문을 제공합니다. 우리가 질투의 느낌에서 벗어나지 못할 때는, 우리가 "하나님 아버지"라고 소리치고 있는 우리 안에 있는 성령과 접촉하고 있는지를 의심할 수 있습니다. 우리가 매우 평화로우며 '중심이 잡혀 있다'고 느낄 때, 이것이야말로 우리가 사랑받고 있음을 깊이 깨닫고 있다는 표시라는 것을 이해하게 됩니다.

마찬가지로 우리 안에 있는 성령의 임재에 대하여 충실하게 응답하는 삶을 사는 우리의 기도 생활도 우리의 감정, 느낌, 그리고 열정을 보는 창문을 열어 줍니다. 그리고 이 기도 생활을 통하여 우리의 감정과 느낌, 그리고 열정을 하나님의 마음으로 향한 우리의 긴 여정에서 어떻게 유용하게 쓸 수 있는가를 알 수 있습니다.

기도 생활은 우리의 감정과 느낌,
열정을 하나님을 향한 긴 여정에서
어떻게 쓸 수 있는가를 알게 합니다

기질을 섬김에 사용하라

기질은 그것이 불길과 같이 급하든, 무기력하든, 내향적이든 또는 외향적이든 우리의 성품에 영원히 붙어 있는 것입니다. 그러나 매일 매일 우리가 이 기질을 '사용' 하는 방법은 크게 다를 수 있습니다. 우리 안에 있는 성령에 귀를 기울일 때, 우리는 기질을 덕망 있는 생활을 위한 봉사에 사용할 수 있다는 것을 점차 알게 될 것입니다. 불 같은 성질은 하나님 나라를 위한 열성으로 변하고, 무기력한 성질은 위기에 닥쳤을 때 안정을 유지하는 데 도움이 되며, 내향적인 기질은 명상적인 측면을 깊게 하고 외향적인 성질은 창조적인 사역을 북돋아줍니다.

우리는 기질을 영적 생활을 깊게 하는 데 도움을 주는 선물로 생각하고 그 기질과 함께 살아야 합니다.

우리의 기질을 영적 생활을 깊게 하는 데 도움을 주는
선물로 생각하고 그 기질과 함께 살아야 합니다

Spiritual Dryness
영적인 메마름

때때로 우리는 우리의 영적인 생활이 대단히 메마르다는 것을 경험합니다. 우리는 전혀 기도하고 싶지 않으며, 하나님의 임재를 경험하지 않으며, 예배가 지루하게 느껴지며, 심지어는 우리가 하나님과 예수님 그리고 성령에 관하여 믿었던 모든 일들이 어린 시절에 들은 동화보다 별로 나을 것이 없다는 생각마저 하게 됩니다.

그러나 이러한 느낌이나 생각은 대부분 단순한 느낌, 생각에 지나지 않는다는 것을 깨닫고, 또한 성령이 우리의 느낌과 생각이 미치지 못하는 곳에 거하고 계시다는 것을 깨닫는 것이 중요합니다. 우리의 느낌과 생각 속에 하나님의 임재를 경험할 수 있다는 것은 하나의 큰 축복입니다. 그러나 우리가 이러한 경험을 할 수 없다 하여도 그것이 하나님이 계시지 않다는 것을 의미하는 것은 아닙니다. 우리는 영적으로 메마른 시기에 영적인 훈련을 계속하여 하나님과의 새로운 친밀함 속에서 성장할 수 있어야 합니다.

우리의 느낌과 생각 속에 하나님의 임재를
경험할 수 있다는 것은 큰 축복입니다

두 가지 외로움

영적인 생활을 하면서 우리는 두 가지의 서로 다른 외로 움을 구별하지 않으면 안됩니다. 첫 번째 외로움은 우리가 하나님과 접촉을 끊고 우리들에게 소속감과 친밀감 그리 고 주거의 안정감을 줄 수 있는 사람이나 물건을 찾고 있는 우리 자신을 경험하는 것입니다. 두 번째 외로움은 우리의 느낌과 생각으로 이해할 수 있기에는 너무도 깊고 큰 하나 님과의 친밀함에서 오는 것입니다.

이 두 종류의 외로움은 두 가지 형태의 무지라고 할 수 있습니다. 첫 번째 무지는 빛의 부재에서 오며, 두 번째 무 지는 빛의 과다에서 오는 것입니다. 우리는 믿음과 희망으 로 첫 번째 무지에서 벗어나도록 노력해야 합니다. 그리고 우리는 사랑으로 두 번째 무지를 껴안으려고 노력해야 합 니다.

영적인 생활을 하면서 우리는 두가지의 서로 다른
외로움을 구별하지 않으면 안됩니다

Jesus' Loneliness
예수님의 외로움

　죽음이 임박했을 때 예수님은 더 이상 하나님의 임재를 경험할 수 없었습니다. 예수님은 "나의 하나님, 나의 하나님, 왜 나를 버리셨습니까?"(마태복음 27:46)라고 울부짖으셨습니다. 그럼에도 불구하고 그는 사랑 속에서 하나님이 그와 함께 계시다는 진리를 믿고 "아버지, 내 영혼을 아버지 손에 맡깁니다"(누가복음 23:46)라고 말씀하셨습니다.

　십자가의 외로움이 예수님을 부활로 인도했습니다. 우리가 나이를 먹어 갈수록 우리는 예수님으로부터 그를 따라 그가 당했던 외로움 속으로 들어오라는 초청을 받습니다. 그런데 이 외로움 속에서는 하나님이 우리와 너무나 가까이 계시기 때문에 우리의 제한된 가슴과 마음으로는 하나님을 경험할 수 없습니다. 우리가 예수님이 당하셨던 외로움을 경험할 때, 우리도 예수님이 하신 것과 같이 우리의 영혼을 하나님께 내맡길 수 있는 축복을 위하여 기도해야 합니다.

예수님이 하신 것과 같이 우리의 영혼을 하나님께
내맡길 수 있는 축복을 위하여 기도해야 합니다

AUGUST

8월

예수님과 함께 들어올려지다

All People Lifted Up with Jesus

하나님은 예수님의 죽음과
부활을 통하여 모든 사람들에게
영원한 생명에 이르는
문을 열어 주셨습니다

Lifted Up with Jesus

예수님과 함께 들어올려지다

하나님은 예수님의 죽음과 부활이라는 방법을 통하여 모든 사람들에게 영원한 생명에 이르는 문을 열어 주셨습니다. 예수님은 "내가 땅에서 들리면 모든 사람을 이끌어 나에게 오게 하겠다"(요한복음 12:32)고 말씀하셨습니다. 진실로 시공을 초월하여 모든 사람들이 예수님과 함께 십자가 위에서 들어올려져서 부활의 새 생명으로 태어났습니다. 그러므로 예수님의 죽음은 모든 인류를 위한 죽음이며 예수님의 부활은 모든 인류를 위한 부활입니다.

과거, 현재 그리고 미래를 통하여 단 한 사람도 예수님이 걸어오신 위대한 길, 즉 노예에서 해방으로, 속박의 땅에서 약속의 땅으로, 그리고 죽음에서 영원한 생명에 이르는 길에서 쫓겨나지 않았습니다.

하나님은 예수님의 죽음과 부활을 통하여
모든 사람들에게 영원한 생명에 이르는
문을 열어 주셨습니다

죽음을 가져 가신 예수님

성육신의 큰 신비는 하나님이 예수님 안에서 인간이 되었으므로 모든 인간의 육체도 신성한 생명의 옷을 입을 수 있다는 것입니다. 우리의 생명은 부서지기 쉬우며 반드시 죽게 되어 있습니다. 그러나 하나님이 예수님을 통하여 우리의 부서지기 쉽고 죽을 수밖에 없는 생명 속에 함께 계시므로, 죽음은 더 이상 최후의 말이 될 수 없습니다. 생명이 승리를 거둔 것입니다.

바울은 이렇게 말하고 있습니다. "이 썩을 것이 썩지 않을 몸을 입고 이 죽을 것이 죽지 않을 몸을 입을 수밖에 없습니다. 이런 일이 일어날 때에는 '승리가 죽음을 삼켜 버렸다. 죽음아 너의 승리가 어디 있느냐? 죽음아 네가 쏘는 것이 어디 있느냐?' 라는 성경 말씀이 이루어질 것입니다" (고린도전서 15:54-55). 예수님은 우리의 존재에서 죽음을 가져 가 버리셨으며 생명에 영원한 가치를 주셨습니다.

성육신의 큰 신비는 모든 인간의 육체도
신성한 생명의 옷을 입을 수 있다는 것입니다

The Door Open to Anyone
문은 누구에게나 열려 있다

예수님은 하나님 안에서 사는 생명, 그리고 하나님과 함께 사는 생명으로 통하는 문입니다. 예수님은 "나는 문이다"(요한복음 10:9), "나는 길이요 진리요 생명이다. 나를 통하지 않고는 아무도 아버지께로 가지 못한다"(요한복음14:6)고 말씀하셨습니다. 그러나 과거 많은 사람들이 예수님을 알지 못하였으며 앞으로도 많은 사람들이 예수님을 알지 못할 것입니다. 이런 사람들은 태어나서 예수님과 예수님의 말씀을 접하지도 못하고 인생을 살다가 죽어 가는 것입니다. 이러한 사람들은 버려진 사람들일까요?

예수님은 모든 사람들을 위하여 하나님의 집으로 통하는 문을 여셨습니다. 심지어 그 문을 연 사람이 바로 예수님이라는 것을 알지 못하였고, 또 앞으로도 알지 못할 사람을 위하여 예수님은 문을 여셨습니다. 예수님이 보내신 성령은 "불고 싶은 대로 붑니다"(요한복음 3:8). 그리고 성령을 통하여 누구든지 하나님의 집으로 통하는 문을 통과할 수 있습니다.

예수님은 하나님 안에서 사는 생명, 그리고
하나님과 함께 사는 생명으로 통하는 문입니다

가난한 몸으로 오신 예수님

중요한 것은 우리가 예수님과 예수님의 말씀을 아느냐 알지 못하느냐 하는 것이 아니고, 우리가 예수님의 영 속에서 생을 사느냐 그렇지 못하느냐 하는 것입니다. 예수님의 영은 사랑의 영입니다. 최후의 심판에서 의로운 사람들이 예수님께 "주님, 언제 우리가 주님이 굶주리신 것을 보고 음식을 대접하였으며 목 마르신 것을 보고 마실 것을 드렸습니까?"(마태복음 25:37)라고 물었을 때, 예수님은 "너희가 이들 내 형제 중에 아주 보잘것없는 사람 하나에게 한 일이 바로 내게 한 일이다"(마태복음 25:40)라고 대답하셨습니다.

이것은 우리들에게 큰 도전이며 위안입니다. 예수님은 가난한 사람으로, 병든 사람으로, 죽어 가는 사람으로, 죄수로, 외로운 사람으로, 불구자로, 거부된 사람으로 우리들에게 오셨습니다. 바로 여기서 우리는 예수님을 만나게 됩니다. 그리고 바로 여기서 하나님의 집으로 가는 문이 우리들에게 열립니다.

중요한 것은 우리가 예수님의 영 속에서
생을 사느냐 그렇지 못하느냐 하는 것입니다

Sharing the Abundant Love
풍족한 사랑을 함께 나누기

사람들이 하나님의 나라로 들어가기 위하여 예수님을 알아야 할 필요가 없다고 한다면, 왜 우리는 예수님의 복음을 전하기 위하여 멀리 세상 끝까지 가야만 합니까? 우리는 예수님이 우리에게 주신 풍부한 사랑과 희망, 기쁨과 평화를 모든 사람들과 함께 나누기를 원하기 때문에, 우리는 세상 끝까지라도 가야 합니다. 우리는 "그리스도의 풍성하신 기쁜 소식을 이방인들에게 전하게 하시고 또 모든 것을 창조하신 하나님 안에 오래 전부터 숨겨졌던 신비로운 계획이 어떤 것인가를 모든 사람에게 분명히 알리기"(에베소서 3:8-9)를 원합니다.

우리가 받은 것이 너무나 아름답고 풍성하기 때문에, 우리는 그것을 우리 자신만을 위하여 소유할 수 없고, 우리가 만나는 모든 사람들에게 전해 주지 않을 수 없는 것입니다.

예수님이 주신 사랑과 희망, 기쁨과 평화를 나누기를
원하기 때문에, 우리는 세상 끝까지라도 가야 합니다

기쁜 증인이 되기

예수님과 그의 신성한 구원 사역에 대하여 얘기하는 것을 부담이나 무거운 의무로 생각해서는 안됩니다. 우리가 예수님에 대하여 사람들에게 얘기할 때, 그들이 우리가 알고 있는 방식으로 예수님을 받아들이지 않는다고 해서 그들은 버려진 사람들이고 우리는 실패한 것이라고 생각한다면, 우리는 결코 진정한 증인이 될 수 없습니다.

사람들이 우리의 증거를 통하여 예수님이 그들을 위하여 하나님에게로 가는 길을 연 구세주이신 것을 인정한다면, 그것은 큰 기쁨입니다. 이것은 참으로 감사하고 축하해야 할 일입니다. 그러나 우리는 행동과 말씀을 통하여 우리가 예수님을 증거함에도 불구하고 사람들이 우리가 믿는 예수를 받아들이지 않을 때에도 기쁘고 감사에 찬 생활을 할 수 있어야 합니다.

사람들이 우리가 믿는 예수를 받아들이지 않을 때에도
기쁨과 감사의 생활을 할 수 있어야 합니다

Keeping the Peace in Our Hearts
우리의 가슴에 평화 간직하기

우리가 예수님의 이름으로 어떤 일을 할 때에는, 항상 예수님의 평화를 가슴에 간직하고 있어야 합니다. 복음을 전파하기 위하여 제자들을 밖으로 내보내시면서 예수님은 이렇게 말씀하셨습니다. "어느 도시나 마을에 들어가든지 너희를 기꺼이 영접하고자 하는 사람을 찾아 너희가 떠날 때까지 그 집에 머물러라. 너희는 그 집에 들어가면서 평안을 빌어 주어라. 만일 그 집이 너희 평안의 축복을 받을 만하면 너희가 빈 평안이 그 집에 내릴 것이고 그렇지 못하면 그 평안이 너희에게 되돌아올 것이다"(마태복음 10:11-13).

우리들에게는 사람들이 이 평화를 빼앗아 가는 것을 내버려두려는 커다란 유혹이 있습니다. 이러한 유혹은 우리가 가지고 온 복음에 대하여 다른 사람들이 호의적인 반응을 나타내지 않는 것에 우리가 화를 내거나 적의를 품을 때, 괴로워하거나 악의를 품을 때, 또는 농간을 부리거나 복수심을 품을 때 우리들에게 일어납니다.

우리가 예수님의 이름으로
어떤 일을 할 때에는 항상 예수님의 평화를
가슴에 간직하고 있어야 합니다

조건 없는 증인이 되기

좋은 소식도 평화와 기쁨 없이 알리면 나쁜 소식이 됩니다. 누구든지 예수님의 관대하고 치유하시는 사랑을 고통스러운 마음을 가지고 선포하는 사람은 모두 거짓 증인입니다. 예수님은 구세주이십니다. 우리는 구세주가 아닙니다. 우리들은 항상 우리의 삶과 때로는 우리의 말로써 하나님이 우리를 위하여 행하신 위대한 일들을 증거하도록 소명받은 사람들입니다. 그러나 이러한 증거는 그 대가로 무엇이든 받으려 하지 않고 오직 주려고 하는 마음에서 나와야 합니다.

우리가 우리를 향한 하나님의 무조건적인 사랑을 신뢰할수록 우리는 내적 또는 외적 조건을 붙이지 않고 예수님의 사랑을 더 잘 선포할 수 있을 것입니다.

우리를 향한 하나님의 무조건적인 사랑을 신뢰할수록
예수님의 사랑을 잘 선포할 수 있습니다

살아 있는 사랑의 표지판 되기

예수님은 전생애를 통하여 아버지 하나님의 사랑에 대한 증인이 되셨습니다. 예수님은 또한 제자들에게 예수님의 이름으로 이 증거를 계속 해나가도록 요구하셨습니다. 우리는 예수님의 제자로서 하나님의 무조건적인 사랑을 보여 주는 눈에 띄는 표지판이 되기 위하여 세상에 보내진 것입니다. 그러므로 우리는 우리가 무엇을 말하는가에 의하여 심판을 받는 것이 아니고 우리가 어떻게 사는가에 따라 심판을 받는 것입니다. 사람들이 우리를 보고 "보렴, 이 사람들이 얼마나 서로 사랑하는지를 …"이라고 말할 때, 그들은 예수님이 선포하신 천국을 희미하게나마 느낄 것이며, 마치 자석에 끌려가듯 천국으로 들어갈 것입니다.

경쟁과 분노 그리고 증오로 크게 분열된 이 세상에서 우리는 온갖 분열을 통합하고 모든 상처를 치유할 수 있는 사랑을 보여 주는 살아 있는 표지판이 되어야 할 특권적인 사명을 띠고 있습니다.

우리는 분열을 통합하고 상처를 치유하는 사랑을
보여 주는 표지판이 되어야 할 사명을 띠고 있습니다

사랑으로 불타기

흔히 우리는 "어떻게 우리가 예수님의 이름으로 증인이 될 수 있을까? 사람들이 하나님의 사랑을 받아들이도록 하려면 우리들이 어떤 말과 행동을 해야 할까?"라는 질문에 골몰하게 됩니다. 이러한 질문은 사랑의 표현이라기보다는 오히려 두려움의 표현입니다. 예수님은 우리들에게 증인이 되는 길을 제시하고 계십니다. 예수님은 하나님의 사랑으로 가득 차 계셨고 하나님의 의지와 결합되어 있으셨으며, 천국에 대한 열정으로 불타고 계셨기 때문에, 증인이 되는 것 외에는 아무 다른 일도 하실 수 없었습니다. 예수님이 어디를 가시든지 누구를 만나시든지 그를 만지는 사람마다 낫게 하는 권능이 그로부터 나왔습니다(누가복음 6:19 참조).

우리가 예수님과 같은 증인이 되기를 원한다면, 우리도 예수님이 그러셨던 것처럼 하나님의 사랑과 함께 사는 것을 열망해야 합니다.

예수님과 같은 증인이 되기를 원한다면,
하나님의 사랑과 함께 사는 것을 열망해야 합니다

Trusting in the Fruits

열매를 신뢰하기

우리는 반드시 일의 결과를 보기 원합니다. 우리는 생산적이기를 원하며, 우리가 해낸 것을 직접 눈으로 보기를 원합니다. 그러나 이것은 하나님 나라의 방법이 아닙니다. 많은 경우 하나님에 대한 우리의 증거는 만질 수 있는 결과로 나타나지 않습니다. 예수님 자신도 하나의 실패로서 십자가 위에서 돌아가셨습니다. 거기에는 자랑할 만한 성공 같은 것은 찾아볼 수 없었습니다. 그럼에도 불구하고 예수님 생애의 풍성한 수확은 인간이 헤아릴 수 없을 만큼 큽니다. 예수님의 충실한 증인으로서, 우리가 비록 그 열매를 볼 수는 없을지라도 우리는 우리의 생애도 풍성한 열매를 맺으리라는 것을 믿어야 합니다. 우리 생애의 열매는 어쩌면 우리 후손들만 볼 수 있을지도 모릅니다.

무엇보다 중요한 것은 우리가 얼마나 사랑할 수 있을 것인가 하는 문제입니다. 우리가 열매를 볼 수 있든 볼 수 없든 하나님은 우리의 사랑이 열매 맺게 하실 것입니다.

우리 생애도 풍성한 열매를
맺으리라는 것을 믿어야 합니다.

예수님의 숨은 생애

예수님 생애의 많은 부분은 숨겨져 있습니다. 예수님은 나사렛에서 "부모에게 순종하며" 사셨고(누가복음 2:51) "지혜와 키가 점점 자라고 하나님과 사람들에게 더욱 사랑을 받았습니다"(누가복음 2:52). 예수님을 생각할 때 우리는 주로 그의 말씀, 기적, 열정, 죽음 그리고 부활을 생각합니다. 그러나 우리는 이 모든 것들에 앞서 예수님께서는 많은 위대한 사람들과 큰 도시 그리고 큰 사건들을 멀리 떠나서, 한 작은 마을에서 단순하고 숨은 삶을 사셨다는 것을 기억하지 않으면 안됩니다.

예수님의 숨은 생애는 우리의 영적 여행을 위하여 매우 중요합니다. 만일 우리가 하나님 나라를 섬기기 위하여 말과 행동으로 예수님을 따르기를 원한다면, 우리는 무엇보다도 그의 단순하며 돋보이지 않는, 그리고 매우 평범하고 숨겨진 생활을 하신 예수님을 따르도록 노력해야 합니다.

예수님을 따르기를 원한다면, 평범한 생활을
하신 예수님을 따르도록 노력해야 합니다

Hiddenness, a Place of Intimacy

은밀함, 친밀함의 자리

은밀함이란 영적 생활의 본질입니다. 고독을 느끼고, 침묵하고, 일상적인 일을 하며, 특별한 일 없이 사람들과 함께 있으며, 잠을 자고, 음식을 먹으며, 일을 하고, 놀이를 하며… 다른 사람들이 하는 것과 다를 바 없는 이러한 생활이 예수님께서 살아오신 생활입니다. 그리고 예수님은 우리도 이러한 생활을 하기를 요구하십니다. 은밀함 속에서 우리도 예수님과 같이 "지혜와 키가 자라고 하나님과 사람들에게 사랑을 받을 수 있습니다"(누가복음 2:52). 은밀함 가운데서 우리는 하나님과의 진정한 친교와 사람들에 대한 진정한 사랑을 찾을 수 있습니다.

활발한 공생애 중에도 항상 예수님은 하나님과의 만남을 위해 은밀한 장소를 찾으셨습니다. 우리들에게 하나님과의 은밀한 생활이 없으면, 외부에 드러난 우리들의 하나님과의 생활은 열매를 맺을 수 없습니다.

하나님과의 은밀한 생활이 없으면, 외부에 드러난
우리들의 하나님과의 생활은 열매를 맺을 수 없습니다

은밀함, 순수함의 자리

은밀함이 영적 생활에서 매우 중요한 이유 중의 하나는 우리가 그것을 통하여 하나님께 집중할 수 있기 때문입니다. 은밀함 가운데서는 인간들의 박수 갈채도, 존경도, 지지도, 그리고 격려도 받지 아니합니다. 은밀함 가운데서는 우리의 슬픔과 기쁨을 하나님께로 가지고 가야 하며 그리고 우리가 가장 필요로 하는 것을 하나님께서 우리에게 주실 것을 믿어야 합니다.

우리 사회는 숨겨지는 것을 피하려고 하는 경향이 있습니다. 우리는 사람들이 우리를 쳐다보며 인정해 주기를 원합니다. 그리고 사람들에게 유용하게 쓰이며, 일의 진행에 영향을 미칠 수 있기를 원합니다. 그러나 우리가 사람들의 눈에 뜨이고 인기를 얻으면, 우리는 그들의 반응에 의지하게 되며 우리 존재의 진정한 원천인 하나님과의 접촉을 쉽게 상실하게 됩니다. 은밀한 자리는 순수한 자리입니다. 은밀함 가운데서 우리는 진정한 우리 자신을 발견합니다.

은밀함이 영적 생활에서 중요한 이유는 우리가
그것을 통해 하나님께 집중할 수 있기 때문입니다

Protecting Our Hiddenness
은밀성을 보호하기

진실로 영적인 생활이 본질적으로 숨은 생활이라면, 어떻게 우리는 대중적인 생활 속에서 우리의 은밀성을 보호할 수 있을까요? 우리의 은밀성을 보호할 수 있는 가장 중요한 두 가지 방법을 우리는 고독과 가난에서 찾을 수 있습니다. 고독은 우리들로 하여금 오직 하나님 앞에 홀로 있게합니다. 고독 속에 있을 때 우리는 사람들, 심지어는 우리를 사랑하며 돌보아 주는 사람들에게조차도 속하지 아니하고, 하나님, 오직 하나님께만 속한다는 것을 경험합니다. 가난 속에서 우리는 우리 자신과 다른 사람들의 약점, 한계, 그리고 도움의 필요를 경험합니다. 가난하다는 것은 성공하지 못한 것, 명성이 없는 것, 그리고 권한이 없는 것을 의미합니다. 그러나 하나님은 우리들에게 하나님의 사랑을 보여 주시기 위한 장소로서 가난을 선택하셨습니다.

고독과 가난은 모두 우리 생활의 은밀성을 보호합니다.

고독과 가난은 모두 우리 생활의 은밀성을 보호합니다

고독 속에서 하나님께 매달리기

오직 하나님과 나만의 만남을 위해 고독에 잠길 때, 우리는 곧 우리가 얼마나 의존적인 사람인가를 발견합니다. 일상 생활에서 오는 온갖 분주함에서 해방된 우리는 안절부절하며 긴장감을 느낍니다. 아무도 우리에게 말하지 않고, 찾아오는 사람도 없고, 또 우리의 도움을 필요로 하는 사람이 없으면, 우리는 자신이 보잘것없는 사람이라고 느끼게 됩니다. 그리고는 우리가 유용한 사람인지, 가치 있는 사람인지, 또는 중요한 사람인지를 곰곰이 생각하게 됩니다. 우리는 이 고독에서 빨리 탈출하여 다시 바쁜 생활로 돌아가서 우리도 '중요한 사람'이라는 것을 확인하려고 합니다. 그러나 이것은 하나의 유혹입니다. 우리에 대한 다른 사람들의 반응이 우리를 '중요한 사람'으로 만드는 것이 아니라 우리들에 대한 하나님의 영원한 사랑이 우리를 '중요한 사람'으로 만들기 때문입니다.

우리 자신의 진실을 주장하기 위해서, 우리는 고독 속에서 우리를 현재의 우리 되게 하신 분, 즉 하나님께 매달려야 합니다.

오직 하나님과 나만의 만남을 위해 고독에 잠길 때,
우리가 얼마나 의존적인 사람인가를 발견합니다

Focusing our Minds and Hearts

마음의 초점을 모으라

하나님께 매달리려고 하는 우리의 욕구가 사람들과 세상 일들에 의하여 산만해졌을 때, 우리는 어떻게 고독 속에 머물러 있을 수 있을까요? 가장 간단한 방법은 하나님을 연상시키는 한마디의 말 또는 그림에 우리의 마음과 가슴의 초점을 맞추는 것입니다. "여호와는 나의 목자시니 내게 부족함이 없으리로다"를 조용히 반복하여 말하거나, 또는 예수님의 그림을 사랑에 넘치는 눈으로 쳐다봄으로써 우리는 불안한 마음을 가라앉히고 자비하신 하나님의 임재를 경험할 수 있습니다.

이런 일이 하룻밤에 되는 것은 아닙니다. 충실한 연습이 필요합니다. 그러나 우리가 매일, 다만 잠깐 동안이라도 하나님과 함께 하는 시간을 가지면, 우리의 끝없는 산만함은 차차 사라질 것입니다.

매일 하나님과 함께 하는 시간을 가지면
우리의 끝없는 산만함은 차차 사라질 것입니다

가난, 하나님이 거하시는 곳

우리 주위의 사람들이 모두 부자가 되기를 원하는데 어떻게 우리가 가난은 하나님께로 가는 길이라며 그것을 끌어안을 수 있을까요? 가난에는 여러 가지 형태가 있습니다. 먼저 우리는 "나의 가난은 무엇일까?"라고 우리 자신에게 물어보아야 합니다. 돈이 없는 것, 감정적인 안정이 없는 것, 사랑할 상대가 없는 것, 사회 보장이 없는 것, 생활에 안전성이 없는 것, 또는 자신감의 상실, 어떤 것들이 나의 가난일까요? 인간은 누구에게나 가난한 곳이 있습니다. 바로 이 가난한 곳이 하나님이 거하시기를 원하는 장소입니다. 예수님은 "마음이 가난한 사람들은 행복하다"(마태복음 5:3)고 말씀하셨습니다. 이것은 우리의 가난 속에 우리의 축복이 숨어 있음을 의미합니다.

우리가 우리의 가난을 감추고 무시하려고 하기 때문에 흔히 가난 속에 거하시는 하나님을 발견할 수 있는 기회를 잃어버립니다. 가난을 우리의 보물이 숨겨져 있는 땅이라고 생각하십시오.

가난한 곳이 하나님이 거하시기를 원하는 장소입니다

가난 속에서 하나님 만나기

가난을 고백하는 것을 두려워하지 않을 때, 우리는 다른 가난한 사람들과 함께 할 수 있습니다. 우리의 가난 안에 살고 있는 그리스도는 다른 사람들의 가난 안에 살고 있는 그리스도를 인정합니다. 우리의 가난을 무시하려는 것과 같이 우리는 또한 남의 가난을 무시하려고 합니다. 우리는 절망하고 있는 사람을 보기 싫어하며, 기형이거나 불구가 된 사람을 보기 싫어하고 사람들의 고통과 슬픔에 대하여 얘기하는 것을 피하려고 합니다. 우리는 사람들의 깨어짐과 속수무책, 그리고 그들의 필요로부터 멀리 떨어져 있습니다.

이렇게 피함으로써, 우리는 사람들과의 접촉을 잃어버릴지도 모릅니다. 그런데 하나님은 바로 이 사람들을 통하여 우리들에게 나타나십니다. 그러나 자신의 가난 속에서 하나님을 발견했을 때, 우리는 가난한 사람에 대한 두려움에서 벗어나 하나님을 만나기 위하여 이 사람들을 찾아갈 것입니다.

가난을 고백하는 것을 두려워하지 않을 때,
우리는 다른 가난한 사람들과 함께 할 수 있습니다

가난한 사람의 보물

가난한 사람은 우리가 제공하는 호의에 대하여 보답할 수 없습니다. 그러나 바로 이 사실 때문에 그들에게는 우리에게 제공할 수 있는 보물이 있습니다. 가난한 사람은 우리가 그들에게 행한 것에 대하여 돈으로 지불하지는 않으나, 그들은 우리를 내적인 평화, 비이기심, 관대함 그리고 진정한 돌봄으로 초대합니다. 예수님은 이렇게 말씀하셨습니다. "너는 잔치를 베풀 때 가난한 사람과 불구자와 절뚝발이와 소경들을 초대하여라. 그러면 그들이 너에게 갚을 것이 없으므로 너에게 복이 있을 것이다. 이것은 의로운 사람들이 부활할 때 하나님이 너에게 갚아 주실 것이기 때문이다"(누가복음 14:13-14).

예수님이 갚아 주실 것이라고 말씀하신 것은 영적인 것입니다. 그것은 기쁨, 평화, 그리고 우리가 너무도 열렬히 소망하는 하나님의 사랑입니다. 이것이 가난한 자들이 내세에서 뿐만 아니라 바로 이 순간 우리들에게 주는 보물입니다.

예수님이 갚아 주실 거라고 말씀하신 것은 기쁨, 평화,
그리고 우리가 소망하는 하나님의 사랑입니다

Taking the Sting out of Death
죽음의 아픔을 가지고 가기

죽는 것은 집으로 돌아가는 것입니다. 여러 사람들로부터 이 말을 많이 들었지만, 우리는 좀처럼 집으로 돌아가기를 원하지 않습니다. 우리는 지금 우리가 있는 곳에 머물러 있기를 더 좋아합니다. 우리는 지금 우리가 무엇을 가지고 있는지는 알지만, 장차 무엇을 가질 것인가는 알지 못합니다. 심지어 내세의 가장 매력적인 이미지마저도 죽음의 공포를 없애지는 못합니다. 우리는 인간 관계가 어려울 때, 경제 사정이 어려울 때, 그리고 건강이 좋지 않을 때도 생명에 매달립니다.

그러나 예수님은 죽음에서 아픔을 가져 가기 위하여, 그리고 죽음은 우리가 마음 깊이 소망하는 것이 충족되는 곳으로 우리를 인도할 것이기 때문에 죽음을 두려워할 필요가 없다는 것을 차차 깨닫도록 돕기 위하여 오셨습니다. 이것을 진심으로 믿는 것은 결코 쉬운 일이 아닙니다. 그러나 이것을 믿고자 하는 작은 노력들이 우리들로 하여금 이 진리에 더욱 가까이 다가갈 수 있도록 할 것입니다.

예수님은 우리가 죽음을 두려워할 필요가 없다는 것을 차차 깨닫도록 돕기 위하여 오셨습니다

우리의 갈 길을 아름답게 살기

죽음은 새 생명에 이르는 통로입니다. 매우 아름다운 말처럼 들립니다. 그러나 이 길을 가려고 하는 사람은 거의 없습니다. 이 마지막 통로에 앞서 많은 통로들이 우리들에게 있었다는 것을 깨닫는 것이 도움이 될 것입니다. 태어날 때, 우리는 어머니 뱃속의 생명에서 가족 안에서의 인생이 되는 통로를 지납니다. 학교에 입학할 때, 우리는 가족 안에서의 인생에서 보다 큰 공동체 안의 인생으로 가는 통로를 지납니다. 결혼할 때, 우리는 많은 것을 선택할 수 있는 인생에서 한 사람에게 자신을 맡기는 인생의 통로를 지나갑니다. 은퇴할 때, 우리는 명확하게 규정된 활동의 인생에서 새로운 창의성과 지혜가 요구되는 인생의 통로를 지나갑니다.

이 각각의 통로는 새 생명에 이르는 죽음입니다. 우리가 이 통로들을 아름답게 살면, 우리는 마지막 죽음의 통로를 더 잘 대비할 수 있습니다.

죽음은 새 생명에 이르는 통로입니다

The Quality of Life
인생의 질

　젊어서 죽는 것을 이해하는 것은 매우 힘듭니다. 일흔 살, 여든 살, 또는 아흔 살 먹은 친구가 죽었을 때, 우리는 대단히 슬퍼하며 아쉬워합니다. 반대로 우리는 그들이 오래 산 것을 감사하게 생각합니다. 그러나 십대의 아이, 젊은 청년, 또는 인생의 절정에 있는 사람이 죽었을 때, 우리는 "왜? 왜 그렇게 빨리? 그렇게 젊은데 왜? 공평하지 않아" 하면서 마음에서 우러나오는 항의를 합니다.

　여기서 명심해야할 것은 우리 인생의 살아온 기간보다는 그 질이 훨씬 더 중요하다는 것입니다. 예수님은 젊어서 돌아가셨습니다. 성 프란시스도 젊어서 죽었습니다. 리지유의 테레사 수녀도 젊어서 죽었습니다. 마틴 루터 킹도 젊어서 죽었습니다. 우리는 우리가 얼마나 오래 살 것인지 알지 못합니다. 그러나 우리가 얼마나 오래 살지를 모른다는 사실 그 자체 때문에, 우리들은 인생의 매일 매일을, 매주일 매주일을, 그리고 한 해 한 해를 우리가 할 수 있는 데까지 충실하게 살아야 할 필요가 있습니다.

명심해야할 것은 우리 인생의 살아온 기간보다는
그 질이 훨씬 더 중요하다는 것입니다

부모의 슬픔

많은 부모들이 자식의 죽음, 특히 태어날 때 또는 어린 나이에 죽는 것을 슬퍼합니다. 어쩌면 자식을 잃는 것보다 더 큰 고통은 없을지도 모릅니다. 그것은 자식이 아름답고 건강하며 성숙한, 그리고 사랑받는 사람으로 성장하는 것을 바라는 아버지와 어머니의 소망을 무자비하게 앗아가기 때문입니다. 아이의 죽음이 부모의 살아갈 의욕마저 빼앗아 갈 위험도 있습니다. 비록 아이의 생명은 너무 짧았지만, 자식을 잃은 부모들이 세상을 떠난 아이가 부모의 인생의 뜻을 깊게 하고 값지게 하기 위하여 하나님이 주신 선물이라는 것을 진정으로 믿을 수 있으려면 엄청난 믿음의 노력이 필요합니다.

부모가 이러한 믿음의 도약을 할 수 있을 때, 자식의 짧은 인생은 그들이 기대한 것 이상의 열매를 맺을 수 있습니다.

아이는 부모의 인생의 뜻을 값지게 하기 위하여
하나님이 주신 선물 입니다

Love and Pain of Leaving
사랑 그리고 떠남의 아픔

누군가를 사랑하려고 하는 것은 우리 자신을 큰 고통으로 밀어 넣는 것입니다. 왜냐하면 우리가 가장 사랑하는 사람은 우리들을 기쁘게 할 뿐만 아니라, 우리를 또한 슬프게 하기 때문입니다. 가장 큰 고통은 떠남에서 오는 것입니다. 아이들이 집을 떠날 때, 남편과 아내가 오랜 기간 떨어져 있어야 할 때, 또는 아주 헤어질 때, 사랑하는 친구가 다른 나라로 가거나 죽을 때, 떠남의 고통은 우리의 마음을 찢어지게 합니다.

그럼에도 불구하고 떠남의 고통을 피하려고 하면, 우리는 결코 사랑의 기쁨을 경험할 수 없습니다. 사랑은 두려움보다 강하고, 생명은 죽음보다 강하며, 희망은 절망보다 강합니다. 우리가 사랑하는 데 따르는 위험은 언제나 선택할 만한 가치가 있다는 것을 믿어야 합니다.

사랑은 두려움보다 강하고 생명은 죽음보다 강하며
희망은 절망보다 강합니다

죽은 사람을 기억하기

오랫동안 깊이 사랑했던 친구를 잃을 때, 우리는 감정을 마비시킬 정도로 커다란 슬픔에 빠집니다. 우리가 사랑하는 사람은 우리의 한 부분이 됩니다. 우리의 생각, 우리의 느낌, 그리고 우리의 행동은 우리와 우리가 사랑하는 사람들이 공동으로 결정합니다. 즉 우리의 아버지, 어머니, 남편, 아내, 애인, 자녀, 그리고 친구, 이들은 모두 우리의 마음속에 살고 있는 것입니다. 그들이 죽을 때, 우리의 한 부분도 또한 죽습니다. 이것이 슬픔이라는 것입니다. 슬픔은 우리의 친숙한 한 부분이 되었던 사람들이 천천히 우리를 떠나는 것을 말합니다.

크리스마스가 오고, 새해가 오고, 생일이 오고, 또는 어떤 기념일이 다가올 때, 우리는 사랑했던 사람들의 부재를 깊이 느낍니다. 그러나 그들을 떠나 보낼 때 그들은 우리의 '멤버'가 되며, 그리고 우리가 그들을 '기억'할 때 그들은 우리의 영적 여행의 안내자가 됩니다.

슬픔은 우리의 친숙한 한 부분이 되었던 사람들이
천천히 우리를 떠나는 것을 말합니다

Being Ready to Die
죽음을 준비하기

죽음은 예고없이 찾아옵니다. 자동차 사고, 비행기 추락, 치명적인 싸움, 전쟁, 홍수, 등등 …. 우리가 건강하며 힘이 충만할 때는 죽음에 대하여 그렇게 많이 생각하지 않습니다. 그러나 죽음은 참으로 뜻밖에 올 수 있습니다.

어떻게 죽음을 준비할 수 있을까요? 우리는 우리의 인간 관계를 미완성으로 남겨두지 않음으로써 죽음을 준비할 수 있습니다. 내 마음을 상하게 한 사람을 내가 용서해 주었는가, 또한 내가 마음을 상하게 한 사람으로부터 용서를 구했는가 하는 문제는 죽음에 앞서 해결해야 할 중요한 문제입니다. 내 생애의 한 부분인 사람들과 내가 화평하다고 느낄 때, 비록 나의 죽음이 큰 슬픔을 불러올 수는 있으나 죄나 분노는 불러일으키지 않을 것입니다.

우리가 어느 순간이고 죽을 준비가 되어 있을 때, 우리는 어느 순간이고 살 준비가 되어 있는 것입니다.

어느 순간이고 죽을 준비가 되어 있을 때 우리는 또한 어느 순간이고 살 준비가 되어 있는 것입니다

감사하는 죽음

죽음을 생각할 때, 우리는 우리가 죽은 후에 우리들에게 어떤 일이 일어날까를 생각합니다. 그러나 이것보다 더욱 중요한 것은 우리가 뒤에 남겨두고 떠나는 사람들에게 어떤 일들이 일어날 것인가를 생각하는 것입니다. 우리가 어떤 모습으로 죽느냐 하는 문제는 살아 남는 사람들에게 오랫동안 지대한 영향을 미칩니다. 만일 우리가 비통하고 환멸적인 마음을 가지고 죽기보다 감사하는 작별 인사를 하고 죽는다면, 우리의 가족이나 친구들은 기쁜 마음과 평화 속에서 쉽게 우리들을 기억할 것입니다.

우리의 가족과 친구들에게 줄 수 있는 가장 큰 선물은 감사의 선물입니다. 감사는 그들을 자유케 하여, 비통한 느낌과 자기 비판 없이 삶을 계속할 수 있게 할 것입니다.

가족과 친구들에게 줄 수 있는
가장 큰 선물은 감사의 선물입니다

The Companionship of the Dead
죽은 자의 동반자

　나이가 들어 감에 따라, 우리는 점점 더 많은 사람들－우리보다 먼저 죽은 사람들－을 기억하게 됩니다. 우리를 사랑했던 사람들, 그리고 우리가 사랑했던 사람들을 기억하는 것은 매우 중요한 일입니다. 그들을 기억한다는 것은 그들의 영이 일상 생활에서 우리가 힘을 얻고 용기를 내도록 하는 것을 의미합니다. 그들은 우리의 영적 공동체의 한 부분이 되어 우리가 인생 여정을 가면서 여러 가지 결정을 하는 것을 친절히 도와 줍니다. 부모, 배우자, 자녀 그리고 친구들은 그들이 죽은 후에도 우리의 진정한 영적 동반자가 될 수 있습니다. 때때로 그들은 살아 있을 때보다 죽은 후에 더 우리와 친밀해지기도 합니다.

　죽은 자를 기억한다는 것은 그들과 계속적인 동반자 관계를 가지는 것을 뜻합니다.

죽은 자를 기억한다는 것은 그들과
계속적인 동반자 관계를 가지는 것을 뜻합니다

생명을 선택하기

하나님은 이렇게 말씀하셨습니다. "내가 오늘 여러분에게 생명과 죽음, 축복과 저주를 제시하였습니다. 그러므로 여러분과 여러분의 자손이 살려고 하면 사는 길을 택하십시오"(신명기 30:19).

"생명을 택하십시오." 이것이 우리들을 향한 하나님의 부르심입니다. 생명과 죽음은 항상 우리 앞에 있습니다. 우리의 상상 속에, 우리의 생각 속에, 우리의 말 속에, 우리의 몸짓 속에, 우리의 행동 속에, 심지어는 우리의 무행동 속에도 …. 이 생명의 선택은 우리의 내부 깊숙한 곳에서 시작합니다. 바로 그 생명을 확인하는 행동의 심연에서 나는 아직도 죽음의 생각과 죽음의 느낌을 품을 수 있습니다. 가장 중요한 문제는 '내가 죽일 것인가?'가 아니고, '내가 내 마음에 축복을 품고 있느냐 아니면 저주를 품고 있느냐?' 하는 문제입니다. 사람을 죽이는 총탄은 증오가 사용하는 최후의 도구에 불과합니다. 증오는 총을 뽑기 훨씬 전에 이미 우리의 마음속에서 싹트고 있었던 것입니다.

"생명을 택하십시오" 생명과 죽음은
항상 우리 앞에 있습니다

A Choice Calling for Discipline
훈련을 필요로 하는 선택

　우리의 마음을 가득 채우고 있는 많은 생각과 느낌을 비판적으로 보면, 생명보다는 죽음을, 그리고 축복보다는 저주를 선택하고 있는 것을 발견하고 놀라게 됩니다. 질투, 부러움, 성냄, 후회, 탐욕, 격정, 열망, 변명, 복수, 증오, 우리는 이러한 것들을 당연한 것으로 받아들이고, 그대로 내버려두며, 또한 파괴적인 활동을 하는 것을 용납합니다.

　이 순간 하나님은 우리들에게 생명을 선택할 것과 축복을 선택할 것을 요구하십니다. 그렇게 하기 위해서는 우리 내부에 있는 죽음의 세력에 대하여 크게 주의를 기울여야 하고, 생명의 세력이 우리의 생각과 느낌을 지배할 수 있도록 단단히 마음먹어야 합니다. 우리가 언제나 이것을 할 수 있는 것은 아닙니다. 우리는 관심이 있는 안내자나 또는 사랑의 공동체의 지지를 필요로 하기도 합니다. 우리 모두가 내면의 노력을 하고, 또한 우리가 필요로 하는 지지를 다른 사람들로부터 구하여 우리가 생명을 선택할 수 있도록 도움받는 것이 중요합니다.

하나님은 우리들에게 생명을 선택할 것과
축복을 선택할 것을 요구하십니다

SEPTEMBER

9월

하나님이 주신 진정한 자아 주장하기
Claiming Our God-Given Selves

우리가 하나님이 주신 자아를 주장할 때마다
우리의 감정을 해쳤던 사람들에게도
생명을 주게 되는 것입니다

Claiming Our God-Given Selves
하나님이 주신 진정한 자아 주장하기

우리가 다른 사람들로부터 마음의 큰 상처를 받았을 때, 적대적인 생각이나 분노 또는 미움, 심지어는 복수심을 갖지 않는다는 것은 거의 불가능한 일입니다. 이러한 생각과 감정은 흔히 내면적으로 통제되지 못하고 거의 자동적으로 일어납니다. 우리는 마음에 상처를 준 사람에 대항하기 위하여 무슨 말을 해야 할 것인지 또는 어떤 행동을 취해야 할 것인지를 곰곰이 생각하게 됩니다. 이런 경우 저주 대신 축복을 선택하기 위해서는 엄청난 믿음의 도약이 요구됩니다. 그렇게 하기 위해서는 복수심에 불타는 모든 욕망을 뛰어넘겠다는 의지와 생명을 주는 대응을 선택하겠다는 의지가 필요합니다.

이것은 때로 불가능한 것처럼 보입니다. 그럼에도 불구하고, 상처받은 우리 자신을 초월하여 하나님이 주신 진정한 자아를 주장할 때마다, 우리는 우리 자신들뿐 아니라 우리의 감정을 해쳤던 사람들에게도 생명을 주게 되는 것입니다.

우리가 하나님이 주신 자아를 주장할 때마다 우리의
감정을 해쳤던 사람들에게도 생명을 주게 되는 것입니다

선으로 악을 이기기

사도 바울은 로마서에서 이렇게 말하고 있습니다. "여러분을 핍박하는 사람들을 축복하고 저주하지 마십시오. … 누구에게나 악을 악으로 갚지 말고 … 여러분이 직접 복수하지 말고 … '네 원수가 굶주리거든 먹을 것을 주고 목말라하거든 마실 것을 주어라' … 악에게 지지 말고 선으로 악을 이기십시오"(로마서 12:14-21). 바울의 이 말은 영적 생활의 심장부를 찌르는 말입니다. 이 말들은 죽음이 아니라 생명을 선택하는 것이 무엇을 뜻하며, 저주가 아닌 축복을 택하는 것이 무엇을 뜻하는지를 분명하게 말하고 있습니다. 그러나 여기서 우리들에게 요구되고 있는 것들은 인간 본성과는 반대되는 것들입니다. 우리가 다른 사람들을 위하여 행동하도록 요구되고 있는 이러한 일들이 하나님이 우리를 위하여 하신 일이라는 것을 이해할 수 있을 때에만, 우리는 바울의 말씀을 좇아 행동할 수 있을 것입니다.

"여러분을 핍박하는 사람들을
축복하고 저주하지 마십시오.
… 악에게 지지 말고 선으로 악을 이기십시오"

Waiting with Our Response
반응하기 전에 기다리기

죽음 대신 생명을 선택하기 위해서는 우리의 충동과는 상치되는 의지의 행동이 필요합니다. 우리의 의지는 용서하기를 원하는데 우리의 충동은 복수하기를 원합니다. 이는 우리를 즉각적인 보복으로 몰고 갑니다. 어떤 사람이 우리의 얼굴을 때리면, 우리는 충동적으로 되받아칩니다.

그러면 우리는 어떻게 우리의 의지가 충동을 지배할 수 있도록 할 수 있을까요? 문제 해결의 실마리를 주는 말은 기다리라는 것입니다. 어떤 일이 일어나더라도, 우리들을 향한 적대 행위와 우리의 반응 사이에 간격을 두는 것입니다. 우리는 자신으로부터 멀리 떨어져 있어 보고, 시간 여유를 두고 생각하며, 친구들과 상의하며, 생명을 선사하는 방법으로 대응할 수 있는 준비가 될 때까지 기다려야 합니다. 충동적인 대응을 하는 것은 악이 우리를 지배하게 내버려두는 것을 뜻합니다. 이것은 항상 우리를 후회하게 만듭니다. 그러나 잘 생각해 본 후 대응하면 우리는 "선으로 악을 지배"(로마서 12:21)할 수 있습니다.

죽음 대신 생명을 선택하기 위해서는
우리의 충동과는 상치되는 의지와 행동이 필요합니다

치유의 편지

　당신의 마음에 큰 상처를 준 친구에게 화를 내는 편지를 썼다면, 그 편지를 보내지 마십시오! 그 편지를 당신의 책상 위에 며칠 간 내버려두십시오. 그러고 그것을 몇 번이고 되풀이하여 읽어 보십시오. 그러고나서 "이 편지가 나와 그 친구에게 생명을 가져다줄까? 이것이 치유를 가져올까? 이것이 축복을 가져올까?" 하고 스스로에게 물어 보십시오. 당신이 크게 마음의 상처를 받았다는 사실을 당신의 친구에게 숨길 필요는 없습니다.

　그러나 당신은 치유와 축복을 가능케 하고 또 새 생명을 위한 문을 열 수 있는 방법으로 대응할 수 있습니다. 만일 그 편지가 새 생명을 가져올 수 없는 것이라고 생각되면 다시 편지를 써서 친구를 위한 기도와 함께 보내십시오.

　　　　마음에 큰 상처를 준 친구에게 화를 내는
　　　　편지를 썼다면, 그 편지를 보내지 마십시오!

Choosing Words Wisely
현명한 말 선택하기

말은 대단히 중요합니다. 만일 우리가 어떤 사람에게 "당신은 추잡하고, 쓸모없으며, 비열한 사람"이라고 말한다면, 우리는 아마도 한평생 그 사람과 인간 관계를 맺을 수 없을 것입니다. 말은 몇 년이고 계속해서 해를 끼칠 수 있습니다.

말을 현명하게 선택하는 것은 대단히 중요합니다. 우리가 화가 나서 속을 부글거리면서 우리의 반대자들에게 나쁜 말을 퍼붓고 싶어질 때, 침묵을 지키는 게 낫습니다. 화가 나서 내뱉은 말은 화해를 힘들게 만들 것입니다. 죽음이 아니고 생명을, 저주가 아니고 축복을 선택하는 것은 흔히 침묵을 지키는 것을 선택함으로써, 또는 치유의 길로 향하는 문을 여는 말을 선택함으로써 시작됩니다.

말을 현명하게 선택하는 것은 대단히 중요합니다

사랑의 말을 하기

우리는 흔히 말을 해야 할 때 침묵을 지킵니다. 말을 하지 않고는 사랑을 제대로 표현할 수 없습니다. 우리가 우리의 부모, 자녀, 애인, 또는 친구들에게 "정말 사랑해요"라거나 "늘 관심을 가지고 있어요", "자주 생각해요" 또는 "당신은 나의 가장 큰 선물이에요"라고 말할 때 우리는 그들에게 생명을 주기로 선택한 것입니다.

사랑을 말로써 직접 표현하는 것이 쉬운 일은 아닙니다. 그러나 우리가 사랑을 말로 직접 표현할 때 우리는 오랫동안 기억될 축복을 주고 있다는 것을 발견합니다. 아들이 아버지에게 "아빠, 전 아빠를 사랑해요"라고, 어머니가 딸에게 "애야, 난 너를 사랑해"라고 말할 수 있을 때, 새로이 축복받은 커다랗고 살기 좋은 장소가 마련됩니다. 참으로 말은 생명을 창조하는 힘을 가지고 있습니다.

말은 생명을 창조하는 힘을 가지고 있습니다

Blessing One Another
서로서로를 축복하기

축복한다는 것은 좋은 것을 말한다는 뜻입니다. 우리는 끊임없이 서로서로를 축복해야 합니다. 부모는 자녀를 축복해야 할 필요가 있고, 남편은 아내를, 아내는 남편을, 그리고 친구는 친구를 축복해야 할 필요가 있습니다. 저주로 가득 찬 우리 사회에서 우리는 가는 곳마다 축복으로 가득 채워야 합니다.

우리는 하나님의 사랑하는 자녀라는 것을 쉽게 잊어버리고 이 세상의 온갖 저주가 우리의 마음을 어둡게 하는 것을 내버려두고 있습니다. 그러므로 우리는 우리가 사랑받고 있다는 사실을 깨닫고, 또 다른 사람들이 사랑받고 있다는 사실을 그들에게 일깨워 주어야 합니다. 축복을 말로 하든 몸으로 표현하든, 엄숙하게 하든 또는 격식을 갖추지 않고 하든, 인생은 축복된 인생이 될 필요가 있습니다.

우리는 사랑받고 있다는 사실을 깨닫고, 다른
사람들도 사랑받고 있다는 사실을 일깨워 주어야 합니다

축복을 선택하기

우리들에게는 우리가 저주 속에서 살고 있다고 생각하려는 유혹이 끊임없이 있습니다. 친구의 죽음, 병, 사고, 자연 재해, 전쟁, 또는 실패와 같은 일을 당하면, 금방 우리는 운이 나쁜 사람이며 벌을 받고 있다고 생각합니다. 언론 매체들이 매일 매일 보도하는 인간의 불행을 보고, 우리의 생애가 저주로 가득 차 있다고 생각하려는 유혹은 더욱 커집니다.

예수님은 우리들을 저주하기 위하여 오신 것이 아니고 축복하기 위하여 오셨습니다. 그러나 우리는 이 축복을 받는 것을 선택해야 하며, 이 축복을 다른 사람들에게도 전해 주어야 합니다. 축복과 저주는 항상 우리 앞에 놓여 있습니다. 선택하는 것은 우리의 자유입니다. 하나님은 축복을 선택하라고 말씀하십니다.

축복과 저주는 항상 우리 앞에 놓여 있습니다
선택하는 것은 우리의 자유입니다

Living in the End-Time

종말의 시대 살아가기

우리는 종말의 시대에 살고 있습니다! 이것은 세상의 모든 창조물이 곧 끝장 날 것이라는 말이 아니고, 예수님이 말씀하신 종말의 징조가 이미 우리들에게 나타나고 있음을 뜻합니다. 전쟁, 혁명, 민족과 민족 간의 싸움, 나라와 나라 간의 싸움, 지진, 전염병, 기근 그리고 박해. 이러한 것들이 모두 종말의 징조입니다(누가복음 21:9-12 참조). 예수님은 세상의 이러한 일들을 보시고, 이 세상은 우리가 거주할 마지막 장소가 아니라는 것, 그리고 하나님의 아들이 우리에게 완전한 자유를 주기 위하여 오실 것이라는 말씀을 선포하셨습니다.

"이런 일이 일어나기 시작하거든 너희는 일어나 머리를 들어라. 너희 구원이 가까웠다"(누가복음 21:28)고 예수님은 말씀하셨습니다. 우리는 우리를 둘러싸고 있는 무서운 일들이 우리의 최후의 구원을 준비하기 위한 수단이라고 생각하며 살아야 합니다.

우리는 종말의 시대에 살고 있습니다

증거의 기회

예수님은 우리가 현 시대를 어떻게 살아야 할 것인지를
가르치고 있습니다. 예수님은 현 시대를 종말의 시대 — 예
수님을 위하여, 그리고 예수님의 왕국을 위하여 증거할 수
있는 무한한 기회가 제공되는 시대 — 와 같은 것이라고 말
씀하십니다. 이 세상에서 일어나는 수많은 재해 그리고 매
일 매일 많은 사람들에게 들이닥치는 온갖 비극들이 절망
으로 인도하며, 우리를 자신들이 환경의 어쩔 수 없는 희생
물이라고 생각하게 합니다. 그러나 예수님은 이러한 사건
들을 근본적으로 다른 각도에서 보십니다. 그는 이러한 사
건들은 증거를 위한 기회라고 부릅니다.

예수님은 우리가 이 세상에 속한 것이 아니라는 것을 일
깨워 주십니다. 우리는 하나님의 조건 없는 사랑에 대한 살
아 있는 증인이 되기 위하여 이 세상에 보내진 것입니다.
하나님의 조건 없는 사랑은 우리들이 우리의 일시적인 세
상적 존재를 넘어서 우리들에게 약속된 영원한 생명을 바
라볼 것을 요구하고 있습니다.

우리는 하나님의 조건 없는 사랑에 대한 살아 있는
증인이 되기 위하여 이 세상에 보내진 것입니다

Guarding Our Souls

우리의 영혼을 지키기

우리가 이 종말의 시대에 직면하게 되는 대혼란의 위험은 영혼을 잃어버리는 것입니다. 영혼을 잃어버리는 것은 우리의 중심부와의 접촉을 잃어버리는 즉, 우리의 생명과 사명, 그리고 우리의 영적 생활에 대한 부름을 잃어버리는 것을 의미합니다. 또한 영혼을 잃어버린다는 것은 우리 주위에서 일어나는 일들 때문에 주의가 산만해지고, 또 그 일들에 너무 집착하여 우리가 산산 조각이 나고 혼란에 빠지며, 변덕스러워지는 것을 의미합니다. 예수님은 "너희는 아무에게도 속지 않도록 주의하라. 많은 사람들이 내 이름으로 와서 '내가 그리스도이다', '때가 가까웠다' 하고 떠들어대도 그들을 따라가지 말아라"(누가복음 21:8) 하고 말씀하셨습니다.

걱정으로 가득 찬 시대에는 온갖 종류의 '구원'을 약속하는 거짓 선지자들이 많이 있습니다. 믿음으로 충만한 예수님의 제자가 되어 진정한 영적인 자아와의 접촉을 잃지 않는 것이 중요합니다.

영혼을 잃어버리는 것은 생명과 사명,
그리고 영적 생활에 대한 부름을 잃어버리는 것입니다

땅을 딛고서기

  사회적, 정치적 혼란과 엄청난 인간의 고난으로 가득 찬 세상에서 믿음의 사람들은, 이른바 그들의 비효율성 때문에 비웃음 거리가 됩니다. 많은 사람들이 "사랑의 하나님이 있다는 것을 믿는다면, 하나님께 세상의 이 혼란스러운 일들에 대하여 어떻게 좀 해보라고 말해 봐!"라고 말합니다. 또 어떤 사람들은 종교는 현실과 관련이 없는 것이라고 단언하기도 합니다.

  예수님은, 자신이 당한 것처럼 그의 제자들 또한 박해받고, 체포되며, 고문받으며, 죽임을 당할 것이라고 자주 말씀하셨습니다. 그러나 그는 또한 우리들에게 염려하지 말고, 언제나 그를 믿으라고 말씀하십니다. 예수님은 "너희는 미리부터 변명할 말을 생각하지 않기로 결심하라. 내가 너희 대적들이 대항하거나 반박할 수 없는 말과 지혜를 너희에게 주겠다"(누가복음 21:14-15)고 말씀하셨습니다.

  우리에게 오는 회의와 냉소를 두려워하지 마십시오. 그리고 하나님이 우리들에게 땅을 딛고 설 수 있는 힘을 주실 것을 믿으십시오.

                  하나님이 우리들에게 땅을 딛고 설 수 있는
                          힘을 주실 것을 믿으십시오

Remaining Anchored in Love
하나님의 사랑에 닻을 내리기

우리가 무엇을 두려워할 때, 지나치게 대비하려는 경향
이 있습니다. 우리가 공격을 받을 때 무슨 말을 할까, 조사
를 받을 때 어떻게 대응할까, 그리고 비난을 받을 때 어떤
변호를 할까 하고 곰곰이 생각합니다. 바로 이러한 혼란이
우리로 하여금 자신감을 잃게 하고, 우리의 자아 의식을 약
하게 만듭니다.

예수님은 우리가 조금도 걱정하지 말 것이며, 우리가 필
요한 말과 지혜를 우리들에게 주시리라는 것을 믿으라고
말씀하셨습니다. 중요한 것은 우리가 준비한 말이 많지 않
다는 것이 아니라, 우리가 하나님의 사랑에 닻을 내리고 우
리는 누구이며 그리고 왜 우리가 여기에 있는가에 대하여
자신감을 가지는 것입니다. 우리의 심장이 예수님의 심장
과 연결되어 있으면, 말을 해야 할 때에 우리는 항상 무슨
말을 해야 할지를 알게 됩니다.

예수님은 우리가 필요한 말과 지혜를 우리들에게
주시리라는 것을 믿으라고 말씀하셨습니다

믿음 지키기

많은 사람들은 결국에 가서는 일들이 잘되리라는 것을 기대하면서 살아갑니다. 사람들은 전쟁도, 배고픔도, 가난도, 핍박도, 그리고 착취도 모두 사라지고, 모든 사람들이 조화 속에서 살아가리라는 기대를 가지고 살아갑니다. 기대가 그들의 생활과 일에 동기를 부여합니다. 이러한 기대가 그들의 생애에서 이루어지지 않으면, 그들은 환멸을 느끼고 자기 자신을 실패자라고 생각합니다.

그러나 예수님은 그러한 낙관적인 견해를 지지하지 않으십니다. 예수님은 그가 좋아했던 예루살렘의 파괴를 예언했을 뿐 아니라, 무자비와 폭력, 그리고 싸움으로 가득 찬 세상을 예언했습니다. 예수님에게 있어서는 이 세상에 해피 엔딩(happy ending)이란 존재하지 않았습니다. 예수님이 도전한 것은 종말이 오기 전에 세상의 모든 문제를 해결하려고 한 것이 아니라, 어떤 대가를 치르더라도 믿음을 지키려고 한 것이었습니다.

예수님은 세상의 모든 문제를 해결하려고
한 것이 아니라, 믿음을 지키려고 한 것이었습니다

Keeping It Toghether
하나로 붙들어 놓기

세상 사람들과 일이 우리를 다른 방향으로 끌고 가고 있는데 우리가 어떻게 우리의 영혼을 잃어버리지 않을 수 있을까요? 우리의 마음이 끊임없이 동요하고 있는데 어떻게 우리가 우리의 영혼을 '하나로 붙들어 놓을 수' 있겠습니까?

"너희 머리카락 하나도 상하지 않을 것이다. 너희가 인내하면 너희 자신을 구할 것이다"(누가복음 21:18~19). 예수님은 이렇게 말씀하셨습니다. 우리가 우리 자신을 아는 것보다 하나님께서 우리를 더 친밀하게 아신다는 것을 우리가 믿을 때, 우리는 이 세상에서 살아 남을 수 있습니다. 하나님께서 우리를 함께 붙들고 있다는 것을 우리가 믿을 때, 우리는 우리의 영혼을 하나로 붙들어 놓을 수 있습니다. 아무리 작은 것이라 할지라도 우리 몸의 각 부분 부분이, 심지어는 머리카락 하나하나도 하나님의 신성한 포옹 속에서 안전하다는 것을 우리가 믿을 때에만, 우리는 승리의 삶을 살 수 있습니다. 우리가 영적인 삶을 살 때, 우리는 두려워할 것이 없습니다.

우리가 영적인 삶을 살 때, 두려워할 것이 없습니다

인자의 오심

우리는 하나님께 속한 사람들입니다. 비록 파괴적인 세상에 살고 있지만, 하나님과 함께 있을 때는 안전합니다. 이러한 영적인 자각 속에서 생활하면 우리는 혼란과 공포, 그리고 고통의 역사 속에서도 "하나님의 아들이 구름을 타고 능력과 큰 영광으로 오는 것을 볼 수 있습니다"(누가복음 21:27). 비록 예수님은 재림에 관한 이런 사건이 최후에 일어날 것이라고 설명하셨지만, 이 사건은 다른 무서운 일들이 모두 지나고 난 후에 일어나는 또 하나의 단순한 사건만은 아닙니다. 종말의 시기가 이미 현세에 닥쳐온 것처럼, 하나님의 아들의 재림 또한 현세에 이미 와 있습니다. 그것은 영혼의 영역에 속하는 사건이므로 시간적 테두리라는 구속을 받지 않습니다.

예수님과 친교 속에서 사는 사람들은 바로 지금 이곳에서, 그들 가운데 예수님이 두 번째로 오시는 것을 볼 수 있는 눈과 들을 수 있는 귀를 가지고 있습니다. 예수님은 "이 세대가 지나가기 전에 이 모든 일이 반드시 일어날 것이다"(누가복음 21:32)라고 말씀하셨습니다. 자자손손 믿음이 있는 모든 세대에게 예수님의 이 말씀은 진리입니다.

우리는 하나님께 속한 사람들입니다. 파괴적인 세상에 살고 있지만, 하나님과 함께 있을 때 안전합니다

Standing Erect
똑바로 서기

예수님은 종말에 대하여 이렇게 말씀하셨습니다. "그리고 해와 달과 별에 이상한 일이 일어날 것이며 땅에서는 성난 바다와 파도 소리에 놀라 민족들이 불안에 떨 것이다. 사람들이 세상에 닥쳐올 일을 생각하고 무서워서 기절할 것이니 이것은 천체가 뒤흔들릴 것이기 때문이다. 그때 사람들이 내가 구름을 타고 능력과 큰 영광으로 오는 것을 볼 것이다"(누가복음 21:25-28). 이미 이런 일들이 일어나고 있습니다. 하나님의 마음을 내면 깊이 들은 사람들은 세상의 절망과 위대한 구원의 일들을 날마다 봅니다.

그때 우리는 어떻게 해야 할까요? 예수님은 "이런 일이 일어나기 시작하거든 너희는 일어나 머리를 들어라. 너희 구원이 가까웠다"(누가복음 21:28)고 분명하게 말씀하셨습니다. 이 말씀에는 커다란 희망이 담겨 있습니다. 우리는 어지러워 넘어지지 말아야 합니다. 그리고 똑바로 서서 팔을 쭉 펴고 주를 환영할 수 있어야 합니다.

하나님의 마음을 내면 깊이 들은 사람들은
세상의 절망과 위대한 구원의 일들을 날마다 봅니다

준비된 상태로 살아가기

　무엇이든지 하나님으로부터 오는 것에 대하여 우리는 열린 마음과 믿음의 마음을 가져야 합니다. 우리가 준비된 상태에서 살아야 종말의 시대를 희망과 기쁨 가운데 살 수 있습니다. 베드로가 말한 것과 같이 우리는 조심하지 않으면 안됩니다. "여러분의 원수인 마귀가 울부짖는 사자처럼 삼킬 자를 찾아 돌아다니고 있기"(베드로전서 5:8) 때문입니다. 그러므로 예수님은 이렇게 말씀하셨습니다. "너희는 조심하라. 그렇지 않으면 방탕하고 술 취하며 인생살이 걱정하다가 마음이 둔해져서 뜻밖에 그날이 너희에게 덫과 같이 덮칠 것이다. …그러므로 너희는 앞으로 일어날 이 모든 일들을 겪지 않고 내 앞에 설 수 있도록 언제나 정신차리고 기도하여라"(누가복음 21:34~36). 우리가 성령 안에서 살 때에 따라야 할 말씀입니다.

하나님으로부터 오는 것에 대하여
열린 마음과 믿음의 마음을 가져야 합니다

Standing Under the Cross
십자가 아래에 서서

세상의 온갖 재난에 직면해도 위로 머리를 쳐들고 자세를 곧게 하는 것은 영적으로 성숙한 사람들이 취해야 할 태도입니다. 최후 심판의 날을 생각하고 느끼게 하고도 남을 만한 일들이 매일의 삶 속에서 일어납니다. 그러나 우리는 이 유혹을 저항할 수 있으며 "하늘과 땅은 없어질지라도 내 말은 결코 없어지지 않을 것"(누가복음 21:33)이라는 예수님의 말씀을 항상 기억하여 우리의 영적인 바탕을 잃어버리지 않고 이 세상에 대한 자신감을 가지고 일어설 수 있습니다.

사랑하는 아들의 죽음에도 불구하고 하나님의 신실하심을 믿고 십자가 아래에 서 있었던 예수님의 어머니, 마리아처럼 되십시오.

사랑하는 아들의 죽음에도 하나님의 신실하심을 믿고
십자가 아래에 서 있었던 마리아처럼 되십시오

예수님의 말씀을 가까이하기

예수님의 말씀은 혼란스러운 종말의 시대라는 소용돌이 속에서도 우리들로 하여금 바른 자세로 서 있을 수 있게 하며 또한 자신감을 줍니다. 우리의 주위 환경이 죽음에 관하여 얘기할 때에도 예수님의 말씀은 우리들을 지지하고, 우리들을 격려하며, 우리들에게 생명을 줍니다. 예수님의 말씀은 영원한 생명을 위한 양식입니다. 예수님의 말씀은 우리가 아직도 죽어야 할 육신의 옷을 입고 있는 동안에도 우리들을 영원한 생명으로 인도합니다.

우리가 예수님의 말씀을 숙고하고, 되씹으며, 영혼을 위한 양식으로 먹으면서 항상 그 말씀에 가까이 있을 때, 우리는 하나님의 영원한 사랑 안으로 더욱 깊숙이 들어갈 것입니다.

항상 말씀에 가까이 있을 때, 우리는 하나님의
영원한 사랑 속으로 더욱 깊숙이 들어갈 것입니다

Meditation
묵상

예수님께서 "하늘과 땅은 없어질지라도 나의 말은 없어지지 않을 것이다"(누가복음 21:33)라고 말씀하신 것은 우리들에게 영원한 생명으로 곧장 통하는 길을 보여 준 것입니다. 예수님의 말씀은 우리의 마음과 가슴을 변화시키고 우리들을 하나님 왕국으로 인도할 수 있는 권능을 가지고 있습니다. 예수님은 "내가 너희에게 한 말은 영적인 생명"(요한복음 6:63)이라고 말씀하셨습니다.

묵상을 통하여 우리는 예수님의 말씀이 우리의 생각에서 마음으로 내려가게 하여 마음속에 성령이 거할 수 있는 장소를 마련할 수 있습니다. 우리가 무슨 일을 하든지, 또 어디를 가든지 예수님의 말씀에 가까이 있도록 하십시오. 예수님의 말씀은 영원한 생명의 말씀입니다.

묵상을 통하여 마음속에 성령이 거할 수 있는
장소를 마련할 수 있습니다

신성한 창조 질서

하나님께서 예수 그리스도에게 육신의 옷을 입혔을 때, 비창조물과 창조물, 영원한 것과 일시적인 것, 그리고 신성한 것과 인간적인 것이 합쳐져서 하나가 되었습니다. 이와 같이 하나가 되었다는 것은 죽음을 면치 못한 것들이 모두 영원한 것이 되고, 유한한 것이 모두 무한한 것이 되는 것을 의미합니다. 예수님 안에서, 그리고 예수님을 통하여 모든 창조물은 찬란한 면사포처럼 되었습니다. 이 면사포를 통하여 하나님은 그 얼굴을 우리들에게 나타내 보이십니다.

이것을 창조 질서의 신성함이라고 합니다. 존재하는 것은 모두 신성합니다. 왜냐하면 존재하는 것은 모두 하나님의 구속적인 사랑을 나타내기 때문입니다. 바다, 바람, 산과 나무, 해, 달, 별, 그리고 온갖 종류의 동물과 사람들은 우리들로 하여금 하나님을 엿볼 수 있게 하는 신성한 창문이 되었습니다.

존재하는 것은 모두 신성합니다. 왜냐하면 모두 하나님의 구속적인 사랑을 나타내기 때문입니다

The Sacredness of God's Handiwork

하나님이 지으신 만물의 신성함

우리는 천지 만물 속에서 어떻게 살아가야 할까요? 천지 만물이란 '물건들'이 가득 찬 장소로서 우리의 모든 필요를 충족시키기 위하여, 또 우리가 원하는 모든 목적을 달성하기 위하여 그 물건들을 사용할 수 있는 것을 뜻하는 것일까요? 또는 천지 만물이라는 것은 무엇보다도 신성한 실제로서 하나님이 신의 무한한 아름다움을 우리들에게 보여주는 신성한 장소라고 이해해야 할까요?

우리가 천지 만물을 이용만 한다면 우리는 마치 천지 만물의 소유자인 것처럼 접근하기 때문에 그 신성함을 인정하지 못합니다. 그러나 우리가 우리를 둘러싸고 있는 만물이 우리를 창조하신 바로 그 하나님에 의하여 창조된 것이라고 생각하며, 또한 하나님이 우리들에게 나타나셔서 우리들에게 예배와 경배드리기를 요구하는 장소라고 이해한다면, 우리는 하나님이 손수 지으신 만물의 신성함을 인정할 수 있습니다.

만물이 하나님의 창조물이라 이해한다면,
하나님이 지으신 만물의 신성함을 인정할 수 있습니다

세례와 성만찬

성례전은 하나님이 창조를 통하여 우리를 접촉하고 우리를 살아 있는 그리스도로 변화시키는 특별한 사건입니다. 두 가지 중요한 성례전은 세례와 성만찬입니다. 세례에서는 물이 변화를 일으키는 도구가 되며 성만찬에 서는 빵과 포도주가 그 도구로 사용됩니다. 물, 빵, 포도주—우리의 생활에서 가장 평범한 것이 하나님이 우리에게 오시는 신성한 수단이 된 것입니다.

이 성례전은 실제적인 사건입니다. 물, 빵 그리고 포도주는 단순히 하나님의 사랑을 상기시켜 주는 것만은 아닙니다. 물과 빵, 그리고 포도주를 통해 하나님이 우리에게 오십니다. 세례를 통하여 우리는 죄의 노예에서 해방되어 그리스도의 옷으로 갈아입습니다. 그리고 성만찬을 통해 그리스도 자신이 우리의 양식이 되고 마실 것이 됩니다.

세례를 통해 우리는 죄의 노예에서 해방되어
그리스도의 옷으로 갈아입습니다

Baptism, Becoming Children of the Light

세례, 빛의 자녀가 되기

예수님이 마지막으로 그의 제자들에게 나타나셨을 때, 그는 이렇게 말씀하시면서 제자들을 세상으로 내보내셨습니다. "그러므로 너희는 가서 모든 민족을 제자로 삼아 아버지와 아들과 성령의 이름으로 세례를 주어라"(마태복음 28:19).

예수님께서는 우리가 하나님, 즉 성부, 성자, 성령과 친교를 맺게 하기 위해서 그리고 하나님의 사랑하는 자녀로서의 생을 살 수 있도록 우리들에게 세례를 주신 것입니다. 세례는 우리가 세상을 향해 얘기하는 것이 아닙니다. 우리는 더 이상 암흑의 자녀로 남아 있기를 원하지 않으며, 빛의 자녀, 하나님의 자녀가 되기 원한다는 것을 선포합니다. 그렇다고 우리가 세상을 등지기를 원하는 것은 아닙니다. 그러나 우리는 세상에 속하지 않으면서 세상 속에서 살기를 원합니다. 우리는 세례를 통하여 그렇게 살 수 있습니다.

세례를 통해 우리는 빛의 자녀, 하나님의 자녀가
되기 원한다는 것을 선포합니다

세례, 통과 의식

세례는 하나의 통과 의식입니다. 유대인은 대탈출을 감행하여 홍해를 건너 약속의 땅으로 갔습니다. 예수님 은 고통과 죽음을 지나서 하늘에 계신 아버지의 집으로 탈출하기를 원하셨습니다. 이것이 그의 세례였습니다. 예수님은 제자들에게 이렇게 물으셨습니다. 그리고 그는 지금 우리들에게도 같은 질문을 하고 계십니다. "내가 받아야 할 세례를 너희가 받을 수 있겠느냐?"(마가복음 10:38). 그래서 사도 바울은 세례를 가리켜 예수님의 죽으심과 연합하는 세례(로마서 6:4)라고 불렀습니다.

세례를 받는다는 것은 이스라엘 사람들과 함께, 그리고 예수님과 함께 노예에서 해방으로, 죽음에서 새 생명으로 가는 여정을 통과하는 것을 의미합니다. 그것은 예수님 안에 있는 그리고 예수님을 통한 생명에 대한 헌신입니다.

세례를 받는다는 것은 죽음에서 새 생명으로 가는
여정을 통과하는 것을 의미합니다

27

Baptism, the Way to Freedom

세례, 자유로 가는 길

부모들이 자녀들로 하여금 세례를 받게 할 때, 그들은 자녀들이 하나님의 자녀로서 그리고 예수님의 형제 자매로서 성장하며 살아가고 성령에 의하여 인도받게 되기를 바랍니다.

출생을 통하여 아이는 부모에게 맡겨집니다. 그리고 세례를 통하여 아이는 하나님에게 맡겨집니다. 세례 때에 부모들은 그들의 부모 됨은 하나님의 부모 됨에 참여하는 것이라는 것과 아버지 됨과 어머니 됨은 모두 하나님으로부터 오는 것임을 깨닫습니다. 세례는 부모들을 아이들이 자기의 소유물이라는 생각으로부터 해방시켜 줍니다. 아이들은 하나님에게 속한 것이며, 하나님의 이름으로 그들을 사랑하고 돌보아 주기 위하여 부모들에게 맡겨진 것입니다. 아이들을 하나님의 자녀로 자라게 하고 그들에게 육체적, 정서적 그리고 영적인 자유를 주어서, 그들 자신도 집을 떠나 부모가 될 수 있게 하는 것이 부모가 할 일입니다. 이와 같이 세례는 부모들에게 부모가 할 일을 일깨워 주며, 또한 세례는 아이들을 자유의 길로 해방시켜 줍니다.

출생을 통하여 아이는 부모에게 맡겨집니다
세례를 통하여 아이는 하나님에게 맡겨집니다

세례, 공동체로의 길

세례는 영적인 자유로 가는 길 이상의 것입니다. 그것은 또한 공동체로 가는 길입니다. 어른이든 아이든, 사람들에게 세례를 주는 것은 그 사람을 믿음의 공동체 안으로 받아들이는 것을 의미합니다. 세례를 통하여 위로부터 거듭 태어나고 하나님의 자녀로서의 삶을 살도록 소명받은 사람들은 그리스도의 살아 있는 몸인 영적 공동체의 한 지체로서 모두 함께 속해 있는 것입니다. 우리가 사람들에게 세례를 줄 때, 우리는 그들을 하나님의 가족으로 환영하고, 그들이 그리스도와 닮은 삶으로 온전히 성숙되도록 그들을 지도하고, 지지하고, 다듬어 줍니다.

세례는 영적인 자유로 가는 길 이상의 것입니다
그것은 또한 공동체로 가는 길입니다

Baptism, a Call to Commitment

세례, 헌신으로의 부르심

세례는 하나님의 자녀로서 자유로 가는 길이며, 또 공동체 생활로 가는 길입니다. 이러한 세례를 받기 위해서는 개인적인 헌신이 필요합니다. 이 성례전에는 마력적이거나 반사적인 요소는 아무것도 없습니다. 누군가가 "성부, 성자, 성령의 이름으로 당신에게 세례를 줍니다"라고 말하면서 우리의 머리 위에 물을 부을 때, 오직 우리가 세례를 받은 사람으로서 우리의 존재에 대한 영적인 진리를 가능한 모든 방법으로 구하고 또 구할 때에만, 세례는 영속적인 중요성을 갖습니다.

이러한 의미에서 세례는 세례를 받은 아이의 부모는 물론, 세례를 받은 당사자들에게 끊임없이 이 암흑의 세상에서 빛을 선택하고 또한 죽음이 도사리고 있는 사회에서 생명을 선택할 것을 요구합니다.

세례를 받기 위해서는 개인적인 헌신이 필요합니다

성만찬, 친교의 성례전

세례는 성만찬으로 통하는 길입니다. 성만찬은 예수님이 우리들과 친밀하고 영원한 친교 속으로 들어오시는 성례전입니다. 그것은 양식과 음료의 성례전입니다. 매일 매일의 양육을 위한 성례전입니다. 세례가 일생에 한 번 있는 일이라면, 성만찬은 한 달에 한 번, 일주일에 한 번, 또는 매일 매일 할 수 있습니다. 예수님은 그의 생명과 죽음을 기억하도록 우리에게 성만찬을 주셨습니다. 우리로 하여금 예수님을 생각하게 하는 단순한 기억이 아니고, 그리스도 몸 안의 지체가 되게 하는 기억입니다. 바로 이 이유 때문에 예수님은 돌아가시기 전날 밤에 빵을 떼어 "이것은 내 몸이다"라고 말씀하셨으며, 잔을 들고 "이것은 내 피다"라고 말씀하셨습니다. 예수님의 몸을 먹고 피를 마심으로써 우리는 예수님과 하나가 됩니다.

성만찬은 우리로 하여금 그리스도 몸 안의
지체가 되게 하는 기억입니다

OCTOBER

10월

자신을 내어 주신 예수님

Jesus Gives Himself to Us

예수님이 그의 몸과 피를
내어 줌으로써, 그분이 할 수 있는
가장 친밀한 친교를
우리에게 주신 것입니다

Jesus Gives Himself to Us
자신을 내어 주신 예수님

친구를 식사에 초대할 때 우리는 육신을 위한 음식 대접 이상의 것을 준비하고 나눕니다. 우리는 그들을 우정과 동료 의식으로 대하고 즐거운 대화를 하며, 친밀함과 가까움을 표시합니다. 우리가 "드세요, 좀 더 드세요 … 사양하지 마세요 … 한 잔 더 드세요 …"라고 말할 때 우리는 손님에게 먹을 것과 마실 것을 제공할 뿐 아니라, 자기 자신을 내어 주는 것입니다. 영적인 결속이 자라서 우리는 서로를 위한 양식과 음료가 됩니다.

예수님께서 성만찬에서 그 자신을 먹을 것과 마실 것으로 내어 주셨을 때, 영적인 결합은 가장 완전하고 온전한 방법으로 이루어졌습니다. 그의 몸과 피를 우리들에게 내어 줌으로써, 예수님은 그분이 할 수 있는 가장 친밀한 친교를 우리들에게 주신 것입니다. 그것은 신성한 친교입니다.

예수님이 그의 몸과 피를 내어 줌으로써, 그분이 할 수 있는 가장 친밀한 친교를 우리에게 주신 것입니다

가장 인간적이면서 가장 신성한 행동

예수님께서 엠마오로 가시는 길에서 만난 두 제자는 예수님이 빵을 떼실 때 예수님을 알아보았습니다. 빵을 떼는 것보다 더 일반적이고 평범한 행동이 또 무엇이 있겠습니까? 빵을 뗀다는 것은 인간의 모든 행동 중 가장 인간적인 행동일 것입니다. 그것은 환대, 우정, 관심, 그리고 함께 있고자 하는 바람을 나타냅니다. 빵을 들어서 축복하고 떼어서 식탁에 둘러앉은 사람들에게 주는 행동은 단합과 공동체, 그리고 평화를 상징합니다. 예수님의 이런 행동은 가장 평범하면서도 가장 특별한 것입니다. 예수님의 이 행동은 가장 인간적이며 또한 가장 신성한 것이었습니다.

매일 매일 빵을 나누는 이 가장 영적인 행동을 통하여 신비스럽게도 우리들은 하나님이 우리들 가운데 함께 계시다는 것을 확인할 수 있습니다. 하나님은 우리가 가장 인간적일 때, 가장 가까이에 계십니다.

하나님은 우리가 가장 인간적일 때,
가장 가까이 계십니다

A Place of Vulnerability and Trust
연약함과 신뢰의 장소

우리가 한 식탁에 둘러앉아 같은 빵을 떼고 같은 잔에서 마실 때, 우리는 서로에 대한 모든 경계를 풉니다. 총을 어깨에 둘러멘 채, 또는 권총을 허리에 찬 채로 평화롭게 음식을 먹을 수는 없습니다. 우리가 함께 빵을 나눌 때는 우리가 가진 무기－실제 무기이든 또는 마음의 무기이든－를 현관에 두고 서로의 연약함을 보이며, 평화로운 장소로 들어옵니다.

성만찬의 아름다움은 바로 그 장소가 연약한 하나님이 연약한 인간을 평화로운 식사에 함께 오도록 초대하는 장소라는 데 있습니다. 우리가 빵을 떼어 다른 사람에게 줄 때, 우리의 두려움은 사라지고, 하나님은 우리들에게 더욱 가까이 다가오십니다.

우리가 빵을 떼어 다른 사람에게 줄 때,
하나님은 우리들에게 더욱 가까이 다가오십니다

예수님, 우리의 양식과 음료

예수님은 하나님의 말씀이십니다. 예수님은 하늘에서 내려오셔서 성령의 능력으로 동정녀 마리아에게서 태어나셨고, 한 인간이 되셨습니다. 이 사건은 특별히 정해진 시기에 그리고 특별히 정해진 장소에서 일어난 일입니다. 그러나 우리가 매일 성만찬을 가질 때, 예수님은 하늘에서 내려오셔서 빵과 포도주를 드시고, 성령의 권능으로 우리의 양식이 되고 또 음료가 되셨습니다. 실제로 성만찬을 통하여 하나님의 성육신은 언제든지 그리고 어디에서라도 끊임없이 일어납니다.

때때로 우리는 '나도 예수님과 함께 그 곳에 있었더라면 오래 전에 그의 제자가 되었을텐데…' 라고 생각합니다. 그러나 예수님은 제자들보다 지금 우리들 가까이에 계십니다. 예수님은 바로 오늘 우리가 일용할 양식입니다!

예수님은 우리가 일용할 양식입니다

The Companion of Our Souls
영혼의 동반자

　　예수님께서 엠마오에 있는 두 제자의 집에서 그들을 위하여 빵을 떼셨을 때, 제자들은 예수님을 알아보았습니다. "그러자 예수님은 순식간에 사라져 보이지 않으셨습니다"(누가복음 24:31). 제자들이 예수님을 알아보고, 예수님께서 사라지신 것은 동일한 사건입니다. 왜일까요? 두 제자는 주 예수 그리스도가 지금 그들 안에 살아 계시다는 것과 그들 자신이 예수님을 지지하는 사람이 된 것을 깨달았기 때문입니다. 그러므로 예수님은 이제는 더 이상 식탁 건너편의 낯선 사람이나 손님으로, 또는 함께 얘기를 나누고 좋은 의견을 들을 수 있는 친구로서 앉아 계신 것이 아닙니다. 예수님은 제자들과 하나가 된 것입니다.

　　예수님은 제자들에게 자신의 사랑의 영혼을 주셨습니다. 두 제자가 여행에 동반함으로써 그들은 영혼의 동반자가 된 것입니다. 그들은 살아 있습니다. 그러나 지금까지의 그들이 아니고 그들 안에 살아 계신 그리스도입니다(갈라디아서 2:20 참조).

예수님은 제자들에게 사랑의 영혼을 주셨습니다

우리 안에 살아 계신 예수님

우리들이 성만찬 식탁에 둘러앉아 같은 빵을 떼고 같은 잔에서 마시면서 "이것은 그리스도의 몸이요 피다"라고 말할 때, 우리는 바로 지금, 이 자리에서 살아 계신 그리스도가 됩니다.

우리가 예수님을 믿는 것은 예수님께서 하나님의 아들로서 오래 전에 사셨고, 많은 기적을 행하셨으며, 지혜의 가르침을 주셨고, 십자가에서 돌아가셨으며, 그리고 무덤에서 부활하신 것을 믿는 것이 아닙니다. 예수님을 믿는다는 것은 무엇보다 먼저 예수님께서 우리 안에 살아 계신 것을 믿으며, 또한 예수님은 우리 안에서 우리를 통하여 그의 신성한 사명을 완성하고 계시다는 진리를 전적으로 받아들이는 것을 의미합니다. 그리스도가 우리 안에 살아 계시다는 것을 영적으로 깨달을 때, 우리는 성육신과 죽음 그리고 부활의 신비를 역사적인 사건으로 완전히 확인할 수 있습니다. 우리 안에 있는 그리스도가 우리들로 하여금 역사 속의 그리스도를 보게 합니다.

우리 안에 있는 그리스도가 우리들로 하여금
역사 속의 그리스도를 보게 합니다

Jesus Living Among Us
우리 가운데 살아 계신 예수

성만찬은 예수님이 우리들 가장 가까이에 임재하시는 장소입니다. 왜냐하면 성만찬 때, 예수님은 우리 안(within us)에 사시는 그리스도이자 또한 우리들 가운데(among us) 사시는 그리스도가 되기 때문입니다. 마치 빵을 떼시는 예수님을 알아본 엠마오의 두 제자가 그들 가운데에 새로운 친밀감을 발견하고 친구들에게 돌아갈 용기를 얻었던 것처럼, 예수님의 몸과 피를 받은 우리도 우리 사이에 새로운 연합이 있음을 발견합니다.

우리가 예수님이 우리 안에 살아 계신 것을 깨닫는 것과 같이 우리는 또한 그리스도가 우리 가운데 살아 계셔서 우리를 이 세상에서의 그리스도의 임재를 함께 증거하는 사람들의 몸으로 만들어 가심을 깨닫게 됩니다.

성만찬은 예수님이 우리 가장 가까이에
임재하시는 장소입니다

연합의 성례전

성만찬은 연합의 성례전입니다. 그것은 우리들을 하나의 몸이 되게 합니다. 사도 바울은 이렇게 말하고 있습니다. "빵이 하나인데 우리가 다 그 빵을 함께 나눠 먹음으로 우리 많은 사람들은 한 몸이 된 것입니다"(고린도전서 10:17).

성만찬은 그리스도와 우리의 연합을 축하하는 것 이상으로 중요한 자리입니다. 성만찬은 바로 이 연합을 창출합니다. 같은 빵을 떼고, 같은 잔에서 마심으로써 우리는 세상에 임재하시는 그리스도의 몸이 됩니다. 마치 빵을 뗄 때에 예수님이 실제로 우리들 가운데 계시는 것과 같이, 우리들도 그리스도의 형제 자매로서, 즉 한 몸의 지체로서 서로 함께 있는 것입니다. 그러므로 성만찬은 연합의 중요성을 나타낼 뿐 아니라 연합을 창출합니다.

같은 빵을 떼고, 같은 잔에서 마심으로써
우리는 세상에 임재하시는 그리스도의 몸이 됩니다

Christ's Body, Our Body

그리스도의 몸, 우리의 몸

성만찬을 위하여 모일 때 우리는 예수님의 이름으로 모입니다. 예수님은 빵을 떼실 때 그의 죽음과 부활을 우리가 다 함께 기억할 것을 요구하셨습니다. 성만찬 때에 예수님은 실제로 우리들 가운데 계십니다. 예수님은 "두세 사람이 내 이름으로 모이는 곳에는 나도 그들 가운데 있다"(마태복음 18:20)고 말씀하셨습니다.

예수님께서 우리들 가운데 함께 계심과 빵과 포도주의 선물 속에 함께 계심은 동일한 임재입니다. 빵을 뗄 때, 예수님을 보는 것과 같이 우리는 또한 우리의 형제 자매 안에 계신 예수님을 알아봅니다. 서로에게 빵을 주면서 "이것이 그리스도의 몸입니다"라고 말할 때 우리는 "우리는 그리스도의 몸입니다"라고 말하면서 자신을 서로에게 주는 것입니다. 빵을 주고 우리 자신을 주는 것은 같은 것입니다. 그것은 하나이면서 같은 몸입니다. 그리고 또한 하나이면서 같은 그리스도입니다.

예수님이 우리 가운데 함께 계심과 빵과 포도주의 선물 속에 함께 계심은 동일한 임재입니다

경계를 무너뜨리기

하나님이 우리 안에 그리고 우리들 가운데 함께 계심을 뜻하는 성례전으로서의 성만찬에는 나이, 피부색, 인종, 성, 정서, 경제적 신분, 또는 사회적 배경에 관계 없이 우리들을 하나의 몸으로 묶는 독특한 힘이 있습니다. 성만찬은 모든 경계를 무너뜨리고 연합과 공동체의 활기 찬 상징으로서 세상에 살아 계신 한 몸의 그리스도를 창조합니다.

예수님께서는 하나님께 이렇게 열렬히 기도하셨습니다. "아버지, 아버지께서 내 안에 계시고 내가 아버지 안에 있는 것같이 그들도 하나가 되어 우리 안에 있게 하소서. 그래서 아버지께서 나를 보내신 것을 세상이 믿게 하소서" (요한복음 17:21). 성만찬은 모든 사람들 가운데 살아 있어야 할 신성한 연합의 성례전입니다.

성만찬은 모든 경계를 무너뜨리고
세상에 살아 계신 한 몸의 그리스도를 창조합니다

Knowing One Another in Christ

그리스도 안에서 알아 가기

우리는 흔히 성만찬 식탁에 둘러앉기 전에 먼저 서로를 알고 이해하지 않으면 안된다고 생각합니다. 그리스도의 몸과 피를 서로 나누는 사람들이 서로 개인적으로 안다면 그것은 좋은 일입니다. 그렇지만 성만찬에 정기적으로 참석하면 인간적인 방법으로 '서로를 아는' 수준을 훨씬 초월하는 영적인 연합이 창조됩니다. 우리가 성만찬에 참석함으로써 예수님의 죽음과 부활이라는 신성한 신비 속으로 들어갈 때, 우리는 점차로 하나의 몸이 됩니다. 우리는 참으로 그리스도 안에서 서로를 알게 됩니다.

성만찬에 참석함으로써 우리는 참으로
그리스도 안에서 서로를 알게 됩니다

세례의 길을 깊게 다지기

예수님의 죽음과 부활은 성만찬 의식 안에서 그리고 성만찬 의식을 통하여 지금, 여기에 있는 우리들에게 하나의 현실이 됩니다. 우리가 예수님의 몸과 피를 먹고 마실 때, 우리의 죽을 수밖에 없는 몸은 부활하신 그리스도와 결합합니다. 그러므로 우리의 죽음은 예수님의 죽음과 마찬가지로 파멸을 의미하는 것이 아니라, 새 생명으로 가는 길을 의미합니다.

성만찬은 이런 방법으로 우리가 이미 세례를 통해 만들어 온 길을 우리 안에서 깊고 튼튼하게 다집니다. 성만찬은 우리들로 하여금 세례의 은혜를 온전히 만끽할 수 있게 하는 성례전입니다.

우리의 죽음은 예수님의 죽음과 마찬가지로
새 생명으로 가는 길을 의미합니다

Becoming the Mystical Body of Christ
그리스도의 신비한 몸이 되기

우리가 성만찬 식탁에 둘러앉아 '생명의 빵'과 '구원의 잔'을 나눔으로써, 예수님의 죽음과 부활을 우리 자신의 것으로 만들 때, 우리는 모두 함께 그리스도의 살아 있는 몸이 됩니다.

성만찬은 우리가 한 몸이 되는 성례전입니다. 한 몸이 되는 것은 한 팀이 되는 것도 아니고, 한 그룹이 되는 것도 아니며, 심지어는 한 단체가 되는 것도 아닙니다. 한 몸이 되는 것은 그리스도의 몸이 되는 것입니다. 한 몸이 되는 것은 세상이 볼 수 있도록 살아 계신 주와 우리가 함께 되는 것입니다. 한 몸이 되는 것은, 흔히 얘기되어 온 것처럼 예수님의 신비한 몸이 되는 것입니다. 그러나 성령의 영역 안에서는 신비와 현실은 동일한 것입니다.

성만찬은 우리가 한 몸이 되는 성례전입니다

실재로 임재하심

지금 예수님은 어디에 계실까요? 예수님은 그분을 믿을 뿐 아니라, 세례와 성만찬 때에 그분에 대한 믿음을 말로 표현하는 사람들이 한 몸이 되는 곳에 계십니다. 우리가 신자들의 집단을 나사렛 예수에 대한 공통의 믿음을 공유하는 사람들의 집단으로 생각한다면, 예수님은 영감을 주는 역사적인 인물로 남게 됩니다. 그러나 성만찬 때 예수님이 손으로 빚어 만든 몸이 그 자신의 몸이라는 것을 우리가 깨달을 때, 우리는 실재하는 임재가 무엇인지를 보기 시작합니다. 예수님은 그의 몸과 피의 선물 속에 임재하시며, 또한 이 선물에 의하여 만들어진 신자의 몸 안에 임재하십니다. 그리스도의 몸을 받은 우리들은 살아 계신 그리스도가 됩니다.

예수님은 그의 몸과 피의 선물 속에 임재하시며, 선물에 의하여 만들어진 신자의 몸 안에 임재하십니다

The Pillars of the Church
교회의 두 기둥

세례와 성만찬은 두 가지 중요한 성례전으로서 교회의 영적인 기둥입니다. 이 두 성례전은 단순히 교회의 사명을 수행케 하는 수단이 아닙니다. 또한 세례와 성만찬은 단순히 우리가 그 절차를 통하여 교회의 일원이 되고, 계속하여 그 일원으로 남아 있게 되는 수단이 아닙니다. 두 의식은 교회의 본질에 속하는 것들입니다. 이 두 성례전 없이 교회는 있을 수 없습니다. 교회는 세례와 성만찬에 의하여 빚어진 그리스도의 몸입니다. 사람들이 성부, 성자, 성령의 이름으로 세례를 받을 때, 그리고 그들이 그리스도의 식탁에 둘러앉아서 그의 몸과 피를 받을 때, 그들은 교회라고 불리는 하나님의 사람이 됩니다.

교회는 세례와 성만찬에 의하여 빚어진
그리스도의 몸입니다

318

노예 신분에서 벗어나 부르심을 받음

교회는 하나님의 사람입니다. 라틴어로 "교회"를 의미하는 "에클레시아"(ecclesia)는 희랍어인 에크(ek)와 칼레오(kaleo)에서 온 말입니다. 에크는 '밖으로'(out)를, 칼레오는 '부르다'(to call)를 뜻합니다. 교회는 노예에서 해방되어 자유로, 죄에서 해방되어 구원으로, 절망에서 해방되어 희망으로, 암흑에서 해방되어 빛으로, 죽음 중심의 존재에서 해방되어 새 생명에 초점을 맞춘 존재로 부름을 받은 하나님의 사람입니다.

교회를 생각할 때, 우리는 함께 여행을 떠나는 일단의 무리를 생각하지 않으면 안됩니다. 나이와 종족과 사회를 초월하여 여자 남자, 그리고 아이들이, 그들의 최후의 집을 향하여 머나먼, 때로는 고된 여행을 하면서 서로서로를 떠받쳐 주는 모습을 우리는 또한 상상해 보아야 합니다.

교회는 하나님의 사람입니다

The Church, Spotless and Tainted

교회, 흠이 없고 부패한 곳

교회는 성스러운 곳이기도 하고, 또 죄가 많은 곳이기도 합니다. 그리고 흠이 없이 깨끗한 곳이기도 하고 부패한 곳이기도 합니다. 교회는 그리스도의 신부입니다. 그리스도는 신부를 깨끗한 물로 씻어서 "얼룩이나 주름이나 그 밖의 결점이 없이 거룩하고 흠이 없게 하여"(에베소서 5:26 – 27) 자신에게로 데리고 옵니다. 그러나 교회는 죄가 많고 혼란에 빠져 있으며, 늘 고민하는 사람들의 집단입니다. 이들은 끊임없이 물욕과 탐욕의 힘에 의하여 유혹을 받으며, 항상 적개심과 경쟁으로 복잡하게 뒤얽혀 있습니다.

교회를 하나의 몸이라고 말할 때, 그것은 세례와 성만찬을 통하여 예수님처럼 만들어진 거룩하고 흠이 없는 몸을 가리킬 뿐 아니라, 교회의 모든 신도들의 망가진 몸을 가리키기도 합니다. 이와 같이 두 가지 생각을 가지고 함께 이야기할 때, 비로소 우리는 예수님의 진정한 제자로서 교회 안에 살 수 있습니다.

교회는 그리스도의 신부입니다

교회에 대한 믿음

　교회는 믿음의 대상입니다. 사도신경에서 우리는 이렇게 기도합니다. "전능하사 천지를 창조하신 하나님 아버지를 내가 믿사오며 그 외아들 우리 주 예수 그리스도를 믿사오니 이는 성령으로 잉태하사 … 성령을 믿사오며 거룩한 공회와 성도가 서로 교통하는 것과 죄를 사하여 주시는 것과 몸이 다시 사는 것과 영원히 사는 것을 믿습니다." 우리는 교회를 믿지 않으면 안됩니다. 사도신경은 교회가 우리들이 성부, 성자, 성령을 믿도록 도와 주는 기관이라고 말하지 않습니다. 우리는 우리가 하나님을 믿는 것과 같은 믿음으로 교회를 믿어야 할 소명을 가지고 있습니다.

　흔히 하나님을 믿는 것보다 교회를 믿는 것이 더 어렵게 생각될 때가 있습니다. 그러나 우리가 하나님에 대한 우리의 믿음과 교회에 대한 우리의 믿음을 분리하면 비신자가 되고 맙니다. 하나님은 우리들에게 하나님께서 우리와 함께 하시는 하나님이 되게 하시는 장소로써 교회를 주신 것입니다.

우리는 하나님을 믿는 것 같은 믿음으로,
교회를 믿어야 할 소명을 가지고 있습니다

The Two Sides of One Faith
한 믿음의 두 측면

　우리와 함께 하시는 하나님이 되기 위하여 아들을 보내신, 그리고 우리 안에 함께 하시는 하나님이 되기 위하여 아들과 함께 성령을 보내신 하나님에 대한 우리의 믿음은 교회에 대한 우리의 믿음이 없으면 진실한 것이 될 수 없습니다. 교회는 있음직하지 않은 이러한 사람들의 집단입니다. 하나님은 이 사람들을 통하여 우리들에 대한 하나님의 사랑을 나타내기로 선택하신 것입니다. 마치 약 2천 년 전에 하나님께서 중동에 있는, 별로 주의를 끌지 못했던 한 작은 마을에 사는 처녀에게서 인간이 되기로 선택한 것이 있음직한 일이 아니었던 것처럼, 하나님께서논쟁과 선입견, 권력 투쟁, 그리고 파워 게임으로 끊임없이 분열되어 있는 사람들의 공동체 속에서 구원의 역사를 계속하기로 선택하신 것도 있음직하지 않은 일인 것처럼 보입니다.

　그러나 그럼에도 불구하고 예수님을 믿고 교회를 믿는 것은 한 믿음의 두 측면입니다. 그것은 있음직한 일은 아닙니다. 그러나 그것은 하나님께서 하시는 일입니다!

하나님에 대한 우리의 믿음은 교회에 대한
믿음이 없으면 진실한 것이 될 수 없습니다

차고 넘치는 은혜

여러 세기에 걸쳐 교회는 비판적인 사람에게 교회를 떠날 생각을 갖게 하는 일들을 많이 했습니다. 폭력적인 십자군, 학살, 권력 투쟁, 탄압, 파문, 처형, 사람들과 생각들의 조작, 그리고 끊임없이 이어지는 분열이 교회의 역사였음은 모두가 아는 사실이며, 또한 우리 모두를 섬뜩하게 만드는 사건들입니다.

이렇게 얼룩진 교회가 하나님의 말씀과 하나님의 치유하시는 사랑의 성례가 중심을 이루고 있는 교회와 같은 교회라고 믿을 수 있을까요? 인간들의 모든 깨어짐 속에서도 교회가 영원한 생명을 위한 양식으로서 그리스도의 부서진 몸을 제공하고 있다는 것을 우리가 믿을 수 있을까요? 죄가 가득한 곳에 은혜가 차고 넘친다는 것을, 그리고 많은 약속들이 반복하여 깨어지고 깨어지는 곳에 하나님의 약속이 흔들리지 않고 서 있다는 것을 우리가 깨달을 수 있을까요? 믿는다는 것은 이러한 질문에 대하여 "네"라고 대답하는 것입니다.

믿는다는 것은 질문에 대하여 "네"로
대답하는 것입니다

The Church, God's People
교회, 하나님의 사람

예수님이 많은 사람들 중의 한 인간이었던 것과 같이, 교회도 많은 조직 중의 하나의 조직입니다. 그리고 마치 예수님보다 매력적인 풍체를 가진 사람이 있었을지도 모르는 것처럼, 교회보다 훨씬 더 효율적으로 운영되고 있는 조직이 많이 있을 수 있습니다. 그러나 예수님은 우리들에게 하나님의 사랑을 나타내기 위하여 우리들 가운데 나타나신 그리스도시며, 교회는 우리가 오늘날 이 세상에서 하나님의 임재를 볼 수 있게 하기 위하여 함께 부름을 받은 하나님의 사람입니다.

만일 우리가 예수님을 오래 전에 만났더라면 예수님을 그리스도로 인정했을까요? 오늘날 우리는 예수님의 몸인 교회에서 그를 인지할 수 있을까요? 우리들은 믿음의 도약을 하라는 소명을 받고 있습니다. 만일 우리가 대담하게 믿음의 도약을 한다면 우리의 눈이 열릴 것이며 우리는 하나님의 영광을 볼 것입니다.

교회는 세상에서 하나님의 임재를 볼 수
있게 하기 위하여 부름 받은 하나님의 사람입니다

성자들의 정원

교회는 매우 인간적인 조직입니다. 그러나 그것은 또한 하나님의 은혜의 정원입니다. 교회는 위대한 신성함이 계속 꽃을 피우는 곳입니다. 성자는 살아 계신 그리스도를 특별한 방법으로 우리들에게 보여 주는 사람들입니다. 어떤 성자는 그리스도와 그리스도의 교회에 봉사하기 위하여 그들의 생명을 바쳤습니다. 또 다른 성자는 우리들에게 계속해서 영양을 줄 수 있는 말과 글을 제공했습니다. 또 다른 성자는 어려운 상황에서도 영웅답게 살았습니다. 또 어떤 성자는 기도와 명상의 조용한 생활을 하면서 숨어 지냈습니다. 또 다른 성자는 갱생을 부르짖으며 예언을 했습니다. 또 어떤 성자는 큰 조직과 사람들의 연락망을 만든 영적인 전략가였습니다. 또 다른 성자는 건강하고 튼튼한 사람이었습니다. 그리고 또 어떤 성자는 아프거나 때때로 걱정에 차 있었으며 불안정했습니다.

그러나 이 모든 성자들은 정원에서 그들을 사랑하는 사람이라고 부르는 소리를 들을 수 있었고, 그리고 예수님을 그들의 생활의 중심으로 만들 수 있는 용기를 발견할 수 있었으며, 그들 자신의 독특한 방식으로 교회에서 살았습니다.

교회는 위대한 신성함이 계속 꽃을 피우는 곳입니다

Being in the Church, Not of It
교회에 구속되지 않은 교회되기

　흔히 우리는 세상에 속하지 않고 세상 안에서 살아야 한다는 말을 듣습니다. 그러나 교회에 속하지 않으면서 교회 안에 있는 것은 더 어려운 일일 것입니다. 교회에 속한다는 것은 우리가 지나치게 교회 일들과 사무 처리에 몰두하여 관여하고 있기 때문에, 우리가 예수님에게 더 이상 초점을 맞추지 않는 것을 뜻합니다. 그리하여 교회는 우리가 보려고 온 것에 대하여 우리의 눈을 가리고, 우리가 들으려고 온 것에 대하여 우리의 귀를 멀게 합니다. 그러나 그럼에도 불구하고 그리스도가 사시고, 우리를 그리스도의 식탁으로 초청하며, 우리들에게 영원한 사랑의 말을 들려주는 곳은 교회 안입니다.

　교회에 속하지 않으면서 교회 안에 있는 것은 커다란 영적인 도전입니다.

교회에 속하지 않으면서 교회 안에 있는 것은
커다란 영적인 도전입니다

교회 사랑하기

교회를 사랑한다는 것은 흔히 불가능에 가까운 일인 것처럼 보입니다. 그럼에도 불구하고 교회 안에 있는 사람들은 ─ 권한을 가지고 있든, 권한을 가지고 있지 않든, 보수적이든 또는 진보적이든, 관용적이든 또는 극단적이든 ─ 모두가 이 눈물의 계곡을 지나며, 찬미와 감사의 노래를 부르고 주의 목소리를 듣습니다. 그리고 나눌 때마다 불어나는 빵을 함께 먹으면서, 길게 늘어선 증인의 대열에 속하는 사람들이라는 것을 우리는 우리 자신들에게 계속적으로 일깨워 주어야 합니다. 우리가 이것을 기억할 때, 우리는 "나는 교회를 사랑합니다. 그리고 나는 교회에 속해 있는 것을 기쁘게 생각합니다"라고 말할 수 있을지도 모릅니다.

교회를 사랑한다는 것은 우리의 신성한 의무입니다. 교회를 위한 진정한 사랑 없이는 우리는 교회 안에서 기쁘게 그리고 평화롭게 살 수 없습니다. 그리고 또한 교회를 위한 진정한 사랑 없이는 우리는 사람들을 교회에 불러올 수 없습니다.

교회를 위한 진정한 사랑 없이는 교회 안에서
기쁘고 평화롭게 살 수 없습니다

Meeting Christ in the Church
교회 안에서 그리스도를 만나기

교회를 사랑하는 데 낭만적인 감정이 필요한 것은 아닙니다. 교회를 사랑할 수 있기 위해서는 그리스도의 사람들 가운데 살아 계신 그리스도를 찾아보려는 의지가 있어야 하며, 우리가 그리스도를 사랑하는 것과 같이 그리스도의 사람들을 사랑하려는 의지가 필요합니다. 이것은 가난한 사람, 핍박받는 사람, 잊혀진 사람과 같은 '작은 사람들' 뿐만 아니라, 교회에서 권한을 행사하는 '큰 사람들'에게도 진리입니다.

교회를 사랑한다는 것은 우리가 교회 안에서 어디를 가든지 예수님을 만나고자 하는 의지가 있어야 한다는 것을 의미합니다. 교회에 대한 사랑은 모든 사람들의 생각과 행동에 동의하고, 또 그것을 받아들이는 것을 의미하는 것은 아닙니다. 오히려 그것은 우리들로 하여금 그리스도를 우리들로부터 숨기고 있는 사람들에 대하여 저항할 것을 요구합니다. 그러나 우리가 저항하든 또는 받아들이든, 비판하든 또는 찬양하든, 우리의 말과 행동이 교회를 사랑하는 마음에서 우러나올 때에만 열매를 맺을 수 있습니다.

교회를 사랑한다는 것은 교회 안 어디에서든 예수님을 만나고자 하는 의지가 있어야 한다는 것을 의미합니다

긍휼의 권능

교회는 종종 우리들에게 깊은 상처를 줍니다. 종교적인 권한을 가진 사람들은 흔히 그들의 말과 행동으로 그리고 명령으로 우리들에게 상처를 줍니다. 바로 우리의 종교가 우리로 하여금 삶과 죽음의 문제를 생각하게 하기 때문에, 우리의 종교적인 감수성은 쉽게 큰 상처를 받을 수 있습니다. 목사와 성직자들은 그들의 비판적인 말, 거부하는 행동, 또는 참을성 없는 행동이 이러한 말과 행동의 대상이 되는 사람들에게 한평생 잊혀지지 않는 기억이 될 수 있다는 것을 좀처럼 깨닫지 못합니다.

생명의 의미에 대한 갈망, 평안함과 위안에 대한 갈망, 용서와 화해에 대한 갈망, 그리고 회복과 치유에 대한 갈망은 엄청나게 크기 때문에, 종교적인 권위의 특성을 가장 잘 나타내는 말은 긍휼이라는 것을 끊임없이 기억해야 합니다. 언제나 예수님을 바라보십시오. 예수님의 권능은 긍휼에 나타나 있습니다.

예수님의 권능은 긍휼에 나타나 있습니다

Forgiving the Church
교회를 용서하기

우리가 교회로부터 상처를 받았을 때, 교회를 버리고 싶은 유혹을 받습니다. 그러나 우리가 교회를 버리게 되면 살아 계신 예수님과 관계를 유지하는 것이 매우 어렵게 됩니다. "나는 예수님을 사랑해요. 그러나 교회를 미워해요"라고 말할 때, 우리는 교회뿐만 아니라 예수님마저도 잃어버리는 것이 되기 때문입니다. 교회를 용서하는 것은 하나의 도전입니다. 이 도전은 엄청난 것입니다. 왜냐하면 교회는 좀처럼 우리들에게 용서를 구하지 않기 때문입니다. 최소한 공식적으로는 말입니다. 그러나 우리들 가운데 살아 계신 그리스도로서의 교회는 계속적으로 우리들을 용서해 줍니다. 흔히 잘못을 저지를 수 있는 인간이 만든 하나의 조직으로서의 교회는 우리의 용서를 필요로 하지만 말입니다.

교회를 '저 곳에 떨어져 있는 것'이라고 생각하지 않고, 몸부림치는, 약한 사람들의 공동체로 생각하는 것이 중요합니다. 우리는 바로 이 몸부림치는 약한 사람들의 한 부분이며 그리고 이 약하고 몸부림치는 사람들 안에서 주 하나님과 우리의 구세주이신 예수님을 만납니다.

"나는 예수님을 사랑해요. 그러나 교회를 미워해요"라고 말할 때, 우리는 예수님마저도 잃어버리게 됩니다

우리의 영적인 지도자들

그리스도의 몸인 교회는 여러 모습을 가지고 있습니다. 교회는 기도하고 예배를 드립니다. 교회는 설교하고 치유하며 죄로부터 우리를 깨끗하게 하고 우리들을 주의 식탁으로 초대하며, 사랑의 서약으로 우리를 함께 묶습니다. 또한 사역을 위하여 우리를 파견하며, 우리가 병 들거나 죽을 때 우리에게 기름 부어 주며, 우리가 가치를 찾고 매일의 생계를 위하여 필요한 것을 찾을 때 우리와 동행합니다. 이 모든 모습들은, 우리가 우리의 지도자로서 존경하고 있는 사람들로부터는 오지 않을 수도 있습니다. 그러나 우리가 예수님이 우리의 교회에서 우리들에게 오신다는 단순한 믿음을 가지고 우리의 삶을 살면, 우리는 우리가 전혀 기대하지 않았던 뜻밖의 장소와 모습에서 교회의 사역을 볼 것입니다.

우리가 진실로 예수님을 사랑한다면, 예수님은 우리들이 가장 필요로 하는 것을 주시기 위하여 사람들을 우리에게 보내실 것입니다. 그 사람들은 다름아닌 우리의 영적 지도자들입니다.

예수님은 우리들이 가장 필요로 하는 것을 주시기
위하여 사람들을 우리에게 보내실 것입니다

One Body With Many Parts
많은 지체들로 구성된 하나의 몸

교회는 한 몸입니다. 바울은 이렇게 말하고 있습니다. "우리는 모두 한 성령님으로 세례를 받아 한 몸이 되었고 한 성령님을 모시고 있습니다"(고린도전서 12:13). 바울이 말한 것과 같이 "만일 모두 한 지체뿐이라면 몸은 어디입니까? 그래서 지체는 많아도 몸은 하나입니다"(고린도전서 12:19-20). 모든 사람이 모든 것이 될 수는 없습니다. 흔히 우리는 몸의 한 부분이 몸의 다른 부분에 속하는 기능을 해주기를 기대합니다. 그러나 손에게 보라고, 눈에게 들으라고 할 수는 없습니다.

우리는 모두 함께 그리스도의 몸이며, 우리 각자는 전체에서 담당할 역할이 있습니다(고린도전서 12:27 참조). 우리는 그리스도의 몸 안에서 제한된 그러나 참된 역할을 가진 것에 대하여 감사해야 합니다.

교회는 한 몸입니다

중심부에 있는 가장 약한 자들

우리의 몸 중에서 가장 영광스러운 부분은 머리도 아니고 손도 아닙니다. 가장 중요한 부분은 가장 '아름답지 못한 부분' 입니다. 이것이 교회의 신비입니다. 억압에서 풀려나 자유인이 된 우리는 우리 중에서 가장 약한 사람들, 즉 나이 든 사람들, 작은 아이들, 불구자들, 정신 질환자들, 굶주린 자들, 그리고 병든 사람들이 참된 중심부를 구성하고 있다는 것을 인정해야만 합니다. 바울은 이렇게 말하고 있습니다. "우리는 몸 가운데서 별로 중요하게 생각되지 않은 부분을 더욱 중요하게 여기고 또 별로 아름답지 못한 부분을 더욱 아름답게 꾸밉니다"(고린도전서 12:23).

가난한 자들이 교회의 가장 값진 중심부가 될 때, 하나님의 사람으로서의 교회는 살아 계신 그리스도를 우리들 가운데에 진정으로 나타낼 수 있습니다. 그러므로 가난한 자들을 보살피는 것이 크리스천의 자선보다 훨씬 더 중요합니다. 그것은 그리스도의 몸이 되는 것의 본질입니다.

가난한 자들이 교회의 중심부가 될 때, 교회는
살아 계신 그리스도를 진정으로 나타낼 수 있습니다

Focusing on the Poor

가난한 자들에게 초점 맞추기

다른 모든 인간 조직과 마찬가지로 교회도 끊임없이 부패의 위험에 처해 있습니다. 교회가 권력과 부를 갖기가 무섭게, 교회에는 사람들을 이리저리 교묘하게 다루는 일, 이기적으로 이용하는 일, 부당하게 영향력을 행사하는 일, 그리고 노골적인 부패가 싹트기 시작합니다.

우리는 어떻게 교회의 부패를 방지할 수 있을까요? 대답은 분명합니다. 가난한 자들에게 초점을 맞춤으로써 부패를 방지할 수 있습니다. 가난한 자들은 교회로 하여금 그 사명을 완성하게 만듭니다. 바울은 이렇게 말하고 있습니다. "이처럼 하나님께서는 하찮은 부분을 더욱 귀하게 여겨 몸의 조화를 이루게 하셨습니다. 그래서 몸 안에 분열이 없이 모든 지체가 서로 도와 나갈 수 있게 하신 것입니다"(고린도전서 12:24-25). 이것은 참된 비전입니다. 가난한 자들이 교회에 주어졌기 때문에, 그리스도의 몸으로서의 교회는 서로서로에 대한 관심, 사랑 그리고 평화의 장소가 될 수 있으며 또 그러한 장소로 계속 존재할 수 있습니다.

교회가 가난한 자들을 위한 교회가 되지 못할 때,
교회는 영적인 동질성을 잃어버립니다

NOVEMBER

11월

교회의 변두리 찾아가기

Going to the Margins of the Church

예수님의 축복은
항상 가난한 사람들을 통하여
우리들에게 옵니다

Going to the Margins of the Church
교회의 변두리 찾아가기

세상에서는 소외된 사람들이 교회에서는 중심에 있습니다. 이렇게 되어야만 합니다! 우리들은 교회의 성도로서 사회의 소외된 곳을 지속적으로 찾아가야 하는 소명을 받고 있습니다. 집 없는 사람들, 굶주리는 사람들, 부모 없는 아이들, 에이즈에 걸린 사람들, 정서적으로 혼란 상태에 있는 우리의 형제 자매들, 이러한 사람들 모두는 우리가 제일 먼저 주의를 기울여 줄 것을 요구하고 있습니다.

우리가 온갖 힘을 다하여 사회의 후미진 곳에 손을 뻗칠 때, 사소한 의견의 불일치, 아무 결과도 없는 논쟁, 그리고 마비적인 적대 관계 등이 차츰 사라져 없어질 것이라는 사실을 발견할 것입니다. 교회는 우리의 관심을 자기 자신으로부터 도움을 필요로 하는 사람들에게로 옮길 때 늘 새로워질 것입니다. 예수님의 축복은 항상 가난한 사람들을 통하여 우리들에게 옵니다. 가난한 사람들과 함께 일하는 귀중한 경험을 통하여, 결국 가난한 사람들은 그들이 받는 것 이상으로 우리에게 돌려준다는 사실을 깨닫습니다. 가난한 자들이 우리에게 양식을 줍니다.

예수님의 축복은 항상 가난한 사람들을 통하여
우리에게 옵니다

누가 가난한 사람입니까

가난한 사람들은 교회의 중심부입니다. 그러나 누가 가난한 사람입니까? 우선 우리와 같지 않은 사람들을 생각할 수 있습니다. 빈민가에 살고 있는 사람들, 영세민을 위한 무료 식당에 가는 사람들, 길거리에서 자는 사람들, 형무소나 정신 병원, 혹은 요양소에 사는 사람들이 모두 가난한 사람들이라고 할 수 있습니다. 가난한 사람들은 우리와 매우 가까이에 있을 수 있습니다. 이들은 바로 우리의 가족 중에, 교회 안에, 또는 직장에 있을 수 있습니다. 더욱 가까이는, 사랑받지 못하며, 버려지고, 무시당하고, 그리고 혹 사당하고 있다고 느끼는 우리 자신이 바로 가난한 사람일 수도 있습니다.

가난이 멀리 떨어져 있든, 가까이 있든 또는 자신 안에 있든, 가난을 보고 경험할 때, 우리는 교회가 될 필요가 있습니다. 그것은 우리가 형제 자매로서 손을 잡고, 우리의 깨어짐과 필요를 고백하며, 서로를 용서하고 서로의 상처를 고쳐 주는 그리고 빵을 떼기 위하여 예수님의 식탁에 둘러앉는 것을 의미합니다. 이를 통해 우리는 예수님을 가난한 사람으로 받아들입니다. 예수님은 우리들을 위하여 가난한 사람이 된 것입니다.

예수님은 우리를 위하여 가난한 사람이 되셨습니다

Becoming the Church of the Poor
가난한 사람들의 교회가 되기

우리가 우리의 가난을 주장하고 우리의 가난을 우리 형제 자매의 가난과 연결시킬 때, 우리는 가난한 사람들의 교회, 즉 예수님의 교회가 됩니다. 가난한 사람들의 교회에서는 결속이 필수적입니다. 고통과 기쁨은 나누어 가지지 않으면 안됩니다. 우리는 한 몸으로서 서로의 고통과 황홀함을 깊이 경험합니다. 바울은 이렇게 말하고 있습니다. "만일 한 지체가 고통을 당하면 모든 지체도 함께 고통을 당하고 한 지체가 영광을 받으면 모든 지체도 함께 기뻐합니다"(고린도전서 12:26).

흔히 우리들은 몸의 한 부분이 되고 싶어하지 않습니다. 그 이유는 한 몸이 되는 것에 참여하면 다른 사람들의 아픔을 고통스럽게 느껴야 하기 때문입니다. 우리가 다른 사람들을 깊이 사랑하면, 그들의 아픔 또한 깊이 느끼게 됩니다. 그러나 기쁨은 아픔 속에 숨겨져 있습니다. 우리가 아픔을 함께 나눌 때, 우리는 또한 기쁨을 함께 나눕니다.

우리가 아픔을 함께 나눌 때,
우리는 기쁨 또한 함께 나눕니다

우리 지도자들의 가난

가난과 고통 그리고 아픔은 주로, 또는 전적으로, 교회의 가장 밑바닥에서 일어나는 현실이라고 생각하는 경향이 있습니다. 우리들은 좀처럼 우리의 지도자들이 가난하다고는 생각하지 않습니다. 그러나 교회의 지도자들도 엄청난 가난과, 깊은 외로움, 고통스러운 고립과, 우울함과 그리고 커다란 감정적인 고통을 겪습니다.

우리들은 교회의 지도자들 ─ 목사들, 사제들, 주교들, 교구 성직자들 ─ 의 고통을 인정하고 이 종교 지도자들을 약한 자들을 위한 친교에 포함시킬 수 있는 용기를 가져야 합니다. 지도력을 행사하는 사람들의 권한과 부, 그리고 성공에 우리가 미혹되지 않을 때, 우리는 그들의 무력함과 가난, 그리고 실패를 발견할 수 있습니다. 그리고 우리는 우리가 가장 밑바닥에 있는 사람들에게 주기를 원하는 것과 같은 긍휼로써 그들에게 자유로이 손을 뻗칠 수 있습니다. 하나님이 보시기에 가장 밑바닥과 가장 높은 곳 사이에는 아무런 간격이 없습니다. 우리들이 보기에도 높고 낮은 것 사이에 간격이 있어서는 안될 것입니다.

하나님이 보시기에 가장 밑바닥과 가장 높은 곳
사이에는 아무런 간격이 없습니다

The Mission of the Church
교회의 사명

이 지구상에는 교회 안에 있는 사람들보다 교회 밖에 있는 사람들이 더 많습니다. 수백만의 사람들이 세례를 받았지만, 다른 수백만 명의 사람들은 세례를 받지 않았습니다. 수백만의 사람들이 성만찬에 참석했지만, 다른 수백만 명은 참석하지 않았습니다.

그리스도의 몸으로서의 교회, 세상에 살아 계신 그리스도로서의 교회는 교회의 성도들을 지지하고 성숙하게 하고, 그리고 지도하는 것보다 큰 사명을 가지고 있습니다. 교회는 또한 예수님 안에서 볼 수 있게 된 하나님의 사랑에 대한 증인으로서의 소명을 가지고 있습니다. 예수님은 돌아가시기 전에 제자들을 위하여 이렇게 기도하셨습니다. "아버지께서 나를 세상에 보내신 것처럼 나도 그들을 세상에 보냈습니다"(요한복음 17:18). 교회 안에 있다는 것의 본질은 세상에서 그리스도를 위한 살아 있는 증인이 되는 것입니다.

교회 안에 있다는 것의 본질은 세상에서
그리스도를 위한 살아 있는 증인이 되는 것입니다

치유와 화해의 사역

어떻게 교회가 세상에서 그리스도의 증인이 될 수 있을 까요? 무엇보다 먼저 가난한 사람들을 위한 예수님의 사랑을 보게 함으로써 그렇게 할 수 있습니다. 치유와 용서, 화해, 그리고 무엇보다도 조건 없는 사랑에 목마른 이 세상에서 교회는 사역을 통하여 이 갈증을 해소시키지 않으면 안됩니다. 우리가 배고픈 사람들을 먹이고, 헐벗은 사람들을 입히고, 외로운 사람들을 찾아가고, 버림받은 사람들의 말을 들어 주고, 그리고 분열된 사람들에게 단합과 평화를 가져다 주는 곳에서는 어디서나, 우리가 말로 하든 하지 않든, 살아 계신 예수님을 선포하는 것입니다.

우리가 무엇을 하든지, 그리고 어디를 가든지, 우리를 보내신 예수님의 이름 안에 있는 것이 중요합니다. 예수님의 이름 밖에서는 우리의 사역이 그 신성한 힘을 잃을 것입니다.

무엇을 하든지, 어디를 가든지, 우리를 보내신
예수님의 이름 안에 있는 것이 중요합니다

Telling the Story of Jesus
예수님에 관해 이야기하기

교회는 하나님의 복음을 만민과 만국에 선포하는 소명을 가지고 있습니다. 사람들이 예수님의 사랑을 볼 수 있도록 하기 위해서 반드시 해야만 하는 여러 가지 자선 활동 이외에도, 예수님의 삶, 고통, 죽음 그리고 부활을 통하여 하나님의 구원의 위대한 신비를 기꺼이 선포해야 합니다. 예수님에 대한 얘기는 선포되어야 하며 찬양되어야 합니다. 어떤 사람은 얘기를 듣고 기뻐할 것이고, 또 어떤 사람은 무관심할 것이며, 또 어떤 사람은 적대적인 반응을 보일 것입니다. 사람들이 항상 예수님에 관한 얘기를 받아들이지 않더라도 얘기는 계속 들려주어야 합니다.

예수님의 얘기를 이미 알고 있는 우리들, 그리고 예수님의 말씀을 좇아 살려고 하는 우리들은 예수님의 얘기를 다른 사람들에게 기쁜 마음으로 들려줄 의무를 가지고 있습니다. 우리의 말이 사랑과 감사함으로 가득 찬 마음에서 우러나올 때, 우리가 그것을 볼 수 있든 또는 볼 수 없든, 우리의 말은 결실을 맺을 것입니다.

우리는 예수님의 이야기를 다른 사람들에게
기쁜 마음으로 들려줄 의무를 가지고 있습니다

성자들의 친교

우리는 흔히 교회를 자기 자신이 교회의 구성원임을 확인하는 사람들의 조직으로 제한합니다. 그러나 그리스도에 속하는 모든 사람들로서의 교회, 그리고 살아 계신 그리스도를 증거하는 증인의 집단으로서의 교회는 인간이 만든 모든 단체의 테두리를 훨씬 초월하여 내뻗고 있는 조직입니다. 예수님 자신이 말씀하신 바와 같이, 성령은 "불고 싶은 대로 붑니다"(요한복음 3:8). 예수님의 영은 원하는 곳이면 어디서나 사람의 마음을 만질 수 있습니다. 그것은 인간의 한계에 의하여 제한을 받지 않습니다.

부활하신 그리스도를 증거하는 성자들의 신앙의 교류가 있습니다. 이 신앙의 교류는 세상 끝까지, 아니 그것보다도 더 멀리까지 미칩니다. 그것은 오래 전에 있었던 사람들과 멀리 떨어져 있는 사람들 모두를 포함합니다. 말과 행동을 통하여 예수님이 주님이신 것을 선포해 왔으며 그리고 지금도 선포하고 있는 사람들은 남녀로 구성된 큰 공동체입니다.

예수님의 영은 원하는 곳이면 어디서나
사람의 마음을 만질 수 있습니다

The Saints Who Live Short Lives
짧게 살다 간 성자들

우리는 흔히 짧은 생애의 가치가 무엇인가를 생각하게 됩니다. 그들이 여러 목표들 중에서 어느 하나에도 미치지 못한 채, 많은 꿈 중에서 어느 하나도 실현하지 못한 채, 또는 많은 과업 중에서 어느 하나도 성취하지 못한 채, 그들의 인생 여정이 중단된 것같이 느끼게 됩니다. 그러나 그들의 생애가 짧았는지는 몰라도, 그들은 십자가에서 처형되신 그리스도의 승리를 선포하면서 흰 옷을 입고 어린 양의 보좌 주위에 서 있는, 시공을 초월하는 성자들의 큰 신앙의 교류에 속하는 사람들입니다(요한계시록 7:9 참조).

예수님을 죽이기 위하여 헤롯 왕이 살해한 많은 죄 없는 어린아이들에 관한 얘기는(마태복음 2:13-18 참조) 성자의 삶이란 반드시 오래 살고, 그리고 열심히 일하면서 산 사람들에게만 해당하는 것이 아니라는 것을 우리에게 일깨워 줍니다. 이 아이들, 그리고 젊은 나이에 죽은 그 밖에 많은 다른 사람들은 영웅적인 업적을 성취한 사람들과 마찬가지로 예수님을 증거하는 사람들입니다.

성자의 삶이란 영웅적인 업적을 성취한 사람들과
마찬가지로 예수님을 증거하는 사람들입니다

성자, 우리와 같은 사람들

세례를 통하여 우리는 혈연으로 이루어진 가족보다 더 큰 의미의 가족이 됩니다. 그것은 암흑에서 불빛이 되기 위하여 하나님이 '따로 떼어놓은' 사람들의 가족입니다. 이렇게 따로 떼어놓은 사람들을 성자라고 부릅니다. 우리는 성자를 거룩하고 신앙심이 깊은 사람들이라고 생각하며, 또 머리 위에서는 후광이 비치고 무아경의 눈빛을 가진 사람들이라고 묘사하는 경향이 있지만, 진정한 성자는 우리가 훨씬 더 가까이할 수 있는 사람들입니다. 그들은 평범한 삶을 살며 일상적인 문제들을 놓고 다투는 우리와 똑같은 남자와 여자들입니다. 그들은 하나님과 하나님의 사람에게 분명하게 그리고 확고하게 초점을 맞추었기 때문에 성자가 된 것입니다. 어떤 성자의 생애는 우리들과는 아주 다를 수 있습니다. 그러나 대부분의 성자들의 생애는 우리의 생애와 매우 닮아있습니다.

성자는 우리의 형제 자매들입니다. 그들은 우리도 그들처럼 되기를 요구하고 있습니다.

성자는 우리의 형제 자매들입니다

The Network of God's People
하나님의 사람들로 연결된 조직망

성자는 하나님의 거룩한 사람들입니다. 사도 바울은 그리스도에 속한 모든 사람들을 "거룩한 사람" 또는 "성자"라고 불렀습니다. 그는 "그리스도 예수님 안에서 거룩함을 입어 성도가 된 사람들"에게 편지를 보냈습니다(고린도전서 1:2, 에베소서 1:1 참조). 이 신성함바로 예수님의 영이 하신 일입니다. 바울은 또 이렇게 말하고 있습니다. "그래서 우리가 수건을 벗은 얼굴로 거울을 보듯이 주님의 영광을 보게 되면 점점 더한 영광으로 주님의 모습을 닮아 가게 됩니다. 그 영광은 영이신 주님에게서 나옵니다"(고린도후서 3:18).

우리는 성자로서 우주의 검은 하늘에 깔려 있는 수만 개의 별과 같이 빛나는 하나님의 사람들로 연결된 거대한 조직망에 속한 사람들입니다.

우리는 수만 개의 별과 같이 빛나는 하나님의
사람들로 연결된 거대한 조직망에 속한 사람들입니다

예수님과 성자를 기억하며

성자들과 신앙의 교류를 한다는 것은 예수님의 영에 의하여 변화된 모든 사람들과 연결되는 것을 의미합니다. 이 연결은 깊고 친밀한 것입니다. 비록 예수님은 돌아가셨지만 우리 안에 계속해서 살아 계신 것과 같이, 예수님의 형제 자매로서 삶을 살아간 사람들도 비록 그들이 죽었다 하더라도 우리 안에 계속 살아 있습니다.

우리는 예수님과 성자를 기억하면서 삶을 살아갑니다. 그리고 이 기억은 실제로 그들과 함께 있음을 뜻합니다. 예수님과 성자들은 하나님에 대하여 우리가 갖고 있는 가장 친숙한 그리고 영적인 지식의 부분입니다. 예수님과 성자들은 우리에게 영감을 주고, 우리를 지도하며, 우리를 격려하고 우리에게 희망을 줍니다. 예수님과 성자는 우리의 끊임없는 변화의 원천입니다. 그렇습니다. 우리는 예수님과 성자를 우리의 가슴에 간직하고 다닙니다. 그리하여 우리는 우리와 함께 살며 일하는 모든 사람들을 위하여 우리 가슴속에 예수님과 성자들이 살아 있게 합니다.

예수님과 성자는 우리의 끊임없는 변화의 원천입니다

Hearts As Wide As the World

세상만큼이나 넓은 가슴

우리가 성자들과 서로 교통한다는 것을 자각할 때, 우리의 마음은 세상과 같이 넓어집니다. 우리가 품은 사랑은 단순한 우리 자신의 사랑은 아닙니다. 그것은 우리 안에 살아 계신 예수님과 성자들의 사랑입니다. 예수님의 영이 우리의 마음 안에 살아 계실 때, 예수님의 영 안에서 삶을 살아온 모든 사람들도 우리의 마음 안에 살고 있는 것입니다. 우리들의 부모, 조부모, 증조부모, 우리의 선생님들, 우리의 목사님들 그리고 우리 목사님의 목사님들, 우리의 영적 지도자들 그리고 그들의 지도자들. 이와 같이 긴 역사를 통하여 사랑의 긴 행렬을 이루어 온 이 거룩한 사람들은 예수님의 영이 거하시는 우리 마음의 한 부분입니다.

성자들과의 교통은 단순히 사람들을 연결하는 연결망이 아닙니다. 그것은 우리 마음의 공동체입니다.

성자들과 교통은 단순히 사람들을 연결하는 연결망이 아닙니다. 그것은 우리 마음의 공동체입니다

신앙을 교류하는 삶의 열매

우리 사회는 개인주의를 조장하고 있습니다. 우리가 생각하는 것, 우리가 말하는 것, 또는 우리가 행동하는 것은 모두 우리의 개인적인 성공을 위한 것이라고 믿도록 우리는 끊임없이 강요당하고 있습니다. 그리고 우리는 개인적인 성공을 위하여 자신의 주의력을 기울일 가치가 있다고 생각합니다. 그러나 성자들과 교통하고 있는 우리들은 영적인 가치를 가진 것이 개인적인 성공에서 오는 결과가 아니라 신앙을 교류하는 삶의 열매라는 것을 알고 있습니다.

하나님과 하나님의 사랑에 대하여 우리가 알고 있는 것들, 예수님, 즉 그분의 생애, 죽음 그리고 부활에 대하여 우리가 알고 있는 것들, 교회와 교회의 사역에 대하여 우리가 알고 있는 것들, 이러한 것들은 모두 보상을 요구하기 위해 우리가 만들어 낸 생각은 아닙니다. 이것들은 오랜 세월을 통하여 이스라엘 사람들과 선지자들, 예수님과 성자들, 그리고 우리의 마음을 형성하는 데 각자 역할을 수행한 사람들로부터 우리들에게 전해진 지식입니다. 참된 영적 지식은 성자들의 신앙 교류에 속하는 것입니다.

참된 영적 지식은 성자들의 신앙 교류에 속하는 것입니다

Embracing the Universe
우주를 품기

우리가 영적인 생활을 하면, 우리의 작고 두려움에 찬 마음은 우주와 같이 넓어집니다. 그것은 우리들 안에 사시는 예수님의 영이 모든 창조물을 품안으로 끌어안으시기 때문입니다. 예수님은 말씀이십니다. 말씀으로 우주가 창조되었습니다. 바울은 이렇게 말하고 있습니다. "예수님에 의해서 모든 것이 창조되었습니다. 하늘과 땅에 있는 것들과 보이는 것과 보이지 않는 것들과 … 만물이 다 그분에 의해서 창조되었고 그분을 위해 창조되었습니다 …모든 것은 그분에 의해서 유지되고 있습니다"(골로새서 1:16-17). 그러므로 예수님이 그의 영을 통하여 우리 안에 사실 때, 우리의 가슴은 사람들뿐만 아니라 모든 창조물을 품안에 끌어안습니다. 사랑은 모든 두려움을 쫓아내고 하나님에게 속한 것을 모두 끌어 모읍니다.

예수님의 영과 함께 숨쉬는 기도를 통하여 우리들은 이 놀라운 지식을 갖게 됩니다.

예수님의 영과 함께 숨쉬는 기도를 통하여
우리들은 놀라운 지식을 갖게 됩니다

하나님 마음 안에서의 단합

사랑은 모든 것을 하나로 연합시킵니다. 창조된 것과 창조되지 않은 것을 가리지 않습니다. 하나님의 마음, 모든 피조물의 마음, 그리고 우리 자신의 마음은 사랑 안에서 하나가 됩니다. 많은 위대한 신비주의자들이 긴 세월을 통하여 이 사랑의 신비를 설명하려고 노력해 왔습니다. 베네딕트, 프란시스, 빈겐의 힐데가르드, 브라반트의 하데뱌지크, 마이스테르 에크하르트, 아빌라의 테레사, 십자가의 존, 다그 함마숄드, 토마스 머튼, 그리고 그 밖에 많은 사람들이 그들 각자의 독특한 방법으로, 그들의 모국어로, 하나님의 사랑이 가지는 연합의 힘을 증거했습니다. 그러나 예외 없이 이 사람들은 모두 지적인 논쟁을 통해 얻은 지식이 아니라 명상 속의 기도를 통해서 얻은 지식으로 말했습니다. 예수님의 영을 통하여 그들은 하나님의 마음, 우주의 마음, 그리고 자기 자신의 마음이 하나인 것을 보았습니다. 하나님의 마음 안에서 우리는 창조된 것이든 창조되지 않은 것이든, 만물의 연합을 완전히 깨달을 수 있습니다.

사랑은 모든 것을 하나로 연합시킵니다

Ministry and the Spiritual Life

사역과 영적 생활

예수님의 말씀과 행동은 모두 하나님 아버지와의 친숙한 관계에서 나온 것입니다. 예수님은 이렇게 말씀하셨습니다. "너는 내가 아버지 안에 있고 아버지께서 내 안에 계신 것을 믿지 않느냐? 내가 너희에게 말하는 것은 내 마음대로 하는 말이 아니라 내 안에 계시는 아버지께서 그의 일을 하시는 것이다. 내가 아버지 안에 있고 아버지께서 내 안에 계신다고 말하는 나를 믿어라. 나를 믿지 못하겠거든 내가 하는 일을 보고 나를 믿어라"(요한복음 14:10-11).

예수님의 말씀과 행동이 모두 아버지이신 하나님과의 신앙적 교제에서 온 것과 같이 우리의 모든 말과 행동 또한 우리와 예수님의 신앙적 교제에서 오지 않으면 안됩니다. 예수님은 이렇게 말씀하셨습니다. "내가 분명히 너희들에게 말한다. 나를 믿는 사람은 내가 하는 일을 할 뿐만 아니라 이보다 더 큰일도 할 것이다 … 너희가 내 이름으로 무엇이든지 아버지께 구하면 내가 다 이루어 주겠다"(요한복음 14:12-13). 이 심오한 진리가 영적인 생활과 사역의 관계를 잘 나타내 줍니다.

모든 말과 행동은 예수님의 신앙적 교제에서
오지 않으면 안됩니다

예수님의 이름으로 행동하기

사역은 예수님의 이름으로 행하는 것을 말합니다. 우리의 모든 행동이 예수님의 이름으로 행해지면, 그 행동은 영원한 생명을 위한 열매를 맺을 것입니다. 그러나 예수님의 이름으로 행동하는 것이 예수님을 대표해서 또는 그분의 대변인으로서 행동하는 것을 의미하지 않습니다. 그것은 예수님과의 친밀한 교통 속에서 행동하는 것을 의미합니다. 예수님의 이름은 집과 같고, 천막과 같으며 그리고 거처와 같은 것입니다. 그러므로 예수님의 이름으로 행동한다는 것은 우리가 사랑으로 예수님과 하나 되는 곳에서 행동한다는 것을 의미합니다. "당신은 지금 어디에 있습니까?"라는 질문에 대하여 우리는 "나는 예수님의 이름 안에 있습니다"라고 대답할 수 있어야 합니다. 그렇게 되면 예수님 자신이 우리 안에서 그리고 우리를 통하여 행하실 것이기 때문에, 우리가 하는 것은 무엇이든 사역이 됩니다. 따라서 "당신은 예수님 안에 있습니까?"라는 것은 사역을 하는 모든 사람들에게 물어야 할 마지막 질문이 될 것입니다. 우리가 이 질문에 "예" 하고 대답할 수 있을 때, 우리의 전생애는 사역이 될 것입니다.

사역은 예수님의 이름으로 행하는 것을 말합니다

Active Waiting
능동적인 기다림

기다리는 것은 영적 생활에 필수적입니다. 그러나 우리가 예수님의 제자로서 기다리는 것은 헛된 기다림이 아닙니다. 이때의 기다림은 우리가 기다리고 있는 것들이 이미 존재하고 있다는 기대를 우리의 마음속에 가지고 기다리는 것을 말합니다. 우리는 강림절 기간에 예수님의 탄생을 기다립니다. 부활절이 지나면 우리는 성령이 오시는 것을 기다리고, 예수님의 승천 후에는 영광 속에 올 그분의 재림을 기다립니다. 우리는 항상 기다리고 있습니다. 그러나 그것은 우리가 이미 하나님의 발자취를 보았다는 확신 속에서의 기다림입니다.

하나님을 기다리는 것은 능동적으로, 정신을 바짝 차리고, 참으로 기쁨에 차서 기다리는 것을 뜻합니다. 우리가 기다릴 때, 우리는 우리가 기다리고 있는 하나님을 기억합니다. 그분을 기억하면서, 우리는 그분이 오실 때에 그분을 환영하기 위한 공동체를 만드는 것입니다.

하나님을 기다리는 것은 능동적으로,
정신을 바짝 차리고, 그리고 참으로 기쁨에 차서
기다리는 것을 뜻합니다

인내로 기다리기

우리는 하나님을 어떻게 기다려야 할까요? 인내를 가지고 기다려야 합니다. 그러나 인내는 수동적인 인내를 의미하는 것은 아닙니다. 인내를 가지고 기다린다는 것은 버스가 오기를 기다린다든가, 비가 그치기를 기다린다든가, 또는 해가 뜨기를 기다리는 그런 것은 아닙니다. 그것은 능동적인 기다림을 뜻합니다. 능동적인 기다림은 우리가 기다리고 있는 하나님이 오시는 표적을 발견하기 위하여 현재의 순간을 온전히 사는 것을 말합니다.

'인내'(patience)라는 말은 "고통받는 것"(to suffer)을 의미하는 라틴어 동사 "파티오르"(patior)에서 왔습니다. 인내로 기다린다는 것은 현재 순간에도 고통받으며, 그 고통을 온전히 음미하며, 그리고 우리가 서 있는 땅에 심어진 씨앗이 큰 나무로 자라도록 하는 것을 말합니다. 인내를 가지고 기다린다는 것은 바로 우리 눈앞에 벌어지고 있는 일들에 대하여 주의를 기울이고, 그리고 영광 속에서 하나님이 오시는 빛을 보는 것을 의미합니다.

능동적인 기다림은 하나님이 오시는 표적을 발견하기
위하여 현재의 순간을 온전히 사는 것을 말합니다

Waiting in Expectation

기대를 가지고 기다리기

인내를 가지고 하나님을 기다릴 때는 우리에게 기쁨에 찬 기대가 있습니다. 기대가 없으면 우리의 기다림은 현재에서 수렁에 빠질 수 있습니다. 기대를 가지고 기다릴 때, 우리의 온 존재가 기쁨으로 놀라면서 열립니다.

복음서를 통하여 예수님은 우리에게 깨어 있으라고, 정신차리고 있으라고 말씀하셨습니다. 바울은 이렇게 말합니다. "이제 여러분은 잠에서 깰 때가 되었습니다. 그것은 우리의 구원이 처음 믿을 때보다 더 가까워졌기 때문입니다. 밤이 거의 지나고 낮이 가까웠으니 이제는 악한 생활을 버리고 믿음으로 빛 된 생활을 하십시오"(로마서 13:11-12). 우리에게는 하나님이 오시리라는 것에 대한 기쁨에 넘치는 기대가 있기 때문에 우리의 생명에는 활력이 있습니다. 그리고 하나님이 우리에게 행하신 약속이 충족될 것이라는 데 대한 기대 때문에 우리는 지금 걷고 있는 여정에 대하여 모든 주의를 기울이게 됩니다.

복음서를 통하여 예수님은 우리에게 깨어 있으라, 정신차리고 있으라고 말씀하셨습니다

나이를 먹는 것의 도전

우리가 나이를 먹는다고 해서, 기대 속에서 인내를 가지고 기다린다는 것이 더 쉬워지는 것은 아닙니다. 오히려 나이를 먹을수록 우리는 일상적인 생활 방식에 안주하려고 하며, "응 그래, 그것은 내가 다 본 거야. 해 아래 새 것이란 없는 거야 … 나는 그저 모든 것을 마음 편하게 생각하고 매일 매일 닥쳐오는 대로 살아갈 거야" 하고 말합니다. 그러나 이런 방식으로 살면, 우리의 생명은 창조적인 긴장을 잃어버립니다. 이렇게 되면, 우리는 더 이상 어떤 새로운 일이 일어날 것이라는 기대를 하지 않습니다. 우리는 냉소적으로 되거나, 자기 만족에 빠지거나, 또는 단순히 지루해질 뿐입니다.

나이를 먹는 일은 보다 큰 인내와 보다 강한 기대를 가지고 기다리도록 도전합니다. 그것은 열렬한 희망을 가지고 사는 것입니다. 그것은 그리스도를 통하여 "우리는 하나님의 은혜를 믿음으로 경험하게 되었고 … 하나님의 영광에 참여할 희망 가운데서 기뻐하고 있다"(로마서 5:2)는 것을 믿는 것입니다.

나이를 먹는 일은 큰 인내와 강한 기대와
열렬한 희망을 가지고 사는 것입니다

Waiting for Christ to Come
다시 오실 그리스도를 기다리기

만일 우리가 하나님이 영광 중에서 오시는 것을 기대 속에서 참을성 있게 기다리지 않으면, 우리들은 감각적인 생활을 좇으며 방황하기 시작합니다. 우리들의 생활은 신문기사들로, 텔레비전에 나오는 얘기로, 그리고 남에 대한 험담으로 채워집니다. 그러면 우리의 마음은 우리들을 하나님께로 인도하는 것과 그렇지 않은 것을 식별할 수 있는 능력을 잃어버립니다.

예수님의 재림을 기다리지 않고는, 우리는 침체될 것이며, 순간적인 안락을 제공하는 것이라면 무엇에든지 탐닉하려는 유혹에 빠집니다. 바울이 잠에서 깨어 있을 것을 우리에게 요구하면서 이렇게 말했습니다. "낮의 빛 가운데 사는 사람들처럼 단정하게 행동해야 합니다. 흥청망청 먹고 마시며 술 취하지 말고 음란과 방탕과 싸움과 시기하는 일을 버리십시오. 주 예수 그리스도로 옷 입고 정욕을 위해 육신의 일을 추구하지 마십시오"(로마서 13:13-14). 우리가 주님을 손꼽아 기다릴 때, 우리는 이미 주님을 기다림 속에서 경험할 수 있습니다.

우리가 주님을 손꼽아 기다릴 때, 우리는 이미 주님을 기다림 속에서 경험할 수 있습니다

그리스도와 함께 들어올려지기

    예수님의 부활과 우리의 부활은 우리 믿음의 중심입니다. 우리가 사랑받고 있는 것은 예수님이 사랑받고 계시다는 것과 관련이 있는 것처럼, 우리의 부활도 예수님의 부활과 밀접하게 연관되어 있습니다.

    우리가 기다리는 것은 부활하신 예수님이 하나님과의 영원한 생명 안으로 우리를 들어올리는 것입니다. 예수님의 생명과 우리의 생명은 예수님과 우리의 부활이 같은 것이라고 할 때 그 완전한 의미를 찾을 수 있습니다. 바울은 이렇게 말하고 있습니다. "만일 우리가 그리스도 안에서 바라는 것이 이 세상뿐이라면 우리는 그 누구보다도 불쌍한 사람들입니다"(고린도전서 15:19). 우리는 불쌍히 여김을 받을 필요가 없습니다. 왜냐하면 우리는 예수님의 제자로서 이 세상에서의 짧고 제한된 인생의 범위를 넘어 먼 곳까지도 볼 수 있으며, 또 우리가 지금 육신으로 살고 있는 어떠한 것도 헛되지 않으리라는 것을 믿기 때문입니다.

예수님의 부활과 우리의 부활은
우리 믿음의 중심입니다

The Hidden Resurrection

숨은 부활

예수님의 부활은 숨은 사건이었습니다. 예수님은 반대자들을 당황케 하기 위하여, 승리의 성명서를 내기 위하여, 또는 그를 십자가에 처형한 사람들에게 그분이 옳았음을 증명하기 위하여 무덤에서 부활하신 것은 아닙니다. 예수님은 그분을 사랑하고 따르는 사람들에게, 하나님의 신성한 사랑은 죽음보다도 강하다는 것을 보여 주기 위한 표식으로써 부활하신 것입니다. 예수님은 그분에게 자신들을 내어 맡긴 모든 제자들에게 그분의 사명이 완수되었음을 보여 주셨습니다. 예수님은 함께 사역한 제자들에게 그와 함께 하는 새 생명으로 모든 사람들을 불러들이라는 신성한 임무를 주셨습니다.

그러나 세상은 알아차리지 못했습니다. 오직 예수님이 이름을 부른 사람들, 그분과 함께 빵을 뗀 사람들, 그리고 그분이 평화의 말씀을 전한 사람들만이 어떤 일이 일어났는지 알고 있었을 뿐입니다. 그러나 그럼에도 불구하고 인간을 죽음의 족쇄에서 해방시킨 것은 바로 이 숨은 사건이었습니다.

예수님은 하나님의 신성한 사랑이 죽음보다도 강하다는 것을 보여 주기 위한 표식으로 부활하셨습니다

영광의 상처

예수님의 부활은 우리 육신의 부활에 대한 우리의 믿음의 기초입니다. 우리는 흔히 우리의 육신은 우리 영혼의 감옥이며 그리고 영적인 생활은 이 감옥으로부터의 탈출이라는 말을 듣습니다. 그러나 육신의 부활에 대한 믿음으로, 우리는 영적인 생활과 육신의 생활은 서로 분리될 수 없다는 것을 말할 수 있습니다. 바울이 말한 것처럼, 우리의 육신은 "여러분 안에 계시는 성령님의 성전"이며(고린도전서 6:19), 따라서 그것은 신성한 것입니다. 우리의 육신의 부활은 우리가 육신 안으로 산 것들이 헛되지 아니하고 하나님과 함께 우리의 영원한 생명 안에서 들어올려질 것이라는 사실을 믿는 것을 의미합니다. 그리스도의 부활한 몸에 그 고통의 자국이 있는 것처럼, 부활하는 우리의 몸에도 고통의 자국이 남을 것입니다. 우리의 상처는 부활할 때, 영광의 표식이 될 것입니다.

예수님의 부활은 육신의 부활에 대한
믿음의 기초입니다

Having Reverence and Respect for the Body

몸을 존중하고 소중히 다루기

우리는 여러 가지 방법으로 우리의 몸을 사용하며, 또 잘못 사용하기도 합니다. 예수님은 육신으로 우리에게 오셔서 하나님의 영광 속으로 그의 육신과 함께 들어올려지신 것을 통하여 우리의 몸과 다른 사람들의 몸 또한 존중하고 소중히 다룰 것을 우리들에게 요구하십니다.

하나님은 예수님을 통하여 우리의 몸을 신성한 장소로 만들고 그 곳을 거하시는 장소로 선택하셨습니다. 그러므로 우리는 몸의 부활을 믿기 때문에 우리 자신의 몸뿐만 아니라 다른 사람들의 몸도 사랑으로 돌보아야 합니다. 우리가 서로의 상처를 감싸고 몸의 치유를 위하여 노력할 때, 우리는 영원한 생명이 보장된 인간의 몸의 신성함을 증거하는 것입니다.

하나님은 예수님을 통하여 우리의 몸을 신성한 장소로 만들고 그곳을 거하시는 장소로 선택하셨습니다

죽을 수밖에 없는 육신, 부활의 씨앗

우리의 육신, 살과 뼈는 흙으로 돌아갑니다. 전도서 기자는 이렇게 말하고 있습니다. "사람과 짐승은 다 같은 곳으로 가게 되는데 모두 흙에서 났으므로 흙으로 돌아갑니다"(전도서 3:20). 그럼에도 불구하고 우리가 하나님으로부터 새 육신을 받을 때, 우리가 우리의 육신 안에서 산 것들은 모두 존중될 것입니다.

부활할 때에 우리는 어떤 육신을 가질까요? 바울은 썩어질 우리의 육신을 부활의 씨앗으로 보았습니다. 그는 이렇게 말하고 있습니다. "여러분이 뿌리는 씨가 죽지 않으면 살아나지 못합니다. 여러분이 뿌리는 것은 형체를 갖춘 식물이 아니라 밀이나 그 밖의 다른 씨앗입니다. 그러나 하나님이 자기가 원하시는 대로 그 씨앗 하나하나에게 본래의 형체를 주십니다"(고린도전서 15:36-38). 우리의 썩어질 육신이 독특한 것처럼, 부활할 때의 우리 육신도 독특할 것입니다. 왜냐하면 하나님은 우리 각자의 개성에 따라 우리 한 사람 한 사람을 사랑하시며, 또 우리와 하나님과의 독특한 관계가 우리들에게 찬란히 빛나는 육신을 주실 것이기 때문입니다.

> 우리의 썩어질 육신이 독특한 것처럼,
> 부활할 때의 우리 육신도 독특할 것입니다

Our Lives, Sowing Times

우리의 생애, 씨앗을 뿌리는 시기

이 세상에서 사는 우리의 짧은 생애는 씨앗을 뿌리는 시기입니다. 만일 죽은 자의 부활이 없다면, 이 세상에서 우리가 살아온 것은 모두 헛사일 것입니다. 하나님은 영원에서 영원까지 우리를 아무 조건 없이 사랑하시기 때문에, 우리의 육신이, 우리에게 나타나셨던 우리의 구세주 예수 그리스도가 입으셨던 것과 똑같은 그 육신이, 그대로 멸망되는 것을 허용하지 않으십니다.

이 세상에서의 생애란 부활한 육신의 씨앗을 심는 시기입니다. 바울은 이렇게 말하고 있습니다. "몸은 묻히면 썩지만 썩지 않을 것으로 다시 살아납니다. 천한 몸으로 묻히지만 영광스러운 몸으로 다시 살아나며 약한 몸으로 묻히지만 강한 몸으로 다시 삽니다. 육체의 몸으로 묻히지만 영의 몸으로 다시 살아납니다"(고린도전서 15:42-44). 우리가 이 육체 안에서 사는 삶이 결코 헛되지 않다는 놀라운 사실을 통하여, 우리는 매순간을 영원의 씨앗으로 여기고 살아가도록 부름을 받았음을 알게 됩니다.

이 세상에서 사는 우리의 짧은 생애는
씨앗을 뿌리는 시기입니다

영의 몸

부활의 때에 우리는 영의 몸을 가질 것입니다. 우리 육체의 몸은 아담으로부터 받았고 우리 영의 몸은 그리스도로부터 받았습니다. 그리스도는 제 2의 아담으로서 파멸에 이르지 않는 새 몸을 우리에게 주십니다. 바울은 이렇게 말하고 있습니다. "우리가 지금은 흙으로 빚은 사람의 몸을 지니고 있으나 언젠가는 하늘에서 오신 그리스도와 같은 몸을 갖게 될 것입니다"(고린도전서 15:49).

우리의 영의 몸은 그리스도와 같은 몸입니다. 예수님은 우리의 육신 안에서 생명을 함께 나누기 위하여 오셨습니다. 그래서 우리는 예수님의 영의 몸을 함께 나눌 수 있게 되었습니다. 바울은 "육체의 몸만으로는 하나님의 나라를 물려받을 수 없다"(고린도전서 15:50)고 말하고 있습니다. 예수님은 우리의 썩을 몸을 썩지 않을 몸으로, 그리고 죽을 몸을 죽지 않을 몸으로 입히시기 위하여 오셨습니다(고린도전서 15:53 참조). 그러므로 우리의 영적 생명이 가장 잘 드러나 보이는 곳이 육신입니다.

우리의 영의 몸은 그리스도와 같은 몸입니다

DECEMBER

12월

부활하신 그리스도 만나기

Meeting the Risen Christ

부활하신 예수님의 경험을
통하여 제자들은 부활 때에
새 생명이 그들을
기다리고 있음을 보았습니다

Meeting the Risen Christ

부활하신 그리스도 만나기

예수님이 부활하셔서 제자들에게 나타나셨을 때 그분은 유령이 아니라, 제자들이 스승으로 그리고 친구로 알았던 바로 그 사람이라는 것을 확신시키셨습니다. 겁에 질리고 의심에 싸인 제자들에게 예수님은 "내 손과 발을 보아라. 나다! 자, 만져 보아라" 하고 말씀하셨습니다. 그리고 나서 예수님은 제자들에게 먹을 것을 달라고 하셨고, 그 후에 세 번째로 제자들에게 나타나셨을 때는 그들에게 아침을 주시고 빵과 생선도 주셨습니다(누가복음 24:42-43, 요한복음 12:12-14 참조).

제자들이 모여 있던 방의 문이 닫혀 있었는데도 예수님은 들어오셔서 그들 가운데 서 계셨습니다(요한복음 20:19 참조). 예수님이 제자들에게 아침을 주셨을 때, 그 누구도 감히 "누구십니까?" 하고 묻는 사람이 없었습니다. 제자들은 그분이 자신들의 스승이신 주 예수님이라는 것을 알고 있었습니다. 바로 이 부활하신 예수님의 경험을 통하여 제자들은 부활 때에 새 생명이 그들을 기다리고 있음을 보았습니다. 우리는 생애 가운데 우리에게 약속된 새 생명을 시사하는 어떤 경험을 해본 일이 있습니까?

부활하신 예수님의 경험을 통하여 제자들은 부활 때에 새 생명이 그들을 기다리고 있음을 보았습니다

인생의 딜레마

부활 때에 우리는 그리스도와 함께 있기를 원하는 것일까요? 우리들 대부분은 이 새 생명을 기다리는 것 대신에, 우리의 유한한 생명을 연장하기 위한 것이라면 무엇이든지 하고 있는 것 같습니다. 그러나 우리가 영적 생활, 즉 부활하신 주님과 교류하는 생활 안으로 더 깊이 들어가게 되면, 우리는 차차 죽음의 문을 지나서 그리스도와 함께 하는 영원한 생명으로 들어가려는 욕망을 갖게 됩니다. 이것은 죽음을 바라기 때문이 아니라 이 욕망을 충족시키고픈 욕구 때문입니다. 바울은 이러한 욕구를 강하게 경험하고 이렇게 말합니다. "내게 사는 것이 그리스도니 죽는 것도 유익하기 때문입니다. 그러나 내가 육신으로 사는 이것이 내 수고의 열매를 뜻한다면 나는 생사간에 어느 것을 선택해야 할지 모르겠습니다. 나는 이 둘 사이에 끼어 있습니다. 내가 이 세상을 떠나 그리스도와 함께 있는 것을 원하고 또 그것이 훨씬 더 좋지만 여러분을 위해 내가 이 세상에 계속 머물러 있는 것이 더욱 필요합니다"(빌립보서 1:21-24). 이런 딜레마를 가진 사람들은 드물지만, 이것은 영적 투쟁의 핵심을 보여 줍니다.

우리는 차차 죽음의 문을 지나서 그리스도와 함께하는
영원한 생명으로 들어가려는 욕망을 갖게 됩니다

Death, a New Birth
죽음, 새로운 탄생

언젠가는 우리가 죽음을 준비하지 않으면 안될 때가 찾아옵니다. 우리가 늙고, 중병에 걸리고, 또는 위험에 처하게 될 때, 우리는 단순히 어떻게 좀 나아질 수 없을까 하는 문제에만 전념할 수는 없습니다. 물론 '좀 나아진다' 는 것이 죽음을 벗어나서 또 다른 생명으로 나아간다는 것을 의미하는 경우에는 예외입니다. 여러 면에서 죽음을 끝으로 보는 우리의 문화 속에서는 좋은 죽음을 준비하도록 창조적으로 고무하는 일을 찾기란 거의 어렵습니다. 대부분의 사람들은 인간의 유일한 욕망이 이 세상에서 더 오래 사는 것이라고 생각하고 있습니다. 그러나 죽는 것은 태어나는 것과 같이 새 생명에 이르는 길입니다. 전도서가 말하고 있는 것과 같이 "세상의 모든 일은 다 정한 때와 기한이 있습니다. 날 때가 있고 죽을 때가 있습니다"(전도서 3:1-2).

부모가 우리의 출생을 준비하며 쏟아부었던 것과 같은 관심과 정성으로 죽음을 준비할 수 있어야 합니다.

죽는 것은 태어나는 것과 같이 새 생명에
이르는 길입니다

영원한 생명을 살찌게 하기

예수님이 우리의 썩을 몸을 썩지 않을 몸으로 입히기 위하여 오셨다는 것을 깨달음으로써 우리는 예수님과 함께 하는 새롭고 영원한 생명으로 태어나겠다는 내면의 욕망을 발전시킬 수 있어야 하며, 또한 이것을 준비하는 방법을 발견할 수 있어야 합니다.

이미 우리 안에 있으며 영원한 생명을 뜻하는 예수님의 영의 생명을 끊임없이 살찌게 하는 것은 중요한 일입니다. 세례는 이 생명을 우리들에게 주며, 성만찬은 이 생명을 유지합니다. 그리고 기도, 명상, 영적인 독서와 영적인 지도 등과 같은 영적 실습은 우리들이 이 생명을 깊게 하고 확고하게 하는 데 도움을 줍니다. 거룩한 생활과 하나님의 말씀과 함께 하는 생활을 함으로써 우리는 죽을 수밖에 없는 육체를 떠나서 불멸의 옷을 받을 준비를 할 수 있습니다. 그러므로 죽음은 모든 것에 종지부를 찍는 것이 아니고 우리의 손을 잡아서 영원한 사랑의 왕국으로 인도하는 친구입니다.

세례는 생명을 우리들에게 주며,
성만찬은 이 생명을 유지합니다

Giving Permission to Die
죽는 것을 허락하기

우리가 가족이나 친구들에게 줄 수 있는 가장 큰 선물 중
의 하나는 그들이 잘 죽을 수 있도록 도와 주는 것입니다.
때때로 그들은 하나님께로 돌아갈 준비가 되어 있습니다.
그러나 우리는 그들이 죽는 것을 보기가 매우 어렵습니다.
그러나 때로는 우리가 사랑하는 사람들이 그들의 본향인
하나님께로 돌아가는 것을 허락해야 할 필요가 있습니다.
우리는 그들과 함께 조용히 앉아서 "두려워하지 마세요.
… 나도 당신을 사랑하고, 하나님도 당신을 사랑합니다. …
평안하게 가셔야 할 때가 되었습니다. … 나는 더 이상 당
신에게 매달려 있기를 원하지 않아요. … 당신이 본향으로
돌아가도록 놓아 드립니다. 조용히 가세요. 나의 사랑을 안
고 가세요"라고 말할 수 있어야 합니다. 예수님이 돌아가
셨을 때, 그분은 "아버지, 내 영혼을 아버지 손에 맡깁니
다"(누가복음 23:46)라고 말씀하셨습니다. 죽어 가고 있는 친
구들에게 이 말을 해주는 것은 좋은 일입니다. 친구들이 이
말을 자기 입술로 또는 자기 마음으로 할 수 있다면 그들은
예수님이 걸어가신 길을 갈 수 있습니다.

가족이나 친구들에게 줄 수 있는 가장 큰 선물 중의
하나는 그들이 잘 죽을 수 있도록 돕는 것입니다

하나님의 무한한 시간

죽은 뒤에는 '뒤'가 없습니다. 뒤나 앞과 같은 말은 우리의 유한한 생애, 즉 시간과 공간 속에 사는 우리의 생애에 사용되는 말들입니다. 죽음은 우리를 시간적 제약으로부터 해방시켜서 무한한 시간을 뜻하는 하나님의 '시간'으로 데리고 갑니다. 그러므로 내세에 관한 추측은 단순히 추측일 뿐입니다. 죽음을 넘어서면, '처음'도 없고 '뒤'도 없으며, '여기'도 없고 '저기'도 없으며, '현재', '과거' 또는 '미래'도 없습니다. 하나님이 전부입니다. 더 이상 시간 속에 있지 않는 사람들에게는 종말, 육신의 부활, 그리고 예수님의 영광스러운 재림이 시간에 의하여 분리되는 것이 아닙니다.

아직 이 세상에 살고 있는 우리들은 그리스도 안에서의 새 생명을 우리가 이해할 수 있는 것이라거나, 또는 설명할 수 있는 것처럼 행동하지 않는 것이 중요합니다. 하나님의 마음과 생각은 우리의 것보다 훨씬 큰 것입니다. 우리들에게 요구되는 것은 처음부터 끝까지 신뢰입니다.

하나님의 마음과 생각은 우리의 것보다 훨씬 큰 것입니다. 우리들에게 요구되는 것은 신뢰입니다

Restored to Eternal Life
영원한 생명으로 회복하기

우리가 하나님에 대하여 확실히 알고 있는 것 중 하나는 하나님은 살아 있는 사람들의 하나님이시며 죽은 사람들의 하나님이 아니라는 것입니다. 하나님은 사랑입니다. 하나님은 아름다움입니다. 하나님은 선함입니다. 하나님은 진리입니다. 하나님은 우리가 죽는 것을 원하지 않으십니다. 하나님은 우리가 살아 있기를 원하십니다. 영원에서 영원까지 우리를 사랑하시는 하나님은 영원한 생명을 우리에게 주기를 원하십니다.

하나님의 사랑에 대하여 완전히 "네"라고 대답할 생각이 우리들에게 없었기 때문에 우리의 생명이 중단되었을 때, 하나님은 예수님을 우리에게 보내셔서 우리와 함께 있도록 하시고, 또 우리의 이름으로 완전히 "네"라고 대답하게 하시고, 우리를 영원한 생명으로 복귀하게 하셨습니다. 그러므로 죽음을 두려워하지 마십시오. 그 곳에는 지독한 상사도 없고, 복수심에 불타는 적도 없으며, 우리를 파괴시키려고 하는 잔혹한 폭군도 없습니다. 영원한 집으로 오기를 간절히 열망하시는 사랑의 하나님, 항상 용서하시는 하나님이 계실 뿐입니다.

영원에서 영원까지 우리를 사랑하시는 하나님은
영원한 생명을 우리에게 주기를 원하십니다

모든 피조물의 회복

우리의 마지막 귀향은 우리 자신들과 인간들만이 아니라 피조물 전체와 관련된 것입니다. 하나님의 자녀로서의 완전한 자유는 이 땅 전체의 자유가 되며, 부활 속의 완전한 회복은 전우주의 회복을 포함해야 합니다. 이것이 그리스도를 통한 하나님의 구원의 역사입니다.

바울은 전체 창조 질서를 새 생명의 탄생을 간절히 기다리면서 출산을 위해 신음하고 있는 여인으로 보았습니다. 그는 이렇게 말하고 있습니다. "피조물이 헛된 것에 복종한 것은 스스로 한 것이 아니라 하나님께서 그렇게 하신 것입니다. 그래서 그것들도 썩어질 것의 종살이에서 벗어나 하나님의 아들들이 누리는 영광스런 자유를 누리게 하려는 것입니다"(로마서 8:20-21). 하나님이 창조하신 것은 모두 하나님의 영광 속으로 들어올려질 것입니다.

하나님이 창조하신 것은 모두 하나님의
영광 속으로 들어올려질 것입니다

Being Sisters and Brothers of Nature

자연과 형제 자매가 되기

우리가 큰 바다와 산, 숲과 사막, 나무, 식물과 동물, 태양, 달, 별들, 그리고 은하계를 하나님의 피조물, 즉 "하나님의 아들들이 누리는 영광스런 자유를 누리게 되기를"(로마서 8:21) 열렬히 기다리는 하나님의 피조물로 이해할 때, 우리는 하나님의 위엄과 모든 것을 포용하는 하나님의 구원 계획에 경외를 느끼며 서 있을 수밖에 없습니다. 우리 인간들만 고통 속에서 구원을 기다리고 있는 것은 아닙니다. 모든 피조물이 또한 완전한 자유에 도달하기를 갈망하면서 우리와 함께 신음하고 슬퍼하고 있습니다.

이런 뜻에서 우리는 진실로 이 세상의 모든 사람들과 형제 자매일 뿐만 아니라 우리를 둘러싸고 있는 모든 피조물과도 형제 자매입니다. 그렇습니다, 우리는 보리로 가득 차 있는 들판과 정상이 눈으로 뒤덮인 산과, 파도치는 바다와 야생 동물과 가축과 거대한 삼나무와 작은 데이지 꽃을 사랑하지 않으면 안됩니다. 모든 피조물은 우리들과 함께 하나님의 대가족의 일원입니다.

모든 피조물은 우리들과 함께
하나님의 대가족의 일원입니다

평화로운 나라

모든 피조물은 창조주의 품안에 함께 있습니다. 궁극적인 비전은 다음과 같은 것입니다. 자신들이 연합 가운데 살도록 부름받은 형제 자매라는 것을 모든 사람들이 인정할 뿐만 아니라, 하나님의 모든 피조물이 완전한 조화 가운데 연합을 이루리라는 것입니다. 예수 그리스도는 이 비전을 실현하기 위하여 오셨습니다. 예수님이 태어나시기 오래 전에 선지자 이사야는 이 비전을 보았습니다.

그때 이리와 어린 양이 함께 살며, 표범이 어린 염소와 함께 눕고, 송아지와 사자 새끼가 함께 먹으며 어린아이들이 그것들을 돌볼 것이다. 그리고 암소와 곰이 함께 먹고 그 새끼들이 함께 누울 것이며 사자가 소처럼 풀을 먹고 젖먹이가 독사 곁에서 놀며 어린아이들이 독사 굴에 손을 넣어도 해를 입지 않을 것이다. 하나님의 거룩한 산 시온에는 해로운 것이나 악한 것이 아무것도 없을 것이다. 이것은 바다에 물이 가득하듯이 세상에 여호와를 아는 지식이 충만할 것이기 때문이다(이사야 11:6-9).

우리는 이 비전이 살아 있도록 해야 합니다.

모든 피조물은 창조주의 품안에 함께 있습니다

A New Heaven and a New Earth

새 하늘과 새 땅

예수님이 탄생하시기 오래 전에 선지자 이사야는 구원에 관한 그리스도의 위대한 통합적 사역의 비전을 예견했습니다. 예수님이 돌아가시고 나서 상당한 세월이 지난 후 예수님의 사랑하는 제자인 요한도 이사야와 비슷한 비전을 보았습니다. 그는 새 하늘과 새 땅을 본 것입니다. 모든 피조물이 변화되었으며 또 이 피조물은 그리스도의 완전한 신부가 되기 위하여 불멸의 옷으로 갈아 입었습니다. 요한은 부활하신 예수님이 그의 보좌에 앉아 다음과 같이 말씀하시는 비전을 보았습니다. "보아라, 이제 내가 모든 것을 새롭게 한다. …이제 하나님의 집이 사람들과 함께 있다. 하나님께서 사람들과 함께 계시고 그들은 하나님의 백성이 될 것이다. 하나님이 몸소 그들과 함께 계셔서 그들의 눈에서 모든 눈물을 씻어 주실 것이니 다시는 죽음도 없고 슬픔도 없고 우는 것도, 아픔도 없을 것이다. 이것은 전에 있던 것들이 다 사라져 버렸기 때문이다"(요한계시록 21:5, 21:3-4).

이사야와 요한은 둘 다 모든 것을 포용하는 그리스도의 구원 사역에 대하여 우리의 눈을 뜨게 하고 있습니다.

모든 피조물이 변화되었으며 그리스도의 완전한
신부가 되기 위하여 불멸의 옷으로 갈아 입었습니다

비전에 활력을 불어넣기

온 인류의 궁극적인 평화, 그리고 모든 피조물의 궁극적인 조화에 대한 커다란 비전은 단지 유토피아적인 동화에 지나지 않을까요? 아닙니다. 그렇지 않습니다! 이러한 비전은 인간의 마음 가장 깊은 데서 우러나오는 갈망과 일치하며, 그리고 온갖 거짓과 기만을 뛰어넘어 드러내 보여지기를 기다리고 있는 진리와도 합치하는 것입니다. 이러한 비전은 우리의 영혼을 살찌게 하고, 또 우리의 마음을 튼튼하게 합니다. 우리에게 이러한 비전이 있으면, 절망이 우리 눈앞에 다가왔을 때 우리는 희망을 가질 수 있으며, 우리가 삶을 포기하려고 마음먹을 때 우리는 용기를 낼 수 있으며, 의구심이 더 논리적인 태도로 생각될 때 우리는 신뢰할 수 있습니다. 우리에게 이러한 비전이 없으면, 커다란 장애물과 고통스런 실패를 극복게 하는 힘을 주는 우리의 성취 의욕이 무디어지고, 우리의 생활이 재미없어지며, 지루해지고 그리고 결국에 가서는 파괴되어 버립니다. 우리의 비전은 우리가 온전한 삶을 살아갈 수 있게 합니다.

비전은 우리가 온전한 삶을 살아갈 수 있게 합니다

Anticipating the Vision
비전을 예견하기

모든 폭력을 극복하고, 그리고 모든 남녀노소가 자연과의 사랑의 조화 속에서 살아가는 평화로운 나라의 비전은 우리 매일 매일의 생활에서 실천되어야 합니다. 현실 도피적 꿈을 꾸기보다는, 비전이 약속하는 것을 예상해 보는 것이 우리가 당면한 도전입니다. 우리가 이웃을 용서할 때, 우리가 어린아이를 웃게 할 때, 우리가 고통받는 사람들에게 자비를 베풀 때, 우리가 꽃다발을 만들고, 가축과 야생동물을 돌보며, 환경 오염을 방지하며, 우리의 집과 정원을 아름답게 꾸미며, 그리고 사람들과 사람들 사이, 국가와 국가 사이의 평화와 정의를 위하여 노력할 때, 우리는 비전을 현실로 이루어지게 하고 있는 것입니다.

우리는 서로에게 끊임없이 비전을 일깨워주어야 합니다. 우리 안에 비전이 살아 있을 때, 우리는 우리가 살고 있는 바로 이곳에서 비전이 이루어지게 하는 에너지를 발견합니다. 이 아름다운 비전은 우리를 현실 도피자로 만들지 않고 현실에 참여하게 만듭니다.

우리 안에 비전이 살아 있을 때, 우리는 바로 이곳에서 비전이 이루어지게 하는 에너지를 발견합니다

천국과 지옥

누구나 마지막에 가서는 만사가 좋게 되는 것일까요? 사람들은 모두 결국에는 고통에서 자유롭게 되고 그들이 필요로 하는 모든 것들을 충족하게 되는 것일까요? 그렇기도 하고 그렇지 않기도 합니다. 하나님은 우리를 하나님 나라의 영원한 집으로 데리고 가기를 원하시기 때문에 "그렇다"고 할 수 있고, 우리가 선택하지 않으면 어떠한 일도 일어날 수 없기 때문에 "그렇지 않다"고 할 수 있습니다. 하나님 나라의 실현은 하나님이 하실 일입니다. 세상에는 두 종류의 죽음이 있습니다. 우리를 하나님의 나라로 인도하는 죽음과 그리고 우리를 지옥으로 인도하는 죽음입니다. 요한은 비전을 통하여 천국뿐만 아니라 지옥도 보았습니다. 그는 이렇게 말하고 있습니다. "그러나 비겁한 사람과 불신자와 흉악한 사람과 살인자와 음란한 사람과 마술사와 우상 숭배자와 모든 거짓말쟁이들은 유황이 타는 불못에 던져질 것이다. 이것이 둘째 죽음이다"(요한계시록 21:8). 우리가 하나님과 함께 있기를 원한다면 우리는 하나님을 선택해야 합니다.

하나님과 함께 있기를 원한다면
우리는 하나님을 선택해야 합니다

The Good News of Hell
지옥의 복음

　지옥이 있는 것입니까? 천국과 지옥에 관한 개념은 선악의 개념과 밀접하게 연관되어 있습니다. 우리가 선을 행하는 데 자유로우면 우리는 악을 행하는 데도 자유롭습니다. 우리가 하나님의 사랑에 대하여 "네"라고 대답할 수 있으면, "아니오"라고 대답할 가능성도 존재합니다. 따라서 천국이 있으면 지옥도 있어야 합니다.

　하나님은 우리가 자유 의사에 따라 택한 사랑을 받기를 원하십니다. 이것은 신비한 일입니다. 이 신비함을 지키기 위하여 선악을 구별하게 된 것입니다. 이러한 뜻에서, 좀 이상하게 들릴 수도 있겠지만 지옥에 관한 생각은 기쁜 소식이라고 할 수 있습니다. 인간은 로봇이나 자동 인형이 아닙니다. 로봇과 자동 인형은 선택권이 없으며, 이 세상에서 어떤 일을 하든지 결국은 하나님 나라로 가게 됩니다. 인간은 그렇지 않습니다. 하나님은 우리를 무척 사랑하시기 때문에 그 보답으로 우리로부터 사랑을 받기 원하십니다. 그러나 사랑은 강요할 수 없습니다. 사랑은 자유 의사에 맡길 수밖에 없습니다. 지옥은 최후까지 하나님에게 "아니오"라고 한 것에 대한 쓴 열매입니다.

하나님은 우리를 무척 사랑하시기 때문에
우리로부터 사랑을 받기 원하십니다

사랑을 거절하는 자유

흔히 지옥은 벌을 받는 장소로 그리고 천국은 상을 받는 장소로 묘사됩니다. 그러나 이러한 개념은 우리로 하여금, 하나님은 우리가 잘못했을 때 우리를 체포하거나 또는 잘 못이 클 때는 우리를 형무소로 보내는 경찰관이라고 생각 하도록, 아니면 우리의 모든 선행을 헤아려서 크리스마스 때 우리의 양말에 선물을 넣어 주는 산타클로스 할아버지 쯤으로 생각하게 합니다.

하나님은 사랑이시고, 오직 사랑이십니다. 하나님 안에 는 미움도, 복수심도, 또는 우리가 벌 받는 것을 보고 기뻐 하는 마음도 없습니다. 하나님은 용서해 주시기를, 치유해 주시기를, 회복해 주시기를, 끝없는 자비를 보여 주시기 를, 그리고 우리들이 집으로 돌아오는 것을 보기를 원하십 니다. 그러나 탕자의 아버지가 그의 아들로 하여금 자기 스 스로 결정하도록 내버려둔 것처럼 하나님도 심지어는 우 리 자신을 파괴하는 위험을 무릅쓰면서도 하나님의 사랑 을 거절할 수 있는 자유를 우리에게 주셨습니다. 지옥은 하 나님의 선택이 아닙니다. 그것은 우리의 선택입니다.

지옥은 하나님의 선택이 아닙니다
그것은 우리의 선택입니다

A Scond Death

두 번째 죽음

지옥은 두 번째 죽음입니다. 요한계시록이 이것을 설명하고 있습니다(요한계시록 21:8 참조). 영원한 생명이 있는 것처럼 영원한 죽음이 있습니다. 영원한 생명은 두 번째 생명입니다. 영원한 죽음은 두 번째 죽음입니다. 우리의 첫 번째 죽음은 영원한 생명으로 가는 길이 될 수도, 영원한 죽음으로 가는 길이 될 수도 있습니다.

지옥을 두 번째 죽음으로 이해하면 중세의 예술품과 문학 작품에 잘 묘사되어 있는 영원한 고통과 고문과 같은 이미지는 사라져 버립니다. 중세의 작품은 지옥을 잘못된 행동에 대한 벌이라기보다는 생명의 선택을 거부한 것이라는 점에 더 치중하여 묘사하고 있습니다. 실제로도 요한계시록이 열거하고 있는 영원한 죽음으로 인도하는 온갖 죄는 살인자와, 우상 숭배자와, 음란한 사람과, 모든 거짓말쟁이와 같이 죽음을 선택하는 죄입니다(요한계시록 21:8). 우리가 죽음을 심으면 죽음을 거둡니다. 그러나 우리가 생명을 심으면 생명을 거둘 것입니다. 심는 자는 바로 우리들입니다!

죽음을 심으면 죽음을 거둡니다. 생명을 심으면
생명을 거둘 것입니다. 심는 자는 바로 우리들입니다

때가 차매

예수님은 때가 차서 오셨습니다. 그분은 때가 차면 다시 오실 것입니다. 예수 그리스도가 계시는 곳이라면 어디서나 때가 옵니다.

우리는 흔히 우리의 시간이 비어 있는 것을 경험합니다. 우리는 내일, 내주, 내달 또는 내년에 참으로 좋은 일이 일어나기를 희망합니다. 그러나 가끔씩 우리는 때가 된 것을 경험합니다. 시간이 정지되어 있는 것처럼 생각될 때, 과거와 현재, 미래가 하나가 된 것처럼 생각될 때, 우리가 있는 곳에 모든 것이 있는 것처럼 생각될 때, 그리고 하나님과 우리, 그 밖에 함께 있는 모든 것들이 완전한 연합 속에 있는 것처럼 생각될 때가 바로 이때입니다. 이것은 하나님의 시간을 경험하는 것입니다. "때가 되어 하나님은 자기 아들을 보내 여자에게서 태어나게 하셨습니다"(갈라디아서 4:4). 그리고 하나님은 "때가 되면 하늘과 땅에 있는 모든 것이 그리스도 안에서 하나가 되도록 하실 것입니다"(에베소서 1:10). 때가 차면 하나님을 만날 것입니다.

하나님은 "때가 되면 하늘과 땅에 있는 모든 것이 그리스도 안에서 하나가 되도록 하실 것입니다"

The Mountaintop Experience

정상의 경험

어떤 순간에 우리는 우리 안에서 그리고 우리의 주위에서 완전한 연합을 경험합니다. 우리가 산 정상에 올라가 주위의 경치에 매혹될 때, 이런 경험을 합니다. 교회 예배 중에 또는 조용한 방에서 기도드리다가도 이런 경험을 할 수 있습니다. 그러나 우리는 이런 것을 경험할 때마다, 또 어떤 식으로 경험하든, "바로 이거야… 모든 것이 잘 맞아… 내가 바라던 모든 것이 바로 여기에 있어"라고 우리 자신에게 말합니다.

이것은 베드로와 야고보와 요한이 다볼산 정상에서 경험한 것과 같은 경험입니다. 이들은 산 정상에서 예수님의 얼굴 모습이 변하고 그분의 옷이 희어져 눈부시게 빛나는 것을 보았습니다. 그리고 그들은 이 순간이 영원히 계속되기를 원했습니다(누가복음 9:28-36 참조). 이것이 바로 때가 찬 것을 맛보는 경험이었습니다. 이러한 순간들이 우리에게 주어지기 때문에 우리는 하나님이 멀리 계신 것처럼 여겨지고, 또 모든 일이 공허하고 쓸모 없는 것같이 보일 때도 이런 순간들을 기억할 수 있습니다. 이러한 경험은 참으로 은혜로운 순간입니다.

어떤 순간에 우리는 완전한 연합을 경험합니다
이러한 경험은 참으로 은혜로운 순간입니다

다른 사람을 위해 하나님을 보기

때가 찬 것을 경험함으로써 우리는 기도 생활을 깊게 하고 우리의 사역 생활을 튼튼하게 합니다. 그리고 때가 찬 것을 경험할 때 우리는 하나님이 실제로 그리고 만질 수 있을 만큼 우리 가까이에 계시다는 것을 느끼기 때문에, 우리가 보는 하나님을 사람들이 보지 못한다는 것을 믿기가 어려워집니다. 때가 차서 하나님을 경험한 후 한평생 하나님과 함께 있고자 하는 욕망과 우리가 경험한 하나님을 다른 사람들에게 선포하고자 하는 욕망을 갖게 됩니다.

베드로는 예수님이 돌아가시고 나서 수년 후 다볼산에서의 경험으로 인해 그리스도의 증인이 되었다고 말했습니다. 그는 이렇게 말하고 있습니다. "우리 주 예수 그리스도의 능력과 다시 오심을 여러분에게 말할 때 우리는 꾸며낸 이야기를 전한 것이 아닙니다 우리는 … 우리도 거룩한 산에서 그분과 함께 있을 때 그분의 위엄 있는 모습을 똑똑히 보았습니다"(베드로후서 1:16-18). 우리의 생애에서 가장 친밀하게 하나님을 보는 순간은 곧 다른 사람을 위하여 하나님을 보는 것입니다.

우리의 생애에서 가장 친밀하게 하나님을 보는 순간은
다른 사람을 위하여 하나님을 보는 것입니다

An Experience Offered to All
모든 사람들에게 열려 있는 경험

어떤 사람들은 "나는 때가 찼다는 경험을 해본 일이 없어… 나는 그저 보통 사람이야, 신비주의자가 아니야"라고 말합니다. 이 신비한 경험이 소수의 예외적인 사람들만을 위하여 예비되어 있는 것은 아닙니다. 하나님은 이 선물을 어떤 식으로든 하나님의 모든 자녀에게 주기 원하십니다.

그러나 우리는 그것을 원해야만 합니다. 우리는 정신을 차리고 내면적으로 깨어 있지 않으면 안됩니다. 어떤 사람들에게는 예정된 때의 경험이 극적인 방법으로 오기 때문입니다. 사도 바울의 예가 바로 그것입니다. 그는 다메섹 도상에서 땅바닥에 쓰러지고 말았습니다(사도행전 9:3-4 참조). 어떤 사람에게 그것은 속삭임과 같이 또는 등을 어루만지는 부드러운 미풍과 같이 오기도 합니다(열왕기상 19:13 참조). 하나님은 우리 모두를 사랑하십니다. 그리고 하나님은 그분이 우리를 사랑하신다는 것을 우리 한 사람 한 사람이 자기만의 독특한 방법으로 알 수 있기를 원하십니다.

하나님은 그분이 우리를 사랑하신다는 것을 자기만의 독특한 방법으로 알 수 있기를 원하십니다

어둠 속의 빛

우리가 "죽음과 같이 어두운 골짜기"를 걸어가도(시편 23:4) 두렵지 않은 것은 하나님이 우리와 함께 계시기 때문입니다. 그의 지팡이와 막대기가 우리를 지키십니다(시편 23:4 참조). 이것은 단순히 위안을 주기 위한 생각이 아닙니다. 그것은 우리가 신뢰할 수 있는 마음의 경험입니다.

우리 생애는 고통, 아픔, 환멸, 상실 그리고 슬픔으로 가득 차 있습니다. 그러나 우리 생애에는 또한 하나님의 아들이 "번개가 동쪽에서 서쪽까지 번쩍이듯"(마태복음 24:27) 오신다는 비전이 있습니다. 우리의 여행 길에 하나님이 우리와 함께 계시는 것을 우리가 분명히 보고, 크게 들으며, 그리고 깊이 느끼는 순간순간들이 우리들로 하여금 어둠을 뚫고 빛나게 합니다. 예수님은 "너희는 세상의 빛이다 … 너희 빛을 사람들 앞에 비취게 하라. 그래서 사람들이 너희 착한 행실을 보고 하늘에 계신 너희 아버지를 찬양하게 하라"고 말씀하셨습니다(마태복음 5:14-16).

하나님이 우리와 함께 계시는 것을 보고, 들으며,
느끼는 순간들은 우리들로 하여금 어둠을 뚫고
빛나게 합니다

The Heart of Jesus
예수님의 마음

예수님은 연약한 어린아이이시고, 겸손한 설교자이시며, 업신여김을 받은 사람이시고, 거절당한 사람이시며, 그리고 십자가에 처형된 그리스도이십니다. 그러나 예수님은 또한 "보이지 않는 하나님의 모습이며 하나님께서 모든 것을 창조하시기 전에 계신 분입니다. … 모든 것은 그분에 의해서 유지되고 있습니다"(골로새서 1:15, 17). 예수님은 십자가 위에서 조롱당하신 왕이시며 하늘에 있는 예루살렘의 권좌에서 통치하십니다. 예수님은 당나귀를 타고 예루살렘으로 들어가신 주님이시고, 알파요 오메가이시며, 처음이고 끝이십니다. 예수님은 세상에서는 저주를 받았으나 하나님으로부터는 축복을 받으셨습니다.

항상 예수님을 쳐다보십시오. 왜냐하면 우리는 예수님의 처형받은, 그리고 영광스럽게 된 가슴 안에서 그분의 고통과 영광을 함께 나누어 가지도록 부름을 받은 우리 자신을 볼 것이기 때문입니다.

항상 예수님을 쳐다보십시오

그리스도에게 의지하기

우리의 생활은 예측할 수 없습니다. 하루는 행복하고 다음날은 슬프며, 하루는 건강하고 다음날은 아프며, 하루는 부자이고 다음날은 가난하며, 그리고 하루는 살았는가하면 다음날에는 죽습니다. 이러한 상황에서 우리가 붙잡을 수 있는 사람은 누구이겠습니까? 우리가 안전함을 느낄 수 있는 사람은 누구이겠습니까? 우리가 항상 신뢰할 수 있는 사람은 누구이겠습니까?

오직 예수 그리스도뿐입니다. 예수님은 우리와 함께 계시기 위하여 하나님으로부터 오셨습니다. 그분은 우리를 위하여 돌아가셨으며, 우리를 위하여 하나님께로 가는 길의 문을 여시려고 죽은 자들 가운데서 살아 나셨으며, 그리고 우리를 환영하기 위하여 하나님 우편에 앉아 계십니다. 우리는 바울과 함께 "죽음이나 생명이나 천사들이나 지옥의 권세나 현재 일이나 장래 일이나 능력이나 높은 것이나 깊은 것이나 그 밖에 그 어떤 피조물도 우리 주 그리스도 예수님 안에 있는 하나님의 사랑에서 우리를 끊을 수 없다"(로마서 8:38-39)는 것을 확신해야 합니다.

예수님은 우리와 함께 계시기 위하여
하나님으로부터 오셨습니다

The Task of Reconciliation
화해의 과제

하나님의 자녀로서 그리고 예수님의 형제 자매로서 우리가 이 세상에서 해야 할 일이 무엇일까요? 그것은 화해입니다. 어디를 가든 우리는 사람들 간에 분열을 목격합니다. 가정에서, 공동체에서, 도시에서, 국가 내에서, 그리고 국가와 국가 간에…. 이 모든 분열은 우리가 하나님으로부터 떨어져 있는 것을 비극적으로 보여 주는 것입니다. 모든 인간들이 하나님 품안에서 한 가족의 일원으로서 뭉쳐져 있다는 진리를 좀처럼 찾아볼 수 없습니다. 이 진리를 일상 생활의 현실에서 나타내 보이는 것이 우리가 해야 할 일입니다.

왜 이것이 우리가 해야 할 일일까요? 그것은 하나님은 우리가 하나님과 화해하도록, 그리고 사람들이 서로 화해하게 하기 위해서 예수님을 보내셨기 때문입니다. 사람들이 예수님을 통하여 하나님과 화해했기 때문에 화해하는 사역이 우리에게 주어진 것입니다(고린도후서 5:18 참조). 그러므로 우리가 무엇을 하든지 "그것이 사람들 간에 화해를 이끌어 낼 것인가?"라는 질문을 해야 합니다.

하나님의 자녀로 우리가 이 세상에서 해야 할 일은 화해입니다

화해를 선포하기

우리는 어떻게 화해를 위해 노력할 수 있을까요? 무엇보다도 먼저 하나님이 그리스도를 통하여 우리로 하여금 하나님과 화해하도록 하셨다는 진리를 우리 자신이 선포함으로써 화해의 일을 할 수 있습니다. 이 진리를 머리로 믿는 것만 가지고는 충분하지 않습니다. 우리는 이 화해의 진리가 우리 존재의 모든 부분에 스며들게 해야 합니다. 하나님에게 속한 사람들이라는 것을 믿고 또 우리의 마음, 심장 그리고 영혼이 필요로 하는 모든 것을 하나님과의 관계에서 발견할 수 있다는 것을 우리가 완전히 믿을 때, 우리는 이 세상에서 참으로 자유로워질 수 있으며 또한 화해의 사역을 담당할 수 있습니다. 이것은 쉬운 일이 아닙니다. 우리는 금방 자기 의심과 자기 거부로 빠져 듭니다. 우리는 하나님의 말씀과 성례전과 이웃에 대한 사랑을 통하여 우리가 진실로 화해했다는 사실을 끊임없이 기억해야 합니다.

우리는 이웃에 대한 사랑을 통하여 우리가 진실로
화해했다는 사실을 끊임없이 기억해야 합니다

A Nonjudgmental Presence

판단하지 않는 태도

　자신이 그리스도를 통하여 하나님과 화해했다는 것을 받아들이는 만큼 우리는 다른 사람을 위한 화해의 심부름 꾼이 될 수 있습니다. 화해를 도모하는 데 필수적인 것은 판단하지 않는 태도입니다. 우리가 우리 나름대로 사람들을 판단하여 그 사람들의 잘못된 점이 무엇이며 그것을 어떻게 고칠 수 있는가를 지적해 주기 위하여 돌아다닌다면, 분열을 더 조장할 뿐입니다. 예수님은 "너희 아버지께서 자비로우신 것처럼 너희도 자비로운 사람이 되어라 …남을 판단하지 말아라 …남을 죄인으로 단정하지 말아라 …남을 용서하여라 …"(누가복음 6:36-37)라고 분명히 말씀하셨습니다.

　다른 사람들에 대하여 자기 나름대로의 판단을 하도록 끊임없이 강요하는 세상에서 판단하지 않는 태도를 취한다는 것은 거의 불가능한 일인 것처럼 보입니다. 그러나 판단하지 않는 태도는 심오한 영적 생명의 가장 아름다운 열매이며 화해를 갈망하고 있는 사람들에 의하여 쉽게 인정받을 것입니다.

화해를 도모하는 데 필수적인 것은
판단하지 않는 태도입니다

다른 사람들에게 안전한 장소가 되기

우리가 판단하고 정죄하려는 욕구로부터 자유로울 때, 우리는 서로에게 자신들을 드러내 놓고 만날 수 있는 안전한 장소가 될 수 있으며 또 사람들을 갈라놓는 벽을 허물어 내릴 수 있습니다. 우리가 하나님의 사랑에 깊이 뿌리내리고 있으면, 우리는 사람들이 서로서로를 사랑하도록 초청하지 않을 수 없습니다. 우리가 의논해야 할 일을 숨기지 않고, 또는 자신의 의도를 감추지 않으며, 자신을 위하여 어떠한 이익도 얻고자 하는 의사가 없으면, 그리고 우리가 오직 바라는 것은 평화와 화해라는 것을 사람들이 깨닫게 되면, 그들은 자신의 무기를 현관 문에 내려두고 적과의 대화를 시작할 수 있는 내면의 자유와 용기를 발견할 수 있을 것입니다.

이러한 일들은 우리가 계획하지 않았는데도 자주 일어납니다. 우리의 화해 사역은 우리 자신이 그것을 거의 알지 못하고 있을 때 더 빈번히 일어납니다. 단순하면서도 남을 판단하지 않는 태도가 화해를 가져옵니다.

단순하면서도 남을 판단하지 않는 태도가
화해를 가져옵니다

A Ministry That Never Ends
끝이 없는 사역

화해는 싸움이 해결되고 평화가 온 것과 같은 일회적인 사건보다 훨씬 더 큰 의미를 가지고 있습니다. 화해의 사역은 문제의 해결, 중재 그리고 평화 협정을 초월하여 행해져야 합니다. 우리의 생애에 화해가 필요 없는 순간이란 없습니다. 우리의 가슴과 마음속에 있는 무수한 적대적인 생각과 느낌을 살펴보면, 우리는 우리 자신이 크고 작은 수많은 전쟁에 참여하고 있는 것을 깨달을 수 있습니다. 우리의 적은 부모일 수도, 자녀들일 수도, '친근한' 이웃일 수도, 생활 양식이 다른 사람들일 수도 있으며, 그리고 우리가 생각하고, 말하고 또는 행동하는 것과 같이 생각하지도 않고 말하지도 않으며, 또는 행동하지도 않는 사람들일 수도 있습니다. 이 사람들은 모두 '그들'이 될 수 있습니다. 바로 여기에 화해가 필요합니다.

화해는 우리 영혼의 가장 깊숙한, 숨겨진 부분을 어루만집니다. 하나님은 끝이 없는 사역으로의 화해를 우리에게 주셨습니다.

하나님은 끝이 없는 사역으로의 화해를
우리에게 주셨습니다

묵은 상처 내버리기

인생에 있어서 가장 힘든 일 중 하나는 묵은 상처를 내버리는 것입니다. 사람들의 실수에 대하여 그들에게 책임을 물으면 뚫을 수 없는 장벽이 생깁니다. 그러나 바울이 말한 것을 들어 보십시오. 그는 이렇게 말했습니다. "그러므로 누구든지 그리스도 안에 있으면 새로운 존재입니다. 옛 사람은 없어지고 새 사람이 된 것입니다.

이 모든 것은 하나님이 하시는 일입니다"(고린도후서 5:17-18). 참으로 우리는 옛 감정을 내버릴 수가 없습니다. 그러나 하나님은 하실 수 있습니다. 바울은 "하나님은 그리스도 안에서 세상을 자기와 화해시키시고 사람들의 죄를 그들에게 돌리지 않으셨다"(고린도후서 5:19)고 말하고 있습니다. 이것은 하나님이 하시는 일입니다. 그러나 세상을 자기와 화해시키신 하나님이 "화해의 말씀"(고린도후서 5:19)을 우리에게 맡기셨으므로, 우리는 하나님의 사역을 맡은 사람입니다. 이 화해의 말씀이 우리로 하여금 하나님의 이름으로 묵은 상처를 내버릴 것을 요구하고 있습니다. 이 세상이 가장 경청해야 할 말입니다.

우리는 하나님의 사역을 맡은 사람입니다

God's Imagination
하나님의 상상

우리들은 서로 거리를 유지하기 위하여 에너지와 시간 그리고 돈을 투입합니다. 이 세상에 있는 자원의 대부분은 아니더라도 적어도 많은 자원이 서로에게서 우리 자신을 보호하기 위하여, 또 우리 힘을 유지하거나 확장하기 위하여, 그들이 갖고 있는 특권들을 보호하기 위한 목적으로 사용되고 있습니다.

이 모든 노력이 평화와 화해를 위하여 쓰인다고 상상해 보십시오. 빈곤이 존재할까요? 범죄와 전쟁이 존재할까요? 이제 사람들 사이에 서로에 대한 두려움이 없으며, 경쟁심이나 적대감이 없으며, 비통함이나 복수도 없다고 상상해 보십시오. 그리고 지구상에 있는 모든 인간들이 손을 마주잡고 하나의 커다란 사랑의 원을 만들고 있다고 상상해 보십시오. "그런 일은 상상할 수 없어"라고 우리는 말할 것입니다. 그러나 하나님은 "이것이 바로 내가 상상하고 있는 바야. 태초에 그렇게 창조되었을 뿐 아니라 지금 나의 상상 속에 살고 있는 바로 이 커다란 하나의 세계!"라고 말씀하십니다.

우리의 자원은 평화와 화해를 위해 사용되어야 합니다